主编 ◎ 饶思中

渥德管理类联考综合能力 逻辑基本功

中国水利水电出版社
www.waterpub.com.cn
·北京·

内 容 提 要

本教材为参加管理类联考逻辑考试的考生服务。根据管理类联考综合能力逻辑考试大纲和管理类联考历年来真题进行综合概括总结,涵盖管理类联考综合能力逻辑试题所有必考考点与可能考点,无一遗漏,包括概念、性质命题及其推理、模态命题及其推理、三段论、联言命题及其推理、选言命题及其推理、假言命题及其推理、归纳类比推理、逻辑基本规律。覆盖管理类联考综合能力逻辑试题所有题型,包括:演绎推理综合题型、分析性综合推理题型、论证评价题型等。

每章基本均按照基本原理、基本题型、经典母题解析、类型化训练的体例进行编排,符合心理科学基本规律。"必考题型解题方法精讲"与"必考题型训练"这两个部分最为重要,考生在复习的时候可以从这两个部分开始,然后回到基本知识的复习。

本教材适合没有逻辑基础,同时希望在较短时间内快速提高逻辑能力的考生学习使用。

图书在版编目(CIP)数据

渥德管理类联考综合能力. 逻辑基本功 / 饶思中主编. -- 北京:中国水利水电出版社,2018.7
ISBN 978-7-5170-6606-4

Ⅰ. ①渥… Ⅱ. ①饶… Ⅲ. ①逻辑-研究生-入学考试-自学参考资料 Ⅳ. ①G643

中国版本图书馆CIP数据核字(2018)第138830号

书　名	**渥德管理类联考综合能力　逻辑基本功** WODE GUANLILEI LIANKAO ZONGHE NENGLI LUOJI JIBENGONG
作　者	主编　饶思中
出版发行	中国水利水电出版社 (北京市海淀区玉渊潭南路1号D座　100038) 网址:www.waterpub.com.cn E-mail:sales@waterpub.com.cn 电话:(010)68367658(营销中心)
经　售	北京科水图书销售中心(零售) 电话:(010)88383994、63202643、68545874 全国各地新华书店和相关出版物销售网点
排　版	中国水利水电出版社微机排版中心
印　刷	北京瑞斯通印务发展有限公司
规　格	184mm×260mm　16开本　15.75印张　373千字
版　次	2018年7月第1版　2018年7月第1次印刷
印　数	0001—3000册
定　价	45.00元

凡购买我社图书,如有缺页、倒页、脱页的,本社营销中心负责调换
版权所有·侵权必究

编委会

赵志刚　胡晓红　曹其军　齐　辙　郁小芳
饶思中　陈慕泽　杨武金　王　帅　王　诚
张　希　张大伟　于　淼

渥德基本功系列图书增值服务和重要网址

内　容	平台名称	功　能
留言答疑（100％回复）	MPAcc 百度贴吧置顶贴	答疑解惑
新浪微博	渥德教育	互动答疑 最新信息
微信公众平台	渥德管理类联考	备考 报考 复试 动态
微信公众平台	渥德 MBA	专门针对 MBA 备考考生
直播平台	腾讯课堂 渥德大咖帮	免费视频讲解
院校数据库	www.yuanxiao.wodedu.cn	院校信息查询
渥德教育官网	www.wodedu.cn	信息查询
渥德 MPAcc 备考网	www.wodmpacc.com	MPAcc 备考 报考 择校
渥德 MBA 备考网	www.wodmba.com	MBA 备考 报考 择校
赵志刚数学备考交流群	667476287	答疑解惑群直播
齐辙英语备考交流群	251094959	答疑解惑群直播
饶思中逻辑写作交流群	342337913	答疑解惑群直播

前　言

本教材为逻辑基本功备考特训教材，讲解并分析管理类联考逻辑必考的基本知识点与基本题型，实为学习备考逻辑基本功之最佳教材。

市场上有很多管理类联考逻辑辅导教材，为什么我们还要编写这样一本逻辑教材并命名为逻辑基本功呢？原因有以下两点：

一、总结 20 年来的逻辑辅导经验

从 1997 年全国 MBA 联考开始，饶老师从事管理类联考逻辑辅导至今已 20 年，从江西财经大学走到北京大学、清华大学；从祖国南方的深圳和广州，到郴州、岳阳、武汉、郑州、西安、洛阳、北京、大连、沈阳、长春；从祖国东部的上海，到苏州、温州、杭州、合肥、南京、南昌、长沙，再到西部的成都、贵阳、南宁；见过众多辅导班的兴盛与衰落，帮助过数以万计的工作繁忙的考生在最简短的时间内完成了备考，实现了人生的新跨越。一直坚守在逻辑辅导第一线的 20 年岁月，就是对饶老师的辅导方法与责任心的最好检验。

二、本教材无需逻辑基础，考点明确简单，解析清楚明白，节约备考时间

有的考生所说的"老师讲解的时候都能做对，回家一做就错"的原因，除了遗忘，很大程度上还是因为有些辅导老师逻辑基本功底不扎实，看见一个题目可以用某方法得出正确答案，就以为此类方法可以解决所有逻辑试题。考生们请注意，虽然联考逻辑不会考查逻辑学的专业知识，但也绝非能靠所谓的"秒杀""一招制胜"的技巧解决所有联考中的逻辑问题，否则，逻辑考试就没有存在价值了。逻辑基本功还是必要的。

在此忠告各位考生：联考逻辑还是要考查逻辑基本功和逻辑思维能力的，还是要花点时间进行必考点的系统复习，不要侥幸，靠所谓的"四长一短选一短，四短一长选一长"的"秒杀"技巧是永远不能通过考试的。

本教材的特点是：考点清晰标注，不考的坚决不讲，讲授的基本都考。考前学习这本《渥德管理类联考综合能力　逻辑基本功》至关重要。

作者
2018 年 4 月

使 用 说 明

如何使用本教材获得逻辑完整的基本功与逻辑高分？

一、阅读须知

1. 每个知识点的安排顺序

每个必考点的基本原理→必考点的基本功精要→必考点必考题型精讲与母题分析→必考点必考题型类型训练。

(1) 必考点的基本原理请注意背诵，没有看错，就是背诵。

(2) 基本功精要主要是必考点的重点部分，需认真领会并做笔记。

(3) 题型精讲与母题分析注意思考与总结，需要举一反三，归纳出类型化的解题方法，以及易错题型的解题技巧。

(4) 类型训练用来检验知识点掌握程度，提高解题速度。

2. 教材特点

本教材特点是明确考点，知道盲点，类型训练，重点突破。

教材编写直指核心考点，每个考点提供3～10个类型化试题训练，通俗易懂，针对性强。有的放矢才能事半功倍。

二、逻辑复习应该具备的正确步骤

1. 复习的第一个阶段

明确目的，知道考点（考什么）；确定盲点（准备错题本）；必备基础的背诵与记忆；针对盲点进行重点训练，选择性地看精讲部分，类型化训练。

2. 复习的第二个阶段

模拟考试。实战演练，了解知识掌握程度。

3. 复习的第三个阶段

发现盲点，易错题针对训练分析。

4. 学习逻辑的几点建议

(1) 掌握基础知识，背诵逻辑推理公式。

(2) 不要认为自己可以无师自通，有时老师的点拨，会使学习效率更高。

(3) 不要盲目做题，要做题型整理和思考。

(4) 对错题进行整理归纳，分析错误原因。

目　　录

渥德基本功系列图书增值服务和重要网址
前言
使用说明

第一章　基本考点分析：考试大纲 …………………………………… 1
　一、逻辑考纲说明 …………………………………………………… 1
　二、考试内容 ………………………………………………………… 1
　三、历年真题统计 …………………………………………………… 2

第二章　思维的起点——概念论 ……………………………………… 3
　一、必考基本点 ……………………………………………………… 3
　二、考点基本功要义 ………………………………………………… 3
　三、必考题型解题方法精讲 ………………………………………… 6
　四、必考题型训练 …………………………………………………… 10

第三章　性质命题及其推理 …………………………………………… 16
　一、必考基本点 ……………………………………………………… 16
　二、考点基本功要义 ………………………………………………… 16
　三、必考题型解题方法精讲 ………………………………………… 19
　四、必考题型训练 …………………………………………………… 23

第四章　模态命题及其推理 …………………………………………… 27
　一、必考基本点 ……………………………………………………… 27
　二、考点基本功要义 ………………………………………………… 27
　三、必考题型解题方法精讲 ………………………………………… 29
　四、必考题型训练 …………………………………………………… 31

第五章　三段论 ………………………………………………………… 34
　一、必考基本点 ……………………………………………………… 34
　二、考点基本功要义 ………………………………………………… 34
　三、必考题型解题方法精讲 ………………………………………… 36
　四、必考题型训练 …………………………………………………… 39

第六章　联言命题、选言命题及推理 ………………………………… 41
　一、必考基本点 ……………………………………………………… 41
　二、考点基本功要义 ………………………………………………… 41
　三、必考题型解题方法精讲 ………………………………………… 43
　四、必考题型训练 …………………………………………………… 49

第七章 充分条件、必要条件假言命题 ························ 53
一、必考基本点 ·· 53
二、考点基本功要义 ·· 53
三、必考题型解题方法精讲 ·· 60
四、必考题型训练 ·· 72

第八章 逻辑规律 ·· 85
一、基本理论基础 ·· 85
二、逻辑规律解题方法基本功精讲 ······························ 89
三、逻辑规律解题方法基本功类型化训练 ····················· 94

第九章 综合分析性推理 ·· 98
一、必考基本点 ·· 98
二、必考题型解题方法精讲 ······································ 101
三、必考题型训练 ·· 104

第十章 归纳、类比推理 ·· 109
一、必考基本点 ·· 110
二、归纳推理、类比推理的相关谬误基本功要义 ·········· 119
三、必考题型解题方法精讲 ····································· 121
四、必考题型训练 ·· 126

第十一章 论证题型的解题方法 ································ 131
一、论证题型的基本功要义 ····································· 131
二、假设、预设题型 ·· 134
三、支持题型 ··· 144
四、削弱题型 ··· 154
五、评价题型 ··· 168
六、解释题型 ··· 180

附录 管理类联考最重要的4年真题试卷及解析 ··········· 187
附录A 2013年全国硕士研究生入学统一考试管理类
　　　　专业学位联考综合能力试题 ························· 187
　　　　2013年管理类联考逻辑考试真题试卷解析 ········ 194
附录B 2015年全国硕士研究生入学统一考试管理类
　　　　专业学位联考综合能力试题 ························· 201
　　　　2015年管理类联考逻辑考试真题试卷解析 ········ 208
附录C 2017年全国硕士研究生入学统一考试管理类
　　　　专业学位联考综合能力试题 ························· 216
　　　　2017年管理类联考逻辑考试真题试卷解析 ········ 224
附录D 2018年全国硕士研究生入学统一考试管理类
　　　　专业学位联考综合能力试题 ························· 231
　　　　2018年管理类联考逻辑考试真题试卷解析 ········ 239

第一章 基本考点分析：考试大纲

一、逻辑考纲说明

综合能力考试中的逻辑部分要求考生运用逻辑思维能力，在短时间内阅读并解释文字材料，准确地把握其论述、推理的逻辑结构、逻辑关系和逻辑依据，迅速找到正确答案。

二、考试内容

2018年管理类考试大纲中关于逻辑推理部分的描述：

综合能力考试中的逻辑推理部分主要考查考生对各种信息的理解、分析和综合，以及相应的判断、推理、论证等逻辑思维能力，不考查逻辑学的专业知识。试题题材涉及自然、社会和人文等各个领域，但不考查相关领域的专业知识。

1. 概念
(1) 概念的种类。
(2) 概念之间的关系。
(3) 定义。
(4) 划分。

2. 判断
(1) 判断的种类。
(2) 判断之间的关系。

3. 推理
(1) 演绎推理。
(2) 归纳推理。
(3) 类比推理。
(4) 综合推理。

4. 论证
(1) 论证方式分析。
(2) 论证评价。①加强；②削弱；③解释；④其他。
(3) 谬误识别。①混淆概念；②转移论题；③自相矛盾；④模棱两可；⑤不当类比；⑥以偏概全；⑦其他谬误。

特别提醒：
1. 不考查逻辑学的专业知识，但不等于逻辑学专业知识不能帮助你快速准确地解题。
2. 重点考查对信息的理解和分析综合能力。
3. 重点考查推理能力。
4. 重点考查评价论证能力（构成论证的能力、比较论证的能力、支持削弱和评估论证的能力）。

三、历年真题统计

本教材将严格按照考试大纲和历年真题进行汇编与整理，概括出必考的题型与知识点，在此基础上进行理论的讲解与解题技巧的训练，力求高效率地培养学生的逻辑思维能力与应试能力。真题分布见下表。

逻辑考点	0801	0810	0901	0910	1001	1101	1110	1201	1301	1401	1501	1601
性质命题	4	6	6	6	2	2	2	4	6	10	6	2
模态命题	2	0	2	2	0	0		2	2	0	0	0
联言选言命题	2	4	14	6	2	6	2	6	6	4	4	
假言命题	12	16	20	20	16	10	12	30	20	14	22	8
综合分析性推理	8	6	0	0	6		10		14	12	10	14
数学相关	4	2	6	4	4	4	2	8	4	4	0	0
归纳与类比	2	6	4	8	8	2	2	2	2		2	0
假设题型	4	6	6	8	8	6	4	4	2		6	4
支持题型	2	2	0	4	6	10	20	4		2	8	6	4
削弱	12	12	4	8	8	14	12	8	10	6	8	12
评价论证方法	10	6	6	8	10	6	4	4		2	2	4
解释	2	2	0		2	8	2	2	4	4	2	8

第二章 思维的起点——概念论

一、必考基本点

概念的内涵与外延；掌握下定义的方法；概念外延间的关系；欧拉图的画法。

二、考点基本功要义

(一) 明确概念的逻辑方法

概念分析虽然不是包治百病的灵丹妙药，却是很多工作有效进行的先决条件。在MBA考试中，近年来出现了和概念分析相关联的题型。虽然在管理类联考入学的逻辑试题中，概念不会作为一个直接的考点出现，但对概念的理解和运用，却是正确解题的必要条件。不仅如此，在论证有效性分析写作中，有很多内容与概念直接相关。

逻辑是研究思维的形式及其规律的科学。要研究逻辑，首先要从概念出发。概念是思维形式最基本的组成单位，是构成命题、推理的要素。

概念有两个基本逻辑特征：内涵和外延。

概念的内涵是指概念所反映的事物的特性或本质，是一个概念区别于其他概念的区别性特征；概念的外延是指具有这些属性、区别性特征的一个个具体的存在。

例如："人"这个概念的内涵是指能够自觉地制造并使用劳动工具的高等哺乳动物；外延是指古今中外的、活着的或死去的、男的或女的，具体存在的人。

任何概念都有内涵和外延，概念的内涵决定了概念的外延，概念的外延也影响着概念的内涵。概念的内涵和外延必须明确，对概念进行有效的界定，是一切正确思考的前提。

在管理类联考入学试题中，明确概念的内涵与外延必须注意两点：

(1) 一定要在上下文中对概念做善意的理解，不要钻"牛角尖"。这里的"上下文"指的就是题干所涉及的信息。

(2) 不要用个人的特殊的理解去理解一个广为人知的语词。不能钻"牛角尖"，也不能偷换概念。

1. 明确概念内涵的逻辑方法——下定义

要明确一个概念，可以从这个概念的内涵和外延两个方面加以说明。

定义是明确概念内涵的逻辑方法。通过定义，从而明确这个概念所反映的对象的特点和本质。

比如，笔就是用来书写或者画画的工具。

定义的组成：

(1) 被定义项，就是其内涵要被揭示的概念。用符号 DS 表示。

(2) 定义项，就是用来揭示被定义项内涵的概念。用符号 DP 表示。

(3) 定义联项，它的作用在于把被定义项和定义项联结起来组成一个定义。定义联项的语词形式：……就是……。

给概念下定义最常用的是属加种差的定义方法，即：被定义的概念＝种差＋邻近的属
下定义的步骤如下：

第一步，找出被定义项的邻近的属概念。

比如，"笔"邻近的属概念为"工具"。

第二步，找出种差，也就是找出它的特有属性与区别性特征。

比如，"笔"与其他工具的区别性特征是"笔"是用来写字或画画的。

第三步，按照"DS就是DP"这一形式把定义表述出来。

为了使定义下得正确，必须遵守以下规则：

（1）定义概念的外延和被定义概念的外延必须完全相等；这样的定义才是准确的。

（2）定义概念中不得直接或间接地包含被定义的概念；否则就会犯"循环定义"或"同语反复"的错误。

（3）定义不应包括含混的概念，不能用隐喻，这样的定义才是明确清晰的。

（4）定义不应当是否定的，特别是不能用否定形式去给正概念下定义。

巩固练习：如何给"恐怖主义"下定义？

"恐怖主义是指针对政府、公众或个人使用令人莫测的暴力、讹诈或威胁，以达到某种目的的政治手段。"

思考：什么是"幸福"？什么是"素质教育"？

2. 明确概念外延的方法——划分与归类

划分

划分就是通过把一个属概念分为若干种概念，从而明确概念外延的逻辑方法。

例如：把"人"这个概念划分为"男性的人""女性的人"。

划分有3个要素：母项、子项与划分的标准。

母项就是被划分的属概念；子项就是划分所得的种概念。每次划分必须以对象的一定属性作根据，作根据的一定属性就是划分的标准。每次划分必须遵循同一个标准。

划分不同于分解。分解是把整体分为部分。比如，把"人"分解成"头""手""足"等。

划分也不同于列举。列举是揭示概念部分外延的逻辑方法。就是通常所说的举例说明。例如，"女明星，诸如周迅、王菲等"。

划分的规则如下：

（1）每次划分只能根据一个标准。违反这一规则，就会犯"划分标准不一"的错误。

例如："杂志分为季刊、月刊、自然科学刊物、外文刊物。"这就是在同一次划分中，所采用的标准不一致。

（2）子项外延之和应与母项的外延为全同关系。违反这一规则，就会犯"划分不全"或"多出子项"的错误。

例如："燃料工业分为煤炭工业、石油工业、太阳能利用工业、原子能工业以及天然气加工工业。"多出了子项。

（3）各子项的外延应是全异关系，或者说，应互相排斥。违反这一规则就会犯"子项

相容"的错误。

例如：戏剧分为悲剧、喜剧、舞剧、话剧、地方剧、儿童剧等。划分出来的子项出现了交叉关系。

归类

归类是确定某一具体对象是否属于某一概念外延的思维活动。

例如："电笔"是不是"笔"？这就是一个外延归类的思维活动。首先，要确定"笔"的内涵：用来写或画的工具，然后确定"电笔"是不是符合这个属性，最后我们将"电笔"排除在"笔"的外延之外。而"眉笔"则归属于"笔"的外延之中。这就是归类。归类有助于我们准确地认识概念。

（二）概念外延间的关系

概念外延间的关系有四种：全同、交叉、属种、全异。

（1）全同关系：两个概念外延完全相同，如图2-1所示。

（2）交叉关系：就是AB两个概念在外延上有并且只有一部分是重合的，即：至少有A是B，并且有A不是B且有B不是A，如图2-2所示。

图2-1　　　　　　　　　图2-2

（3）属种关系：指一个概念的外延大于并包含另一个概念的全部外延。从思维进程的方向上来说，分：真包含于关系（图2-3：A包含于B）、真包含关系（图2-4：A真包含B）。例如："章子怡"这个概念相对于"中国电影明星"来说，为真包含于关系；但我们也可以说，"中国电影明星"这个概念真包含了"章子怡"这个概念。

（4）全异关系：两个概念在外延上没有任何重合，是互相排斥的，如图2-5所示。

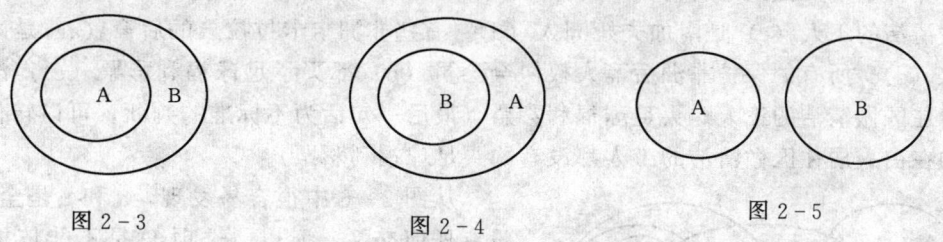

图2-3　　　　　　　图2-4　　　　　　　图2-5

这在高中一年级数学集合论部分就已经学过。

下面我们来回顾一下：

图2-1中AB两概念为全同（同一）关系。例：鲁迅（A）与《阿Q正传》的作者（B）。

图2-2中AB两概念为交叉关系。例：大学生（A）与共产党员（B）。

图2-3和图2-4中AB两概念为属种关系。图2-3为真包含于关系，例：饶老师（A）真包含于逻辑老师（B）；图2-4为真包含关系，例：中国作家（A）与路遥（B）。

图 2-5 中 AB 两概念为全异关系（也称作相异关系、相离关系）。例：水（A）与火（B）。

这些基础知识很容易掌握，考生需要掌握的就是这种用圆来表示概念外延的方法。这种方法在解题中有时能起到很好的作用。通常，概念间的关系不会单独出题，而是和三段论结合在一起。不管怎样，只要是利用概念间的关系、根据条件推出结论的题型，欧拉图的方法就比较有用。

背景知识：这种用圆圈来表示概念外延的方法称为欧拉图。欧拉（L. Euler，1707—1783），瑞士数学家，最先采用圆圈图表示概念之间的外延关系。

试题考试形式：多数为推出结论。

三、必考题型解题方法精讲

（一）欧拉图解题方法经典母题解析

在某国家的黑人居住区中：所有的非洲卡卡拉拉人的后裔都加入了保护非洲后裔人权协会。有些在白人居住区做清洁的工人是南加夫娅洲人。有些非洲卡卡拉拉人的后裔是南加夫娅洲人。所有的保护非洲后裔人权协会会员都买了足球福利彩票。没有在白人居住区做清洁的工人购买足球福利彩票。

下面关于在该国家的黑人居住区中的一些断定都能依据上述前提推出，除了（   ）。

A. 所有的非洲卡卡拉拉人的后裔都买了足球福利彩票
B. 有些南加夫娅洲人买了足球福利彩票
C. 有些南加夫娅洲人没有买足球福利彩票
D. 有些非洲卡卡拉拉人的后裔兼在白人居住区做清洁的工人
E. 没有在白人居住区做清洁的工人加入保护非洲后裔人权协会

解析：

本题的概念比较多，关系也比较复杂，而且超出我们的日常生活知识范围，记忆起来比较麻烦。大家可以尝试用欧拉图的方法，如图 2-6 所示。

非洲卡卡拉拉人的后裔（a）都加入了保护非洲后裔人权协会（b）。有些在白人居住区做清洁的工人（c）是南加夫娅洲人（d）。有些非洲卡卡拉拉人的后裔（a）是南加夫娅洲人（d）。所有的保护非洲后裔人权协会会员（b）都买了足球福利彩票（e）。没有在白人居住区做清洁的工人购买足球福利彩票（最后一句话为不标准的判断，可以转化为：所有的在白人居住区做清洁的工人都没有购买足球福利彩票）。

从图 2-6 中很容易发现，a 和 c 是全异关系，没有任何交叉，所以，选项 D 是不能依据上述条件推出的。正确答案为 D。

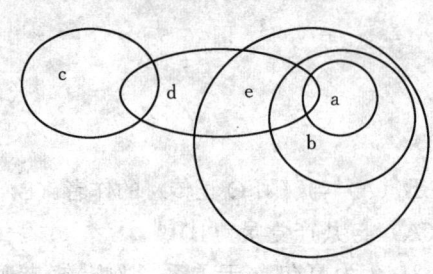

图 2-6

提醒：

虽然本题讲解复杂了一点，但本题的这种欧拉图的方法在做概念间关系的这种类型题目时非常有效，一定要烂熟于心。真正应试时不一定要全部画完，找到答案即可。

欧拉图解题需注意两点：

(1) 所有的 S 都是 P。S 与 P 之间的关系有两种可能，如图 2-7 和图 2-8 所示。

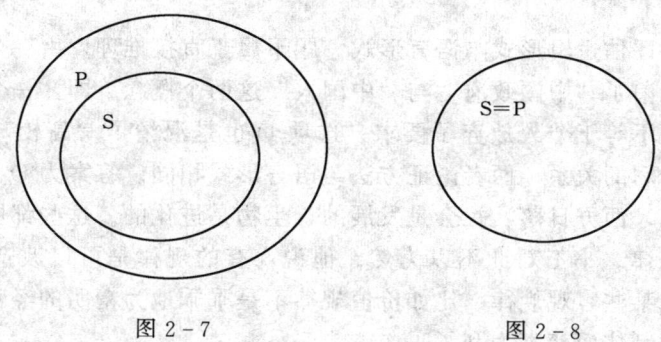

图 2-7　　　　　　　　　图 2-8

需要记住的基础知识：

由"所有的 S 都是 P"为真，只能必然得出"有的 P 是 S"，但不能必然得出"有 P 不是 S"，因为有可能 S 等于 P。

建议：解题时使用修正欧拉图来画图，如图 2-9 所示。

(2) 有些 S 是 P。其意思是至少存在 S 是 P，等价推出"有 P 是 S"，但不一定能推出"有些 S 不是 P"，也不能得出"有些 P 不是 S"，只能必然确定至少存在一个 S 是 P。修正欧拉图如图 2-10 所示。

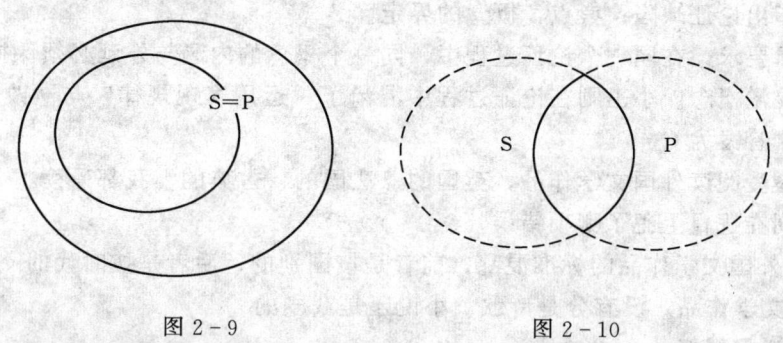

图 2-9　　　　　　　　　图 2-10

(二) 结构类似题型经典母题解析

(1) 有 5 名日本侵华时期被抓到日本的原中国劳工起诉日本一家公司，要求赔偿损失。2007 年日本最高法院在终审判决中声称，根据《中日联合声明》，中国人的个人索赔权已被放弃，因此驳回中国劳工的诉讼请求。查 1972 年签署的《中日联合声明》是这样写的："中华人民共和国政府宣布：为了中日人民的友好，放弃对日本国的战争赔偿要求。"

以下哪一项与日本最高法院的论证方法相同？（　　）

A. 王英会说英语，王英是中国人，所以，中国人会说英语

B. 我校运动会是全校的运动会，奥运会是全世界的运动会；我校学生都必须参加校运会开幕式，所以，全世界的人都必须参加奥运会开幕式

C. 中国奥委会是国际奥委会的成员，Y 先生是中国奥委会的委员，所以，Y 先生是国际奥委会的委员

D. 教育部规定，高校不得从事股票投资，所以，北京大学的张教授不能购买股票

E. 你不要相信小李的话。因为他的父亲老李就是一个臭名昭著的说谎者

解析：

结构类似主要评估逻辑形式与语言形式。题干属于直接推理，由一个前提直接推出结论。题干的推论混淆了"中国政府"与"中国人"这两个概念。即：一个组织、政府、机构放弃了要求，并不等于个人放弃了要求。选项 D 也是混淆了"高校"这个结构与"张教授"这个成员之间的关系。两者论证方法与语言形式相同。答案为 D。

（2）东方日出，西方日落；社会是发展的，生物是进化的。这些都反映了不以人的意志为转移的客观规律。小王对此不以为然。他说，有的规律是可以改造的，人能改造一切，当然也能改造某些客观规律。比如价值规律不是乖乖地为精明的经营者服务了吗？人不是把肆虐的洪水制住而变害为利了吗？

试问，以下哪项最为确切地揭示了小王上述议论中的错误？（　　）

A. 他过高地估计了人的力量

B. 他认为"人能改造一切"是武断的

C. 他混淆了"运用"与"改造"这两个概念

D. 洪水并没有都被彻底制服

E. 价值规律若被改造就不叫价值规律了

解析：

题型：指出论证缺陷；考点：概念的界定。

根据逻辑要求，在同一个论证过程中，同一个概念的内涵与外延必须保持一致，不能偷换概念与混淆概念。小王则在论证过程中混淆了"运用客观规律"与"改造客观规律"这两个概念。答案为 C。

（3）我最爱阅读外国文学作品，英国的、法国的、古典的，我都爱读。

上述陈列在逻辑上犯了哪项错误？（　　）

A. 划分外国文学作品的标准混乱，前者是按国别的，后者是按时代的

B. 外国文学作品，没有分是诗歌、小说还是戏剧的

C. 没有说最喜好什么

D. 没有说是外文原版还是翻译本

E. 在"古典的"后面，没有紧接着指出"现代的"

解析：

题型：指出论证缺陷；考点：概念划分。

题干在陈列的时候把"外国文学作品划分出了英国、法国"，这是按照国别划分的；而"古典"则是按照年代划分。违反了划分的规则：每次划分只能一个标准，划分出来的概念不能存在交叉关系。答案为 A。

（4）有种观点认为，到 21 世纪初，和发达国家相比，发展中国家将有更多的人死于艾滋病。

其根据是：据统计，艾滋病毒感染者人数在发达国家趋于稳定或略有下降，在发展中国家却持续快速增长；到 21 世纪初，估计全球的艾滋病毒感染者将达到 4000 万～1 亿

1000万人，其中，60%将集中在发展中国家。这一观点缺乏充分的说服力。因为，同样权威的统计数据表明，发达国家艾滋病感染者从感染到发病的平均时间要大大短于发展中国家，而从发病到死亡的平均时间只有发展中国家的二分之一。

以下哪项最为恰当地概括了上述反驳所使用的方法？（　　）

A. 对论敌的立论动机提出质疑

B. 指出论敌把两个相近的概念当作同一概念来使用

C. 对论敌的论据的真实性提出质疑

D. 提出一个反例来否定论敌的一般性结论

E. 指出论敌在论证中没有明确具体的时间范围

解析：

题型：概括论证方法；考点：论证中概念界定必须一致。

由于这种类型的题目在最近几年出现较多，所以详细讲解一遍。

注意：这种概括论证方法或指出论证缺陷类题目，其题干本身就是一个完整的论证，有理由有结论。解题的关键是快速找到题干中的两方各自的论点和论据。这种能力在逻辑考试中非常重要，是快速准确解题的基础。

把题干简化，原论证的结构为：

结论：到21世纪初，发展中国家将有更多的人死于艾滋病。

证据：到21世纪初，估计全球的艾滋病毒感染者60%将集中在发展中国家。

反驳的论证则指出："感染的人"并不等于"死于艾滋病的人"，认为这是两个不同的概念。所以，答案为B。

（三）定义与划分题型经典母题解析

（1）如今，人们经常讨论职工下岗的问题，但也常常弄不清"下岗职工"的准确定义。国家统计局〔1997〕261号统计报表的填表说明中对"下岗职工"的说明是：下岗职工是指由于企业的生产和经营状况等原因，已经离开本人的生产和工作岗位，并已不在本单位从事其他工作，但仍保留与用人单位的劳动关系的人员。

按照以上划分标准，以下哪项所述的人员可以称为下岗职工？（　　）

A. 赵大大原来在汽车制造厂工作，半年前辞去工作，开了一个汽车修理铺

B. 钱二萍原来是某咨询公司的办公室秘书。最近，公司以经营困难为由，解除了她的工作合同，她只能在家做家务

C. 张三枫原来在手表厂工作，因长期疾病不能工作，经批准提前办理了退休手续

D. 李四喜原来在某服装厂工作，长期请病假。其实他的身体并不差，目前在家里开了个缝纫部

E. 王五伯原来在电视机厂工作，今年53岁。去年工厂因产品积压，人员富余，让50岁以上的人回家休息，等55岁时再办正式退休手续

解析：

题型：推出结论；考点：概念的界定与归类。

题干给了一个"下岗职工"的定义，要求根据本定义的要求寻找符合该概念的内涵要求的选项。"按图索骥"，只要看清楚"下岗职工"的定义，细心一点，这种类型的题目没

有难度。"下岗职工"的定义包括：a. 由于企业的生产和经营状况等原因，即不是个人原因；b. 已经离开本人的生产和工作岗位，并已不在本单位从事其他工作；c. 仍与用人单位保留劳动关系的人员。答案为 E。

（2）平反是对处理错误的案件进行纠正。

以下哪项最为确切地说明上述定义的不严格？（　　）

A. 对案件是否处理错误，应该有明确的标准

B. 应该说明平反的操作程序

C. 应该说明平反的主体及其权威性

D. 对平反的客体应该具体分析。平反了，不等于没错误

E. 对原来重罪轻判的案件进行纠正不应该称为平反

解析：

题型：削弱；考点：定义的理解。

题干为一个属加种差定义。根据定义的规则：被定义概念的外延必须等于下定义概念的外延，不得扩大或缩小。选项 E 则指出，存在符合"对处理错误的案件进行纠正"但不是"平反"的事物，即原先的定义过宽。答案为 E。

（四）概念间关系题型经典母题解析

某大学一寝室中住着若干个学生。其中，一个是哈尔滨人，两个是北方人，一个是广东人，两个在法律系，3 个是进修生。该寝室中恰好住了 8 个人。

如果题干中关于身份的介绍涉及了寝室中所有的人，则以下各项关于该寝室的断定都不与题干矛盾，除了（　　）。

A. 该校法律系每年都招收进修生

B. 该校法律系从未招收过进修生

C. 来自广东的室友在法律系就读

D. 来自哈尔滨的室友在财政金融系就读

E. 该室的三个进修生都是南方人

解析：

题型：推出结论；考点：概念间关系。

本题考查概念外延间的关系。"哈尔滨人"与"北方人"为包含于关系。假定其他概念间关系不交叉，则最多可能介绍 8 个人。所以，要保证介绍到 8 个人，其他概念间的关系不能交叉。而题目的问题是：以下哪个选项为真，则不能介绍到 8 个人。所以，如果 C 为真，则"广东人"与"法律系学生"出现了包含于关系，则题干最多只能介绍到 7 个人。导致上面的介绍出现了矛盾。答案为 C。A 选项为什么不是答案？因为 A 真，不能确定法律系每年招收的进修生就是本寝室的人。

本题关键：首先看懂问题，其次要明白概念间的关系。

四、必考题型训练

（1）除了川菜，张涛不吃其他菜肴，所有林村人都爱吃川菜。川菜的特色为麻辣香，其中有大量的干鲜辣椒/花椒/大蒜/姜/葱/香菜等调料。大部分吃川菜的人都喜好一边吃

川菜，一边喝四川特有的盖碗茶。

如果上述断定为真，则以下哪项一定为真？（　　）

A. 所有林村人都爱吃麻辣香的食物

B. 所有林村人都喝四川出产的茶

C. 大部分林村人喝盖碗茶

D. 张涛喝盖碗茶

E. 张涛是四川人

(2) 去年4月，股市出现了强劲反弹，某证券部通过对该部股民持仓品种的调查发现，大多数经验丰富的股民都买了小盘绩优股，所有年轻股民都选择了大盘蓝筹股，所有买了小盘绩优股的股民都没买大盘蓝筹股。

如果上述情况为真，则以下哪项关于该证券部股民的调查结果也必定为真？（　　）

Ⅰ. 有些年轻的股民是经验丰富的股民。

Ⅱ. 有些经验丰富的股民没买大盘蓝筹股。

Ⅲ. 年轻的股民都没买小盘绩优股。

A. 只有Ⅱ　　B. 只有Ⅰ和Ⅱ　　C. 只有Ⅱ和Ⅲ　　D. 只有Ⅰ和Ⅲ　　E. Ⅰ、Ⅱ和Ⅲ

(3) 绝大多数慷慨的父母是好父母，但是一些自私自利的父母也是好父母。然而，所有好父母都有一个特征：他们都是好的听众。

如果上面段落里的所有陈述是正确的，下面哪一个也必然正确？（　　）

A. 所有是好的听众的父母是好父母

B. 一些是好的听众的父母不是好父母

C. 绝大多数是好的听众的父母是慷慨大方的

D. 一些是好的听众的父母是自私自利的

E. 自私自利的父母中是好的听众的人数比慷慨的父母中的少

(4) 一些麋鹿的骨盆骨与所有猪的骨盆骨具有许多相同的特征。虽然不是所有的麋鹿都有这些特征，但是一些动物学家声称，所有具有这些特征的动物都是麋鹿。

如果以上陈述和动物学家的声明都是真的，以下哪项也一定是真的？（　　）

A. 麋鹿与猪的相似之处要多于它与其他动物的相似之处

B. 一些麋鹿与猪在其他方面的不同之处要少得多

C. 所有动物，如果它们的骨盆骨具有相同的特征，那么它们的其他骨骼部位一般也会具有相同或相似的特征

D. 所有的猪都是麋鹿

E. 所有的麋鹿都是猪

(5) 所有安徽来京打工人员，都办理了暂住证；所有办理了暂住证的人员，都获得了就业许可证；有些安徽来京打工人员当上了门卫；有些业余武术学校的学员也当上了门卫；所有的业余武术学校的学员都未获得就业许可证。

如果上述断定都是真的，则除了以下哪项，其余的断定也必定是真的？（　　）

A. 所有安徽来京打工人员都获得了就业许可证

B. 没有一个业余武术学校的学员办理了暂住证

C. 有些安徽来京打工人员是业余武术学校的学员

D. 有些门卫没有就业许可证

E. 有些门卫有就业许可证

（6）所有安徽来京打工人员，都办理了暂住证；所有办理了暂住证的人员，都获得了就业许可证；有些安徽来京打工人员当上了门卫；有些业余武术学校的学员也当上了门卫；所有的业余武术学校的学员都未获得就业许可证。

以下哪个人的身份，不可能符合上述题干所作的断定？（　　）

A. 一个获得了就业许可证的人，但并非是业余武术学校的学员

B. 一个获得了就业许可证的人，但没有办理暂住证

C. 一个办理了暂住证的人，但并非是安徽来京打工人员

D. 一个办理了暂住证的业余武术学校的学员

E. 一个门卫，他既没有办理暂住证，又不是业余武术学校的学员

（7）高校2007年秋季入学的学生中有些是免费师范生。所有的免费师范生都是家境贫寒的。凡家境贫寒的学生都参加了勤工助学活动。

如果以上陈述为真，则以下各项必然为真，除了（　　）。

A. 有些参加勤工助学活动的学生不是免费师范生

B. 2007年秋季入学的学生有人家境贫寒

C. 凡没有参加勤工助学活动的学生都不是免费师范生

D. 有些参加勤工助学活动的学生是2007年秋季入学的

E. 有些免费师范生参加了勤工俭学活动

（8）学年末，某中学初一年级进行了学年评定，有些学生干部当上了区三好学生，有些学生入了团。在推选共青团员的活动中，所有校三好学生都递交了入团申请，所有区三好学生都没有写入团申请。

如果以上断定为真，以下哪项也必定为真？（　　）

A. 所有学生干部都是三好学生

B. 有些学生干部递交了入团申请

C. 所有团员都是校三好学生

D. 有些学生不是校三好学生

E. 并非所有校三好学生都是学生干部

（9）所有与非典患者接触的人都被隔离了。所有被隔离的人都与小李接触过。

如果以上命题是真的，以下哪个命题也是真的？（　　）

A. 小李是非典患者

B. 小李不是非典患者

C. 可能有人没有接触过非典患者，但接触过小李

D. 所有非典患者都与小李接触过

E. 所有与小李接触过的人都被隔离了

（10）有些具有优良效果的护肤化妆品是诺亚公司生产的。所有诺亚公司生产的护肤化妆品都价格昂贵，而价格昂贵的护肤化妆品无一例外地受女士们的青睐。

以下各项都能从题干的断定中推出，除了（　　）。

A. 有些效果良好的化妆品受到了女士们的青睐

B. 得到女士们青睐的护肤化妆品中，有些实际效果并不好

C. 所有诺亚公司生产的护肤化妆品都受到女士们的信任

D. 有些价格昂贵的护肤化妆品是效果优良的

E. 所有不被女士们青睐的护肤化妆品价格都不昂贵

(11) 所有校学生会委员都参加了大学生电影评论协会，张珊、李斯和王武都是校学生会委员。大学生电影评论协会不吸收大学一年级学生参加。

如果上述断定为真，则以下哪项一定为真？（　　）

Ⅰ. 张珊、李斯和王武都不是大学一年级学生。

Ⅱ. 所有校学生会委员都不是大学一年级学生。

Ⅲ. 有些大学生电影评论协会的成员不是校学生会委员。

A. 只有Ⅰ　　B. 只有Ⅱ　　C. 只有Ⅲ　　D. 只有Ⅰ和Ⅱ　　E. Ⅰ、Ⅱ和Ⅲ

(12) 调查表明，一年中的任何月份，18～65岁的女性中都有52%在家庭以外工作。因此，18～65岁的女性中有48%是全年不在外工作的家庭主妇。

以下哪项，如果为真，最严重地削弱了上述论证？（　　）

A. 现在离家工作的女性比历史上的任何时期都多

B. 尽管在每个月中参与调查的女性人数都不多，但是这些样本有很好的代表性

C. 调查表明将承担一份有薪工作为优先考虑的女性比以往任何时候都多

D. 总体上说，职业女性比家庭主妇有更高的社会地位

E. 不管男性还是女性，都有许多人经常进出于劳动力市场

(13) 克鲁特是德国家喻户晓的"明星"北极熊，北极熊是北极名副其实的霸主，因此，克鲁特是名副其实的北极霸主。

以下哪项除外，均与上述论证中出现的谬误相似？（　　）

A. 儿童是祖国的花朵，小雅是儿童，因此，小雅是祖国的花朵

B. 鲁迅的作品不是一天能读完的，《祝福》是鲁迅的作品。因此《祝福》不是一天能读完的

C. 中国人是不怕困难的，我是中国人。因此，我是不怕困难的

D. 康怡花园坐落在清水街，清水街的建筑属于违章建筑。因此，康怡花园的建筑属于违章建筑

E. 西班牙语是外语，外语是普通高等学校招生的必考科目。因此西班牙语是普通高等学校招生的必考科目

(14) 鲁迅的作品不是一天能读完的，《狂人日记》是鲁迅的作品，因此，《狂人日记》不是一天能读完的。

下列哪项最为恰当地指出了上述推理的逻辑错误？（　　）

A. 偷换概念　　B. 自相矛盾　　C. 以偏概全　　D. 倒置因果　　E. 循环论证

(15) 我国正常婴儿在3个月时的平均体重在5～6公斤之间。因此，如果一个3个月大的婴儿的体重只有4公斤，则说明其间他（她）的体重增长低于平均水平。

以下哪项，如果为真，最有助于说明上述论证存在漏洞？（   ）

A. 婴儿体重增长低于平均水平不意味着发育不正常

B. 上述婴儿在 6 个月时的体重高于平均水平

C. 上述婴儿出生时的体重低于平均水平

D. 母乳喂养的婴儿体重增长较快

E. 我国婴儿的平均体重较 20 年前有了显著的增加

（16）这所大学的学生学习了很多课程，小马是这所大学的一名学生，所以她学习了很多的课程。

以下哪项论证展示的推理错误与上述论证中的最相似？（   ）

A. 这所学校里的学生学习数学这门功课，小马是这所学校的一名学生，所以他也学习数学这门课程

B. 这本法律期刊的编辑们写了许多法律方面的文章，老李是其中的一名编辑，所以他也写过许多法律方面的文章

C. 这所大学的大多数学生学习成绩很好，小贞是这所大学的一名学生，所以她的学习成绩很好

D. 所有的旧汽车需要经常换零件，这部汽车是新的，所以不需要经常换零件

E. 独立的大脑细胞是不能够进行思考的，所以整个大脑也不能够进行思考

（17）我最爱阅读外国文学作品，英国的、法国的、古典的，我都爱读。

上述陈列在逻辑上犯了哪项错误？（   ）

A. 划分外国文学作品的标准混乱，前者是按国别的，后者是按时代的

B. 外国文学作品，没有分是诗歌、小说还是戏剧的

C. 没有说最喜好什么

D. 没有说是外文原版还是翻译本

E. 在"古典的"后面，没有紧接着指出"现代的"

（18）在某校新当选的校学生会的 7 名委员中，有 1 个大连人，2 个北方人，1 个福州人，2 个特长生（即有特殊专长的学生），3 个贫困生（即有特殊经济困难的学生）。

假设上述介绍涉及了该学生会中的所有委员，则以下各项关于该学生会委员的断定都与题干不矛盾，除了（   ）。

A. 2 个特长生都是贫困生　　　C. 特长生都是南方人

B. 贫困生不都是南方人　　　　D. 大连人是特长生

E. 福州人不是贫困生

（19）某交响乐团招聘新团员，拟录用名单共有 9 人，其中有 3 个南方人，1 个男士，两个 20 岁，两个近视眼，1 个女士，1 个广西人，还有 1 个北方人。以上涉及了全部成员。

以下各项断定都有可能解释以上陈述，除了（   ）。

A. 1 个女士是北方人　　　　　B. 两个 20 岁的人都是近视眼

C. 1 个男士是北方人　　　　　D. 1 个女士是广西人

E. 1 个男士不是近视眼

(20) 有一家权威民意调查机构,在世界范围内对"9·11"恐怖袭击事件发生的原因进行调查,结果发现:40%的人认为是由美国不公正的外交政策造成的,55%的人认为是因为伊斯兰文明与西方文明的冲突,23%的人认为是出自恐怖分子的邪恶本性,19%的人没有表示意见。

以下哪项最能合理地解释上述看来包含矛盾的陈述?( )

A. 调查样本的抽取不是随机的,因而不具有代表性

B. 有的被调查者后来改变了自己的观点

C. 有不少被调查者认为,"9·11"恐怖袭击发生的原因不是单一的,而是复合的

D. 调查结果的计算出现技术性差错

E. 上述百分比蕴含着基数的陷阱

(21) 对某生产事故原因的民意调查中,70%的人认为是设备故障,30%的人认为是违章操作,25%的人认为原因不清,需要深入调查。

以下哪项最能合理地解释上述看来包含矛盾的陈述?( )

A. 被调查的有125个人

B. 有的被调查的人改变了自己的观点

C. 有的被调查者认为事故的发生既有设备故障的原因,也有违章操作的原因

D. 很多认为原因不清的被调查者实际上有自己的倾向性判断,但不愿意透露

E. 调查的操作出现技术性差错

参考答案:

(1) A (2) C (3) D (4) D (5) C (6) D (7) A (8) D (9) C
(10) B (11) D (12) D (13) D (14) A (15) C (16) B (17) A
(18) A (19) B (20) C (21) C

第三章 性质命题及其推理

一、必考基本点

掌握几种性质命题之间的真假关系；掌握性质命题的否定形式及其等值命题；学会真话假话题的解题思路。

二、考点基本功要义

（一）什么是性质命题

性质命题是反映对象具有或不具有某种性质的命题。一般来说，在自然语言中都是用单句的形式来表现的。什么是命题？就是表达了判断的语句，即：陈述句。有些时候，也会以反问句的形式来表达一种肯定的或者否定的判断，比如，"这些逻辑题难道不简单吗？"

美国国会议员中有些人是学法律的。

这个陈述句断定了部分美国国会议员具有"学法律"的性质。

1. 一切性质命题都是由 4 个部分组成的

主项。即表示命题对象的概念，也叫主词（如上例中的"美国国会议员"，在逻辑上一般用符号"S"表示）。

谓项。即表示命题对象具有或不具有的性质的概念，也叫宾词（如上例中的"学法律的"，在逻辑上一般用符号"P"表示）。

联项，也叫性质命题的"质"。即联结主项与谓项的概念。联项分为肯定联项与否定联项。即"是"与"不是"（如上例"有些人是学法律的"这句话中的"是"，表示肯定联项）。

要说明的是，在汉语自然表达中，我们常常会省略肯定联项"是"，或者根本就没有这个"是"，只要表达的是肯定的意思，那就是肯定命题。例如："情况很好"。这个命题虽然没有"是"这个字，但它仍然是肯定命题，联项为肯定联项"是"。

量项。即表示命题中主项数量的概念，一般也称为命题的"量"。

提醒：

在管理类联考逻辑考试中，有时候也考谓项的量，我们会在后面的内容中讲解。

2. 命题的量一般有 3 种

（1）全部的量（逻辑术语为全称量项），即对主项这个概念的每一个分子都做了断定，一般用自然语言"所有""一切""都"等词语来表示。

要说明的是，在自然语言中，"所有""一切"等全称量词经常会省略，例如：人皆会死。只要其意思是断定主项的全部，就是全称量项。

（2）部分的量（逻辑术语为特称量项），即在一个命题中，仅仅确定的是主项的部分作了反映，但未确定主项的全部外延，通常用自然语言"有些""有的""有""部分"等词语来表示。特称量项不能省略。

特别提醒：

特称命题中的特称量项"有的""有些"的具体含义是指：表示在一类事物中有对象具有或不具有某种性质，至于这一类事物中没有说明的部分情况如何，它没有做出明确的表示，对于这一部分没有指明的情况，只能说不确定。因此，在 MBA 逻辑应试中，特称量项"有些""有的"的意思仅仅是"至少有些"；即"至少有一个"的意思。

例如：已知"有些人是自私的"为真，只能确定"至少有人是自私的"，但不能确定"有些人不自私"是否为真为假。

这一点和我们在日常表达中有些差异，也是很多考生的盲点。因为，在平时的生活中，当我们说"有些人很努力"，好像往往意味着"有些不努力"，但在逻辑上，这是不确定的，最多只能说"可能"，绝对不能认为"一定可以"推出，请牢记。

巩固练习：

已知：有些共产党员是真正无私的。如果这个命题为真，请问："有些共产党员不是真正无私的"是真还是假？

正确答案应该是：不能确定。

（3）个体的量（逻辑术语为单称量项），即在一个命题中对主项的一个对象作了反映。通常用"这个""那个"来表示，如：这个学生考得不错；或者干脆用单独概念充当主项，如：我是一个逻辑教师。

3. 性质命题的种类

根据量和质的不同，排列组合之后，性质命题有 6 种：

（1）全部肯定命题（逻辑学术语为全称肯定命题，符号表示：SAP。S 表示主项，P 表示主项，A 表示全部肯定，即所有的 S 都是 P。下同）。例：所有的人都是会死的。

（2）全部否定命题（逻辑学术语为全称否定命题，符号表示：SEP）。例：所有的人都不是会死的。

（3）部分肯定命题（逻辑学术语为特称肯定命题，符号表示：SIP）。例：有些人是会死的。

（4）部分否定命题（逻辑学术语为特称否定命题，符号表示：SOP）。例：有些人不会死。

（5）单称肯定命题。例：这个人会死。

（6）单称否定命题。例：这个人不会死。

大家可能已经发现，上面列举的 6 个命题不可能都是真的，因为有些命题之间有矛盾关系，或者有真假之间的对应关系，这就是管理类联考逻辑考试的考点：同主项谓项的性质命题之间的真假关系。即：在试题中表现为已知某个命题为真，判断其他几个命题的真假。

这些命题之间的真假关系并不复杂，大多数时候直接按照你的直觉理解即可，本教材不做过多讲解。本教材着重讲解考生容易丢分的部分。

4. 性质命题真假对应关系

（1）矛盾关系：真假完全相反。即不可同时为真，不可同时为假，一定为一真一假。

推理关系：如果已知其中一个命题为真，则其矛盾命题必定为假；如果已知其中一个命题为假，则其矛盾命题必定为真。

有 3 对矛盾关系的命题：

1) "所有的 S 都是 P" 与 "有些 S 不是 P"。

2) "所有的 S 都不是 P" 与 "有些 S 是 P"。

3) "这个 S 是 P" 与 "这个 S 不是 P"。

例：如果已知 "所有的人都是会死的" 为真，则 "有些人不会死" 这个命题一定为假。

提醒：

这 3 对命题之间的真假关系和生活直觉完全符合，一般的人都不会出错。

（2）反对关系：至少一假。即不可能同时都是真的，但有可能同时都是假的。

推理关系：如果已知其中的一个命题为真，则另一个命题一定为假；如果已知其中的一个命题为假，则另一个命题不能确定真假，除非有别的条件加入。

反对关系中，管理类联考逻辑试题中只考查下列这对命题：

"所有的 S 都是 P" 与 "所有的 S 都不是 P"。

全称肯定命题 SAP 与全称否定命题 SEP 之间的真假关系就是反对关系。

例：如果已知 "所有的人都会死" 为真，则 "所有的人都不会死" 一定为假；如果已知 "所有的人都会死" 为假，则 "所有的人都不会死" 真假不能确定。

提醒：

逻辑考试考查的考生根据已有的条件进行分析推理的能力，一般都会有假定一些条件为真。有些时候，这些假定为真的命题并不符合生活常理或专业知识，请看清题目，不要不看题目就拿生活经验或专业知识否定题干，这是很危险的事情。

逻辑考查的是根据假定的条件进行分析推理的能力，而不是你的专业知识。

（3）下反对关系：至少一真。SIP 与 SOP 为下反对关系。

即下反对关系的命题不可能同时都是假的，至少有一个是真的。但也有可能同时都是真的。

推理关系：如果已知其中的一个命题为真，则另一个命题不能确定真假；如果其中的一个命题为假，则另一个命题一定为真。

例：如果 "有些人很优秀" 为真，那么，"有些人不是很优秀" 就不能确定真假；如果 "有些人很优秀" 为假，则，"有些人不是很优秀" 一定为真。

（4）差等关系（包含关系）：若全称命题为真，则同质的特称命题为真；若特称命题为假，则全称命题为假。其他推理方向为真假不定。

SAP 与 SIP 之间的关系，SEP 与 SOP 之间的关系就是差等关系。

推理关系：如果 "所有的 S 都是 P" 为真，则 "有些 S 是 P" 一定为真；如果 "有些 S 是 P" 为真，则 "所有的 S 都是 P" 不能确定真假；如果 "有些 S 是 P" 为假，则 "所有的 S 都是 P" 一定为假；如果 "所有的 S 是 P" 为假，则 "有些 S 是 P" 不能确定真假。

它们之间的真假关系可用图 3-1 来帮助记忆。

图 3-1 中 T 表示真，F 表示假。图 3-1 中左边的箭头所指的意思是：当 A 命题为

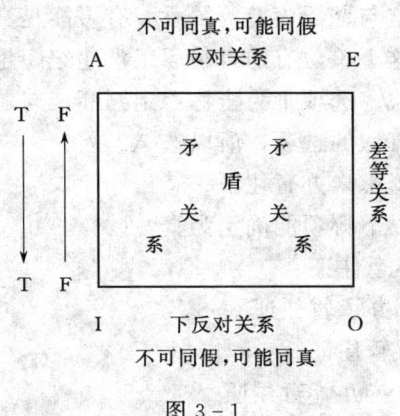

图 3-1

真，则 I 命题一定为真；当 I 命题为假，则 A 命题一定为假（E 命题和 O 命题的关系依此类推）。

三、必考题型解题方法精讲

性质命题必考知识点基本可以分为以下 3 类。

（一）真假关系——逻辑方阵经典母题解析

（1）有人说："哺乳动物都是胎生的"。

以下哪项最能驳斥以上判断？（　　）

A. 也许有的非哺乳动物是胎生的　　B. 可能有的哺乳动物不是胎生的
C. 没有见到过非胎生的哺乳动物　　D. 非胎生的动物不大可能是哺乳动物
E. 鸭嘴兽是哺乳动物，但不是胎生的

解析：

题干为全称肯定命题，它的矛盾概念的削弱力度最强。E 为反例，说明至少存在一个哺乳动物不是胎生的。考点为全称肯定命题与特称否定命题之间为矛盾关系。本题较容易，直觉也能做对。另请注意"可能"的削弱力度较弱一些。答案为 E。

（2）这个单位已发现有育龄职工违纪超生。

如果上述断定是真的，则在下述 3 个断定中不能确定真假的是（　　）。

Ⅰ. 这个单位没有育龄职工不违纪超生。
Ⅱ. 这个单位有的育龄职工没违纪超生。
Ⅲ. 这个单位所有的育龄职工都未违纪超生。

A. 只有 Ⅰ 和 Ⅱ　　　　　　　　B. Ⅰ、Ⅱ 和 Ⅲ
C. 只有 Ⅰ 和 Ⅲ　　　　　　　　D. 只有 Ⅱ
E. 只有 Ⅰ

解析：

本题考查性质命题之间的真假对应关系，较容易出错。当"有 S 是 P"为真时，则"有 S 不是 P"真假不确定；"所有 S 都是 P"也真假不定；而"所有 S 不是 P"则必假。题干为特称肯定判断"有 S 是 P"。选项 Ⅰ 的意思是这个单位所有的育龄职工都违纪超生了，为全称肯定判断，这与题干为差等关系，有可能是真的，但也可能是假的，不能确定真假。选项Ⅱ的意思是这个单位有的育龄职工没违纪超生，为特称否定判断，与题干为下反对关系，不能确定真假。选项Ⅲ为全称否定判断，与题干矛盾，肯定为假。

该题要求选择不能确定真假的选项，所以选 A。

（3）培光街道所有的保姆都未办暂住证。

如果上述断定为假，则以下哪项能确定为真？（　　）

Ⅰ. 培光街道有保姆未办暂住证。
Ⅱ. 培光街道所有保姆都办了暂住证。
Ⅲ. 培光街道有保姆办了暂住证。
Ⅳ. 培光街道的保姆陈秀英办了暂住证。

A. Ⅰ、Ⅱ、Ⅲ和Ⅳ　　　　　　B. 仅Ⅰ、Ⅲ和Ⅳ
C. 仅Ⅰ　　　　　　　　　　D. 仅Ⅰ和Ⅳ
E. 仅Ⅲ

解析：

已知全称否定命题"培光街道所有的保姆都未办暂住证"为假，能够必然推出为真的只有它的矛盾命题"培光街道有的保姆办理了暂住证"必然为真。

而全称否定命题与全称肯定命题之间的关系是至少一假，所以，当"培光街道所有的保姆都未办暂住证"为假，全称肯定命题"培光街道所有的保姆都办了暂住证"有可能为真，有可能为假，是不能确定真假的。

"培光街道所有的保姆都未办暂住证"与"培光街道有保姆未办暂住证"为差等关系，当全称否定命题为假时，不能确定特称否定命题的真假。

"陈秀英"在已知条件中未涉及，而"所有的保姆都办了暂住证"也不确定真假，所以，"陈秀英办了暂住证"也不能确定真假。所以，答案为E。

（4）所有的三星级饭店都搜查过了，没有发现犯罪嫌疑人的踪迹。

如果上述断定为真，则在下面4个断定中：

Ⅰ. 没有三星级饭店被搜查过。
Ⅱ. 有的三星级饭店被搜查过。
Ⅲ. 有的三星级饭店没有被搜查过。
Ⅳ. 犯罪嫌疑人躲藏的三星级饭店已被搜查过。

可确定为假的是（　　）。

A. 仅Ⅰ和Ⅱ　　　　　　　　B. 仅Ⅰ和Ⅲ
C. 仅Ⅱ和Ⅲ　　　　　　　　D. 仅Ⅰ、Ⅲ和Ⅳ
E. Ⅰ、Ⅱ、Ⅲ和Ⅳ

解析：

题型：推出结论；考点：性质命题。

本题考查性质命题之间的真假关系。题干已知全称肯定命题"所有的三星级饭店都搜查过了"为真，则Ⅰ"所有的三星级饭店都没有搜查过"必为假，因为它们为反对关系；它的矛盾关系"有的三星级饭店没有被搜查过"也必为假，即Ⅲ为假。而"有的三星级饭店被搜查过"必为真，因为"所有的S是P"包含"有的S是P"，它们之间为差等关系。Ⅳ有一定的干扰力度，前提已知的是"没有发现"，并不等于"没有躲藏"。只要躲藏的是"三星级"饭店，则必被搜查过，所以Ⅳ必为真。所以，可确定为假的为选项B。

（二）否定及自然语言理解经典母题解析

(1) 通过调查得知，并非所有个体商贩都有偷税、逃税行为。

如果上述调查的结论是真实的，则以下哪项一定为真？（　　）

A. 所有的个体商贩都没有偷税、逃税行为

B. 多数个体商贩都有偷税、逃税行为

C. 并非有的个体商贩没有偷税、逃税行为

D. 并非有的个体商贩有偷税、逃税行为

E. 有的个体商贩确实没有偷税、逃税行为

解析：

题型：推出结论；考点：性质命题。

本题考查全称肯定命题性质命题的否定。并非"所有S是P"，等于说："有些S不是P"。所以，答案为E。

拓展练习：请考生把选项C、D的意思写出来。

(2) 设"并非无商不奸"为真，则以下哪项一定为真？（　　）

A. 所有商人都是奸商　　　　　　B. 所有商人都不是奸商

C. 并非有的商人不是奸商　　　　D. 并非有的商人是奸商

E. 有的商人不是奸商

解析：

题型：推出结论；考点：性质命题的否定。

"无商不奸"的意思是："所有的商人都是奸商"，全称肯定命题；"并非"是对其否定，则其矛盾命题特称否定命题"有的商人不是奸商"必为真。答案为E。

为巩固知识点，请考生自行把选项C、D的意思弄明白。

(3) "常在河边走，哪有不湿鞋"。搞财会工作的，都免不了有或多或少的经济问题，特别是在当前商品经济大潮下，更是如此。

以下哪项如果是真的，则最有力地否定了上述断定？（　　）

A. 某投资信托公司的会计，经管财务30年，拒受贿赂，一尘不染，多次受到表彰

B. 随着法制的健全，经济犯罪必将受到严厉的打击

C. 由于加强了两个文明建设，广大财会人员的思想觉悟有了明显的提高

D. 以上断定，宣扬的是一种"人不为己，天诛地灭"的剥削阶级世界观

E. "慎独"是中国的传统美德，这种传统美德，必将发扬光大

解析：

题型：削弱；考点：性质命题的矛盾关系。

题干的意思是"搞财会工作的人都有经济问题"，全称肯定命题，对其最有力的削弱为其矛盾命题特称否定命题。答案为A。

(4) 北方人不都爱吃面食，但南方人都不爱吃面食。

如果已知上述第一个断定为真,第二个断定为假,则以下哪项据此不能确定真假?( )

Ⅰ.北方人都爱吃面食,有的南方人也爱吃面食。

Ⅱ.有的北方人爱吃面食,有的南方人不爱吃面食。

Ⅲ.北方人都不爱吃面食,南方人都爱吃面食。

A. 只有Ⅰ　　　　B. 只有Ⅱ　　　　C. 只有Ⅲ　　　　D. 只有Ⅱ和Ⅲ

E. Ⅰ、Ⅱ和Ⅲ

解析:

题型:推出结论;考点:性质命题。

本题为复选项,考点为性质命题的真假关系。已知:"北方人不都爱吃面食"为真,即"有些北方人不爱吃面食"为真;根据逻辑方阵,则"有些北方人爱吃面食""所有北方人都不爱吃面食"不能确定真假,"所有北方人都爱吃面食"必为假。已知"南方人都不爱吃面食"为假,则其矛盾命题"有些南方人爱吃面食"为真,而"有些南方人不爱吃面食""所有的南方人都爱吃面食"则真假不定。所以,不能确定真假的为Ⅱ和Ⅲ。答案为D。

注意:Ⅰ、Ⅱ和Ⅲ这3个命题都是联言命题。必须两句话都为真才能确定为真。

(三)真假话题型经典母题解析

(1)某公司共有包括总经理在内20名员工。有关这20名员工,以下3个断定中只有一个是真的:

Ⅰ.有人在该公司入股。

Ⅱ.有人没在该公司入股。

Ⅲ.总经理没在该公司入股。

根据以上事实,则以下哪项是真的?( )

A. 20名员工都入了股　　　　　　B. 20名员工都没入股

C. 只有1人入了股　　　　　　　D. 只有1人没入股

E. 无法确定入股员工的人数

解析:

题型:推出结论;考点:性质命题之间的真假关系。

Ⅰ、Ⅱ两句话为"下反对关系",即"可能同真,不可能同假",所以,这两句话至少有一句话是真的;根据已知条件,三句话中只有一句话为真,则这一真话只能在Ⅰ、Ⅱ之中,则:Ⅲ这句话必定为假,则可推出:"总经理在该公司入股"为真。根据性质命题之间的真假关系,可推出"有人在该公司入股"为真。由于只有一句话为真,所以"有人没在该公司入股"为假,则其矛盾命题"所有的人都在该公司入股"为真。答案为A。

本题还有另一种解题思路:设"总经理没在该公司入股"为真,那么"有人没在该公司入股"的断定就肯定为真,而"以下3个断定中只有一个是真的",导致了矛盾,所以"总经理肯定入股了"。则"有人在该公司入股"为真,只有一句话为真,那么"有人没在该公司入股"就肯定为假,其矛盾关系的判断"所有的员工都入了股"一定真。

(2)桌子上有4个杯子,每个杯子上写着一句话。第1个杯子:"所有的杯子中都有水果糖";第2个杯子:"本杯中有苹果";第3个杯子:"本杯中没有巧克力";第4个杯子:"有些杯子中没有水果糖"。

如果其中只有一句真话,那么以下哪项为真?(　　)

A. 所有的杯子中都有水果糖　　　　B. 所有的杯子中都没有水果糖

C. 所有的杯子中都没有苹果　　　　D. 第3个杯子中有巧克力

E. 第2个杯子中有苹果

解析:

题型:推出结论;考点:性质命题。

第1个杯子和第4个杯子上的话为矛盾关系,根据矛盾关系命题的性质可知这两个杯子上的话必定为一真一假,已知"只有一句真话",则第2个和第3个杯子上的话都是假的,所以,"第3个杯子中有巧克力"。答案为D。

四、必考题型训练

(1) 长沙市芙蓉区发现有外来户未办暂住证。

如果上述断定为真,则以下哪项不能确定真假?(　　)

Ⅰ. 长沙市芙蓉区所有外来户都未办暂住证。

Ⅱ. 长沙市芙蓉区所有外来户都办了暂住证。

Ⅲ. 长沙市芙蓉区有外来户办了暂住证。

Ⅳ. 长沙市芙蓉区的外来户陈秀英办了暂住证。

A. Ⅰ、Ⅱ、Ⅲ和Ⅳ　　　　　　　　B. 仅Ⅰ、Ⅲ和Ⅳ

C. 仅Ⅰ　　　　　　　　　　　　　D. 仅Ⅰ和Ⅳ

E. 仅Ⅳ

(2) 并非有的运动员有时竞技状态不好。

如果上述断定为真,则以下哪项必假?(　　)

A. 所有的运动员在某一时刻竞技状态都好

B. 并非所有的运动员在任何时刻的竞技状态都好

C. 某个运动员在所有的时刻竞技状态都好

D. 每个运动员在任何时刻竞技状态都好

E. 有时有的运动员竞技状态良好

(3) 北大川鹰社的周、吴、郑、王中有且只有一人登上过卓奥友峰,记者采访他们时,他们说了以下的话。

周:登上卓奥友峰是队员郑。

郑:我还没有参加过任何登山活动。

吴:我虽然也参加了那次登山活动,但没有登顶。

王:我是队员吴的候补,如果他没登顶就是我登顶了。

如果只有他们中有一个人说错了,则以下哪项必然成立?(　　)

A. 郑登上过卓奥友峰　　　　　　　B. 吴或者周登上过卓奥友峰

C. 王登上过卓奥友峰　　　　　　　D. 不能推出谁登上过卓奥友峰

E. 北大山鹰社的其他队员也登上过卓奥友峰

（4）政治记者汤姆分析了近十届美国总统的各种讲话和报告，发现其中有不少谎话。因此，汤姆推断：所有参加竞选美国总统的政治家都是不诚实的。

以下哪项和汤姆推断的意思是一样的？（　　）

A. 不存在诚实的参加竞选美国总统的政治家

B. 不存在不诚实的参加竞选美国总统的政治家

C. 所有政治家都是不诚实的

D. 不是所有参加竞选美国总统的政治家都是诚实的

E. 有些参加竞选美国总统的政治家是诚实的

（5）在一次选举中，如果有人投了所有候选人的赞成票，那么下列哪项必定是真实的？（　　）

A. 对每个候选人来说，都得到了赞成票

B. 对所有候选人都投赞成票的不止一人

C. 有人没有对所有候选人都投赞成票

D. 不可能所有候选人都当选

E. 所有候选人都可以当选

（6）某公司发生一起贪污案，在对所有可能涉案人员进行排查后，4 名审计人员各有如下结论：

甲：所有人都没有贪污。

乙：张经理没有贪污。

丙：这些涉案人员都没有贪污。

丁：有的人没有贪污。

如果 4 名审计人员中只有一人断定属实，那么以下哪项是真的？（　　）

A. 甲断定属实，张经理没有贪污　　　　B. 丙断定属实，张经理没有贪污

C. 丙断定属实，张经理贪污了　　　　　D. 丁断定属实，张经理没有贪污

E. 丁断定属实，张经理贪污了

（7）在一次歌唱竞赛中，每一名参赛选手都有评委投了优秀票。

如果上述断定为真，那么以下哪项不可能为真？（　　）

Ⅰ. 有的评委投了所有参赛选手优秀票。

Ⅱ. 有的评委没有给任何参赛选手投优秀票。

Ⅲ. 有的参赛选手没有得到一张优秀票。

A. 只有Ⅰ　　　B. 只有Ⅱ　　　C. 只有Ⅲ　　　D. 只有Ⅰ和Ⅱ

E. 只有Ⅰ和Ⅲ

（8）桌子上有 4 个箱子，每个箱子上写着一句话。第 1 个箱子："所有的箱子中都有伊丽莎白的照片"；第 2 个箱子："本箱子中有沙拉布莱曼的唱片"；第 3 个箱子："本箱子中没有多明戈的签名 CD"；第 4 个箱子："有些箱子中没有伊丽莎白的照片"。

如果其中只有一句真话，那么以下哪项为真？（　　）

A. 所有的箱子中都有伊丽莎白的照片

B. 所有的箱子中都没有水果糖
C. 所有的箱子中都没有沙拉布莱曼的唱片
D. 第3个箱子中有多明戈的签名CD
E. 第2个箱子中有沙拉布莱曼的唱片

(9) 在商学院硕士研究生第二学期的"人力资源与管理"课程期末考试后，学习委员想从老师那里打听成绩。学习委员说："老师，这次考试不太难，我估计我们班同学们的成绩都在80分以上吧。"老师说："你的前半句话没错，后半句不对。"

根据老师的意思，下列哪项必为事实？（   ）

A. 多数同学的成绩在80分以上，有少数同学的成绩在60分以下
B. 有些同学的成绩在80分以上，有些同学的成绩在80分以下
C. 这次考试太容易，全班同学的考试成绩都在95分以上
D. 这次考试太难，多数同学的考试成绩都在79分以下
E. 假如研究生的课程85分才算及格，那么肯定有的同学成绩不及格

(10) 以下是关于某中学甲班同学参加夏令营的3个断定：

Ⅰ. 甲班有学生参加了夏令营。
Ⅱ. 甲班所有学生都没有参加夏令营。
Ⅲ. 甲班的蔡明没有参加夏令营。

如果这3个断定中只有一项为真，则以下哪项一定为真？（   ）

A. 甲班同学并非都参加了夏令营   B. 甲班同学并非都没有参加夏令营
C. 甲班参加夏令营的学生超过半数   D. 甲班仅蔡明没有参加夏令营
E. 甲班仅蔡明参加了夏令营

(11) 关于甲班体育达标测试，3位老师有如下预测：

张老师说："不会所有人都不及格"。
李老师说："有人会不及格"。
王老师说："班长和学习委员都能及格"。

如果3位老师中只有1人的预测正确，则以下哪项一定为真？（   ）

A. 班长和学习委员都没及格   B. 班长和学习委员都及格了
C. 班长及格，但学习委员没及格   D. 班长没及格，但学习委员及格了
E. 以上各项都不一定为真

(12) 在中堂公司的中层干部中，王益获得了由董事会颁发的特别奖。

如果上述断定为真，则以下哪项不能确定真假？（   ）

Ⅰ. 中堂公司的中层干部都获得了特别奖。
Ⅱ. 中堂公司的中层干部都没有获得特别奖。
Ⅲ. 中堂公司的中层干部中，有人获得了特别奖。
Ⅳ. 中堂公司的中层干部中，有人没获得特别奖。

A. 仅仅Ⅰ   B. 仅仅Ⅲ和Ⅳ   C. 仅仅Ⅱ和Ⅲ   D. 仅仅Ⅰ和Ⅳ
E. Ⅰ、Ⅱ和Ⅲ

参考答案：

(1) B (2) B (3) C (4) A (5) A (6) C (7) C (8) D (9) E (10) B (11) A (12) D

第四章 模态命题及其推理

一、必考基本点

模态命题的表现形式及其真假关系；模态命题的否定命题及其等值形式。

二、考点基本功要义

（一）真假关系

1. 模态命题的定义

所谓的模态命题，就是指断定事物可能性或必然性的判断。通俗地讲，在MBA、GCT、MPACC考试中，就是指包含了"可能""必然""不可能""不必然"等语词（这些语词被称为模态词）的句子。在模态命题中，模态词的位置是不固定的，可以在前，也可以在后，还可以在中间，要注意识别。

例如：不可能所有的错误都能避免。客观规律不以人的意志为转移是必然的。

模态命题指的是包含有模态词的命题，模态词分为可能性和必然性两种。常见的可能性模态词有：可能、大概、也许；常见的必然性模态词有：一定、必定、必然等。

模态逻辑是属于非经典性逻辑的一种，最早要追溯到亚里士多德。模态（Modality）一词的原意是指"必然"和"可能"两个词，含有"必然"或"可能"的命题就称为模态命题。研究有模态命题参与的推理的学科就称为模态逻辑。为了通俗易懂，下面尽量用通俗化的语言进行陈述。

例如：

汽车的速度不可能超过光速。

在生活中，大多数判断可以概括为3类：

a. 必然的判断：$x=10$ 或 $x\neq 10$ 是必然的。

b. 可能的判断：我这个决策方案很可能会成功（就像买彩票，如果卖方不作弊，那么，你买彩票中奖的可能性还是有的）。

以上两种包含"必然""可能"的命题就是模态命题。

c. 事实判断：我中了100万。

一般来说，只有事实判断才有我们平时所说的二值的真假。比如，当我没有中100万时，我却说："我中了100万"。这个命题一定是假的。而"我可能中100万"这个命题不一定是假的。

事实判断即使为真，也不一定意味着这个判断是必然的。就算"我中了100万"为真，也不意味着"我必然中100万"为真。

逻辑讲究严谨与周密，这正是我们作为一个未来的管理者必须具备的素质。模态逻辑比较抽象，比较艰深。

提醒：

在逻辑考试中，一般只会出现 2 分的题目，而且，有行之有效的方法解题，不必死记硬背知识点和公式。

2. 模态命题之间的真假关系

模态命题一般分为 4 种：必然 P、必然非 P，可能 P、可能非 P。这 4 种模态命题也具有类似于 4 种性质判断之间所具有的对当关系。

（1）具有矛盾关系的命题有：必然 P 与可能非 P；必然非 P 与可能 P。矛盾关系的命题之间不可同真，不可同假；矛盾关系的两个命题之间必为一真一假。

（2）具有反对关系的命题为：必然 P 和必然非 P。反对关系的两个命题之间不可同真，但可能同假。即如果"必然 P"这个命题已知为真，则"必然非 P"这个命题一定为假；如果"必然 P"已知为假，则"必然非 P"真假不定。

（3）具有下反对关系的命题：可能 P 和可能非 P。下反对关系的命题之间不可能同假，但可能同真。即如果已知两个命题中一个为真，则另一个命题真假不能确定；但如果已知两个命题中一个为假，则另一个命题必定为真。

（4）具有从属关系的命题有两对：必然 P 和可能 P；必然非 P 和可能非 P。从属关系的命题性质为：当必然性的命题已知为真时，则其同质的可能性命题一定为真；当可能性命题已知为假时，则其同质的必然性命题一定为假。其余方向的推理则不能必然确定。

模态判断的对当关系如图 4-1 所示。

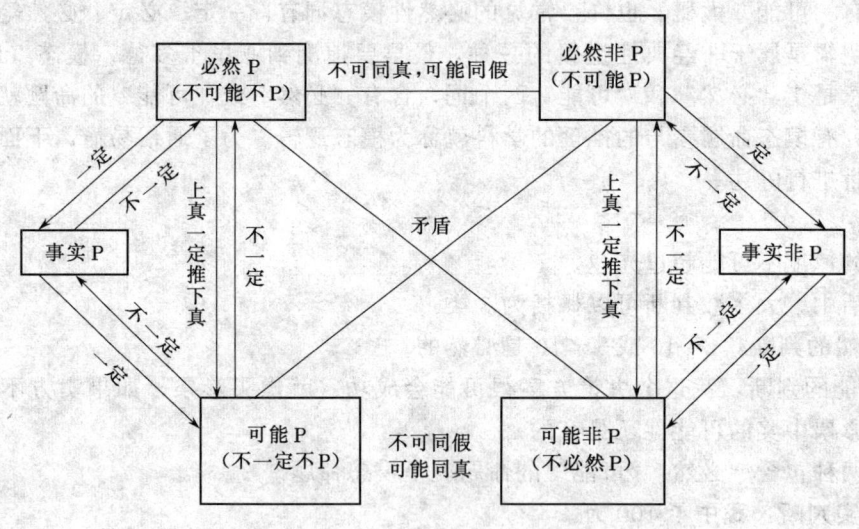

图 4-1

（二）模态命题的否定命题及其等值推理

模态命题常见题型为考查模态命题的否定，比如考查"不一定所有的都说假话"是什么意思？这样的考点必须注意否定的位置，一种是否定在模态词前，这是对整个模态命题的否定，如，并非必然 P，并非可能 P；另一种是在模态词后否定，仅仅对 P 进行否定，如必然非 P，可能非 P。两种否定是不一样的。

当否定词在模态词前时，否定不仅是对 P 的否定，还有对模态的否定。即：

并非必然 P＝可能非 P

并非可能 P＝必然非 P

并非必然非 P＝可能 P

并非可能非 P＝必然 P

另外，必然、实然（即 P）、可能的推理中，必然的总是事实的，事实发生的总是可能的。所以：

必然 P→ P →可能 P

不可能的总是不现实的，不现实的总是不必然的，所以：

不可能 P→非 P →不必然 P

在试题中，基本的问题多为"哪句话的意思最接近上文的意思？"或者"以下哪项最能支持（最能质疑）上述论断？"等。以下为比较常用的等值公式：

"并非必然 P"等值于"可能非 P"

"并非必然非 P"等值于"可能 P"

"并非可能 P"等值于"必然非 P"

"并非可能非 P"等值于"必然 P"

我们从中可以总结规律，当"并非"在句首，是对它后面整个表达的否定。当"并非"消除后，其后面的模态词、量词、质都要变成原命题的对立面，并将下列三组概念互换：

必然↔可能

所有↔有些

是↔不是

三、必考题型解题方法精讲

模态命题的知识在试卷中占分值 2 分，它往往结合性质命题、联言命题、选言命题、假言命题等知识点在试题中出现。

经典母题解析

（1）据卫星提供的最新气象资料表明，原先预报的明年北方地区的持续干旱不一定出现。

以下哪项最接近于上文中气象资料所表明的含义？（　　）

A. 明年北方地区的持续干旱可能不出现

B. 明年北方地区的持续干旱可能出现

C. 明年北方地区的持续干旱一定不出现

D. 明年北方地区的持续干旱出现的可能性比不出现大

E. 明年北方地区的持续干旱不可能出现

解析：

题型：推出结论；考点：模态命题的否定。

题干"不一定出现"，"一定"就是"必然"的意思，根据模态命题公式"不必然 P＝

可能非 P",等于说:"可能不出现"。答案为 A。

（2）不可能所有的错误都能避免。

以下哪项最接近于上述断定的含义?（　　）

A. 所有的错误必然都不能避免　　B. 所有的错误可能都不能避免

C. 有的错误可能不能避免　　D. 有的错误必然能避免

E. 有的错误必然不能避免

解析:

题型:推出结论;考点:模态命题性质命题的否定。

本题考点为模态命题的否定、性质命题的否定。根据性质命题的真假对当关系,"并非所有的 S 都是 P"="有些 S 不是 P"。"不可能 P"="必然非 P"。题干断定,不可能所有的错误都能避免。根据模态命题的性质可知其等于说:必然有的错误不能避免。答案为 E。

下面这些公式可以记住并理解归纳其中的技巧:

"并非必然 P" 等值于 "可能非 P"。

"并非必然非 P" 等值于 "可能 P"。

"并非可能 P" 等值于 "必然非 P"。

"并非可能非 P" 等值于 "必然 P""并非所有的 S 都是 P" 等值于 "有些 S 不是 P"。

"并非有些 S 是 P" 等值于 "所有 S 都不是 P"。

（3）大三学生陈明收到以下来信:由于本公司用于暑假学生实习支出的经费有限,我们不可能为所有申请者提供相应的工作岗位,因此许多高素质的申请者被拒绝。很遗憾地通知您,我们不能聘请您参加我们公司的学生暑假实习项目。

从上述断定,最可能推出以下哪项?（　　）

A. 申请到公司暑假实习的学生数超过公司需要的数量

B. 陈明被公司视为高素质的申请者

C. 公司用于学生暑假工作的经费很少

D. 公司在拒绝陈明的申请前曾犹豫不决

E. 大部分申请公司暑假实习的学生是能够胜任工作的

解析:

题型:推出结论;考点:模态命题性质命题的语义理解。

"我们不可能为所有申请者提供相应的工作岗位,因此许多高素质的申请者被拒绝。"根据模态命题的性质 "不可能所有的 S 都是 P"="必然有 S 不是 P",等于说:我们必然没有为有些申请者提供相应的工作岗位。这是申请者被拒的原因,即:申请者的人数超出工作岗位。答案为 A。

（4）在宏达杯足球联赛前,4 个球迷有如下预测:

甲:红队必然不能夺冠。

乙:红队可能夺冠。

丙:如果蓝队夺冠,那么黄队是第 3 名。

丁:冠军是蓝队。

如果4人的断定中只有一个断定为假，可推出以下哪项结论？（   ）

A. 冠军是红队　　　　　　　　　　B. 甲的断定为假

C. 乙的断定为真　　　　　　　　　D. 黄队是第3名

E. 丁的断定为假

解析：

题型：推出结论；考点：模态命题。

"必然非P"与"可能P"为矛盾关系，所以，甲乙的话矛盾，必有一真一假；已知4人的断定中只有一个为假，则丙丁的话都是真的。所以，冠军为蓝队，黄队为第3名。答案为D。

四、必考题型训练

（1）在国际大赛中，即使是优秀的运动员，也有人不必然不失误，当然，并非所有的优秀运动员都可能失误。

以下哪项与上述意思最接近？（   ）

A. 有的优秀运动员可能失误，有的优秀运动员可能不失误

B. 有的优秀运动员可能失误，有的优秀运动员不可能失误

C. 有的优秀运动员可能不失误，有的优秀运动员一定不失误

D. 有的优秀运动员一定失误，有的优秀运动员一定不失误

E. 优秀运动员都可能失误，其中有的优秀运动员不可能不失误

（2）某专家针对后半年的房价作出预测：房价可能上涨。

以下哪项和专家意思相同？（   ）

A. 房价不可能不上涨　　　　　　　B. 房价不一定上涨

C. 房价也可能维持原状　　　　　　D. 房价上涨的可能性很小

E. 房价不一定不上涨

（3）天气预报显示："今天可能下雨。"

如果这个预报是准确的，那么以下哪句话不成立？（   ）

A. 今天可能不下雨　　　　　　　　B. 今天一定不下雨

C. 今天不可能不下雨　　　　　　　D. 并非今天一定下雨

E. 并非今天不可能不下雨

（4）在新疆恐龙发掘现场，专家预言：可能发现恐龙头骨。

以下哪个命题和专家意思相同？（   ）

A. 不可能不发现恐龙头骨　　　　　B. 不一定发现恐龙头骨

C. 恐龙头骨的发现可能性很小　　　D. 不一定不发现恐龙头骨

E. 在其他地方也可能发现恐龙头骨

（5）不可能所有的证人都说实话。

如果上述命题是真的，那么，以下哪个命题必然是真的？（   ）

A. 所有证人一定都不说实话　　　　B. 有的证人说实话

C. 有的证人不说实话　　　　　　　D. 刑事案件的证人都说实话

E. 刑事案件的某些证人都不说实话

(6) 在上次考试中，老师出了一道非常古怪的难题，有86%的考生不及格。这次考试之前，王见明预测说："根据上次考试情况，这次老师不一定会出那种难题了。"胡思明说："这就是说这次考试老师肯定不出那种难题了，太好了！"王见明说："我不是这个意思。"

下面哪句话与王见明说的意思相似？（　　）

A. 这次考试老师不可能不出那种难题
B. 这次考试老师必定不出那种难题了
C. 这次考试老师可能不出那种难题了
D. 这次考试教师不可能出那种难题了
E. 这次考试老师不一定不出那种难题

(7) 在市场预测中，专家说：明年电脑不降价是不可能的。

以下哪项和专家所说的同真？（　　）

A. 明年电脑一定降价
B. 明年电脑可能降价
C. 不可能预测明年电脑是否降价
D. 明年电脑可能不降价
E. 明年电脑一定不降价

(8) 人都不可能不犯错误，不一定所有人都会犯严重错误。

如果上述断定为真，则以下哪项一定为真？（　　）

A. 人都可能会犯错误，但有的人可能不犯严重错误
B. 人都可能会犯错误，但所有的人都可能不犯严重错误
C. 人都一定会犯错误，但有的人可能不犯严重错误
D. 人都一定会犯错误，但所有的人都可能不犯严重错误
E. 人都可能会犯错误，但有的人一定不犯严重错误

(9) 一把钥匙能打开天下所有的锁，这样的万能钥匙是不可能存在的。

以下哪项最符合题干的断定？（　　）

A. 任何钥匙都必然有它打不开的锁
B. 至少有一把钥匙必然打不开天下所有的锁
C. 至少有一锁天下所有的钥匙都必然打不开
D. 任何钥匙都可能有它打不开的锁
E. 至少有一把钥匙可能打不开天下所有的锁

(10) 张飞和李柏今年都报考了管理类综合能力，关于他们的考试有如下4个断言：

Ⅰ. 他们两人至少有一个考上。
Ⅱ. 张飞并不必然考上。
Ⅲ. 李柏确实考上了。
Ⅳ. 并非张飞可能没考上。

最后录取结果表明：这4个断言中有两个是真的，两个是假的。

下面哪一个结果可以从上述条件推出？（　　）

A. 张飞考上了，李柏没有考上
B. 张飞和李柏都考上了
C. 张飞和李柏没考上
D. 李柏考上了，张飞没考上
E. 不能确定推出

参考答案：
(1) B (2) E (3) B (4) D (5) C (6) C (7) A (8) C (9) A
(10) A

第五章 三 段 论

一、必考基本点

三段论的形式结构类似；三段论补充前提与削弱；三段论推出结论。

二、考点基本功要义

（一）三段论的基础知识

三段论是演绎推理的一种，甚至可以说是亚里士多德以来的古典演绎推理的重要部分，从逻辑学的教学来看，当然是重要的，学生一般要掌握三段论的构成形式、公理、规则、格、式等知识。但如果仅仅是针对管理类入学逻辑应试，则没有必要掌握以上全部的知识。要想做题时又快又准，只需知道三段论的基本结构即可。

（二）三段论的定义和结构

三段论在我们的日常讲话、法庭辩论、公文写作中都是比较常见的。在管理类综合能力逻辑试题中，一个重要的题型就是结构类似。所以，我们必须首先理解什么是三段论。

1. 三段论的定义

三段论是由两个含有共同项的性质命题作为前提推出另一个性质命题作为结论的演绎推理。在一个有效的三段论中，一共只出现 3 个概念，每个概念出现且仅出现两次。例如：

所有的人都会死，（大前提）

我们是人，（小前提）

所以，我们 会死。（结论）

（小项）（大项）

其中，结论中的主项称为小项，如上例中的"我们"；结论中的谓项称为大项，如上例中的"会死"；两个前提中共有的项称为中项，中项起到连接两个前提的作用，故又称之为联系项或媒介项，如上例中的"人"。在三段论中，含有大项的前提称为大前提，如上例中的"所有的人都会死"；含有小项的前提称为小前提，如上例中的"我们是人"。

2. 三段论的结构

一般来说，标准的三段论结构是：①大前提；②小前提；③结论。但在日常语言中，可能会省略其中的一句，也有可能会把结论提前到第一句，这些都不影响三段论的结构。这些都是管理类联考综合能力逻辑考核点。

对于三段论来说，真正影响它结构的是中项的位置、结论与前提的质（即肯定或否定）、结论与前提的主项的"量"（即"所有"或"有些"）。中项在前提中的位置可能有 4 种组合，依据中项位置的不同而形成的三段论的各种形式称为三段论的"格"。

（三）三段论的推理规则

在管理类综合能力逻辑试题中，试题并不要求考查学生的逻辑专业知识，三段论这个考点往往侧重于：比较三段论的结构类似、补充三段论推理的前提、利用三段论推理推出结论（这一点可以利用欧拉图来解决）。多做几道真题，掌握其中的技巧即可。

背景知识：三段论的公理、规则、格（无需掌握）。

提醒：

如果仅针对管理类联考综合能力逻辑试题，此部分完全不用看，请直接跳到必考题型解题精讲与训练。

没有下面的知识并不影响解题的准确性与速度。解题时有更好的方法，详见经典母题解析部分与基本功训练题部分。

1. 三段论的公理

三段论的公理表述如下：一类对象的全部是什么（或不是什么），那么这类对象中的部分对象也是什么（或不是什么）。通俗一点，凡是肯定了（或否定了）一类对象的全部，也就必然要肯定（或否定）这一类对象的任何一部分或任何一个。欧拉图如图 5-1 和图 5-2 所示。

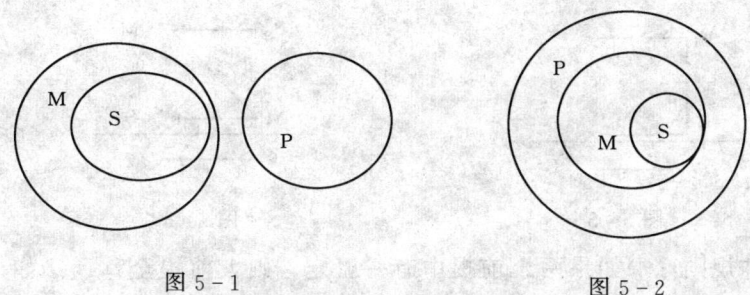

图 5-1　　　　　　　　图 5-2

其中，图 5-1 表示所有的 M 都不是 P，所有的 S 都是 M，所以，所有的 S 都不是 P。图 5-2 表示所有的 M 都是 P，所有的 S 都是 M，所以，所有的 S 都是 P。

2. 三段论的规则

三段论的规则有 5 条（无需记忆，无需掌握）：

第一条：中项在前提中至少周延一次且不得偷换概念。

第二条：在前提中不周延的项在结论中也不得周延。

第三条：两个否定的前提不能得出结论。

第四条：两个前提中如果有一个是否定的，则结论是否定的。如果结论是否定的，则前提中一定有一个并且只有一个是否定的。

第五条：两个特称的前提推不出结论。如果两个前提中有一个是特称的，则结论必然特称。

3. 三段论的格及其规则

（1）第一格及其特殊规则。

中项在大前提中是主项，在小前提中是谓项，其结构形式如图 5-3 所示。

第一格的特殊规则：①小前提必肯定；②大前提必全称。

（2）第二格及其特殊规则。

中项在大、小前提中均是谓项,其结构形式如图 5-4 所示。

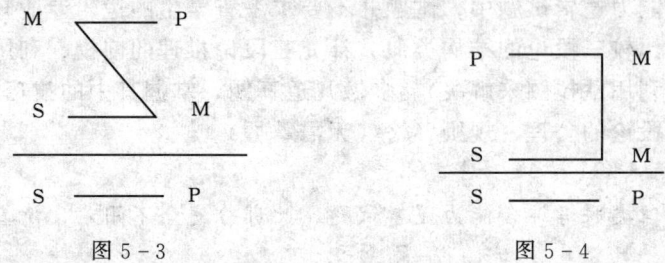

图 5-3　　　　　　　　图 5-4

第二格的特殊规则:①两个前提中必有一个是否定的;②大前提必全称。

(3) 第三格及其特殊规则。

中项在大、小前提中均是主项,其结构形式如图 5-5 所示。

第三格的特殊规则:①小前提必肯定;②结构必特称。

(4) 第四格及其特殊规则。

中项在大前提中是谓项,在小前提中是主项,其结构形式如图 5-6 所示。

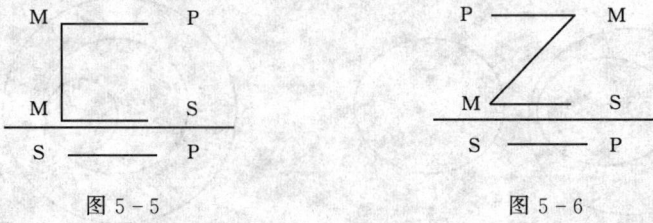

图 5-5　　　　　　　　图 5-6

第四格的特殊规则:①如果两个前提中有一否定,则大前提全称;②如果大前提肯定,则小前提全称;③如果小前提肯定,则结论特称;④任何一个前提都不能是特称否定命题;⑤结论不能是全称肯定命题。

三、必考题型解题方法精讲

一般来说,三段论知识点在管理类综合能力逻辑试题中,题型主要有两种:结构类似题型和补充前提题型。下面进行详细解析。

(一) 结构类似题型经典母题解析

(1) 所有的聪明人都是近视眼,我近视得很厉害,所以我很聪明。

以下哪项与上述推理的逻辑结构一致?(　　)

A. 我是个笨人,因为所有的聪明人都是近视眼,而我的视力那么好

B. 所有的猪都有四条腿,但这种动物有八条腿,所以它不是猪

C. 小陈十分高兴,所以小陈一定长得很胖;因为高兴的人都能长胖

D. 所有的天才都高度近视,我一定是高度近视,因为我是天才

E. 所有的鸡都是尖嘴,这种总在树上待着的鸟是尖嘴,因此它是鸡

解析:

题型:结构类似;考点:三段论。

本题考点:三段论的结构类似。这种结构类似题的解题关键是:看清题干的结构之

后，才能往下寻找选项；否则，容易误选。

本题题干分析：大前提→小前提→结论，推理结构为：所有的P都是M，S是M；所以S是P，中项在两个前提中都处在后面的位置（在前提中都是做谓项），而且，3个命题都为肯定命题。

本题的小前提有一个小小的陷阱，"我近视得很厉害"，应该转化成标准形式"我是近视眼"。

正确答案是E。

选项A有一个小小的陷阱：其结论提前了，而且其结论用的是反义同义表达方式，即：我是个笨人=我不是个聪明人。可整理为：所有的聪明人都是近视眼，我不是近视眼。所以我（是个笨人）不是聪明人。它的结构是：所有的P都是M；S不是M。所以S不是P。

选项B也有一个陷阱："这种动物有八条腿"="这种动物不是四条腿"，和选项A结构类似。

选项C也有陷阱。可整理为：所有高兴的人都能长胖；小陈十分高兴，所以小陈一定长得很胖。其结构是：所有的M都是P，S是M；所以S是P。

选项D：所有的天才都高度近视，我是天才。所以我一定高度近视。它的结构同选项C。

选项E的结构是：所有的P都是M，S是M；所以S是P。可见，诸选项中，只有E选项的结构和题干的相同。

(2) 科学不是宗教，宗教都主张信仰，所以主张信仰都不科学。
以下哪项最能说明上述推理不成立？（　　）
A. 所有渴望成功的人都必须努力工作，我不渴望成功，所以我不必努力工作
B. 商品都有使用价值，空气当然有使用价值，所以空气当然是商品
C. 不刻苦学习的人都成不了技术骨干，小张是刻苦学习的人，所以小张能成为技术骨干
D. 广东人不是北京人，北京人都说普通话，所以，说普通话的人都不是广东人
E. 犯罪行为都是违法行为，违法行为都应受到社会的谴责，所以应受到社会谴责的行为都是犯罪行为

解析：
题型：结构类似；考点：三段论。

本题的提问方式请注意一下。一般来说，这种问题都是削弱题型，但在本题的上下文中，其意思应理解为：下面哪个选项的错误与上文推理错误类似？（　　）

分析步骤与上题相似。先找出题干的结构：所有P都不是M，所有M都是S；所以，所有S都不是P。下面5个选项中，只有D项具有和题干相同的推理形式，答案是D。

(3) 姜昆是相声演员，姜昆是曲艺演员。所以相声演员都是曲艺演员。
以下哪项推理明显说明上述论证不成立？（　　）
A. 人都有思想，狗不是人，所以狗没有思想
B. 商品都有价值，商品都是劳动产品。所以，劳动产品都有价值
C. 所有技术骨干都刻苦学习，小张不是技术骨干，所以，小张不是刻苦学习的人
D. 犯罪行为都是违法的行为，犯罪行为都应受到社会的谴责，所以，违法行为都应受到社会谴责

E. 黄金是金属，黄金是货币。所以，金属都是货币

解析：

题型：结构类似；考点：三段论错误类。

本题考查三段论推理的错误类似，而且还要类比说明上述论证是不成立的。即以下哪项推理错误与题干是一样的？题干的推理属于三段论的推理，两个前提的主项都是同一个单独概念，具有同样的结构形式的只有选项 E。而 E 的前提都是真的，但结论明显是假的，这就说明其推理形式是错误的，所以，E 为真，则说明题干的论证也是错误的。

三段论的结构类似题的解题关键在于比较大小前提中中项的位置，以及大小前提的肯定与否定表达。结构最类似的当然指的是中项位置一样，大小前提的肯定与否定形式一样。

（二）补充前提题型经典母题解析

大山中学所有骑自行车上学的学生都回家吃午饭，因此，有些家在郊区的大山中学的学生不骑自行车上学。

为使上述论证成立，以下哪项关于大山中学的断定是必须假设的？（　　）

A. 骑自行车上学的学生都不在郊区
B. 回家吃午饭的学生都骑自行车上学
C. 家在郊区的学生都不回家吃饭
D. 有些家在郊区的学生都不回家吃饭
E. 有些不回家吃饭的学生家不在郊区

解析：

题型：补充前提；考点：三段论。

问题"为使上述论证成立，以下哪项关于大山中学的断定是必须假设的？"其意思是：上面的论证本身是不成立的、有缺陷的，必须要补充一个前提进去，上面的论证才可能成立。所以，这类题目需要补充一个必要性前提。所谓必要性前提：即没有这个前提，其推理一定是错误的。

为使题干的论证成立，D 项是必要假设的；否则，如果所有家在郊区的学生都回家吃午饭，又完全可能所有回家吃午饭的大山中学学生都骑自行车上学（这和题干的前提不矛盾），在这种情况下，题干的前提真而结论假，因此，题干的论证不成立。

注意：本题关键在于理解"什么是必要性前提？"即否定它，则上面的论证不成立。

另外，此题还有更方便、更快捷的做法。在一个完整有效的三段论中，主项、谓项涉及的概念都必须出现两次而且只能出现两次；否定的命题要么不出现，要出现也必须是两次（三段论有一条规则：前提之一否定，结论比否定；结论否定，前提之一必否定。）特称命题（有些）要么一次都不出现，要么最多最好出现两次（三段论规则：前提之一特称，则结论必特称）。

有效三段论推理规则（无需掌握）：

第一条：中项在前提中至少周延一次且不得偷换概念。
第二条：在前提中不周延的项在结论中也不得周延。
第三条：两个否定的前提不能得出结论。
第四条：两个前提中如果有一个是否定的，则结论是否定的。如果结论是否定的，则

前提中一定有一个并且只有一个是否定的。

第五条：两个特称的前提推不出结论。如果两个前提中有一个是特称的，则结论必然特称。

补充前提的命题思路是：三段论的推理的前提不足以推出其结论，需要补充一个前提条件才能根据三段论的规则有效推出结论。可根据规则做相应的推理。

四、必考题型训练

三段论虽然知识点较多，但考点不多。一般常见的两种题型是结构类似和补充前提。

（1）通信部队的士兵学习了不少步兵战术，赵洪是通信部队的士兵，所以他也学习了不少步兵战术。

以下哪项与上述论述最为相似？（　　）

A. 哲学系的学生都学微积分这门课程，张中是哲学系的一名学生，所以她也学习了微积分这门课程

B. 所有的旧电脑软件需要经常升级。这个电脑软件是新的，所以不需要经常升级

C. 一个工厂的工人参加了不少科普讲座，老马是这个工厂的一名工人，所以他也参加了不少科普讲座

D. 参加这次演出的成员多数是女学生，张中参加了这次演出，所以她也是女学生

E. 哲学系的教师写了许多哲学方面的论文，老张不是哲学系的一名教师，所以他没有写过哲学方面的论文

（2）我是北京人，同时我也是中国人。因此，北京人都是中国人。

以下哪项最能说明上述推理不成立？（　　）

A. 姜坤是相声演员。姜坤又是曲艺学员。因此，相声演员都是曲艺演员

B. 鲁迅是文学家。鲁迅是绍兴人。因此，绍兴人都是文学家

C. 商品都有使用价值。太阳光不是商品。因此，太阳光没有使用价值

D. 爱迪生是科学家。爱迪生没有大学文凭。因此，没有大学文凭的人有可能成为科学家

E. 班干部参加了奥运志愿服务，小赵也参加了奥运志愿服务，所以，小赵是班干部

（3）哺乳动物是不会灭绝的，东北虎是哺乳动物，所以东北虎是不会灭绝的

对于这个推理，以下哪项为真？（　　）

A. 这个推理是错误的，因为它的结论是错误的

B. 这个推理是错误的，因为它违反了同一律

C. 这个推理是正确的，因为它的前提是正确的

D. 不能确定这个推理正确与否

E. 这根本不是一个推理

（4）有些导演留大胡子，因此，有些留大胡子的人是大嗓门。

为使上述推理成立，必须补充以下哪项作为前提？（　　）

A. 有些导演是大嗓门　　　　　　　B. 所有大嗓门的人都是导演

C. 所有导演都是大嗓门　　　　　　D. 有些大嗓门的不是导演

E. 有些导演不是大嗓门

(5) 有些工程师有博士学位，因此，有些获得博士学位的人技术水平很高。

为使上述推理成立必须补充以下哪项作为前提？（ ）

A. 所有技术水平很高的人都是工程师

B. 有些技术水平很高的人并没有获得博士学位

C. 有的工程师技术水平很高

D. 所有工程师的技术水平都很高

E. 有些有博士学位的工程师技术水平并不高

(6) 所有物质实体都是可见的，而任何可见的东西都没有神秘感。因此，精神世界不是物质实体。

以下哪项最可能是上述论证所假设的？（ ）

A. 精神世界是不可见的　　　　　B. 有神秘感的东西都是不可见的

C. 可见的东西都是物质实体　　　D. 精神世界有时也是可见的

E. 精神世界具有神秘感

(7) 没有脊索动物是导管动物，所有的翼龙都是导管动物，所以，没有翼龙属于类人猿家族。

以下哪项陈述是上述推理所必须假设的？（ ）

A. 所有类人猿都是导管动物　　　B. 所有类人猿都是脊索动物

C. 没有类人猿是脊索动物　　　　D. 没有脊索动物是翼龙

E. 没有类人猿是导管动物

(8) 在本届运动会上，所有参加 4×100 米比赛的田径运动员都参加了 100 米比赛。

再加上以下哪项陈述，可以合乎逻辑地推出"有些参加 200 米比赛的田径运动员没有参加 4×100 米比赛"？（ ）

A. 有些参加 200 米比赛的田径运动员也参加了 100 米比赛

B. 有些参加 4×100 米比赛的田径运动员没有参加 200 米比赛

C. 有些没有参加 100 米比赛的田径运动员参加了 200 米比赛

D. 有些没有参加 200 米比赛的田径运动员也没有参加 100 米比赛

E. 所有参加 200 米比赛的田径运动员都参加了 100 米比赛

参考答案：

(1) C　(2) B　(3) B　(4) C　(5) D　(6) E　(7) B　(8) C

第六章 联言命题、选言命题及推理

一、必考基本点

联言命题、选言命题的自然语言表达形式；联言命题的性质与其负命题的等值形式；选言命题的性质与其负命题的等值形式；相容选言命题"P 或者 Q"与不相容选言命题"要么 P，要么 Q"的区别。

二、考点基本功要义

（一）联言命题的基础知识

1. 定义和表现形式

联言命题是断定几种事物情况同时存在的复合命题，标准形式是"P 并且 Q"。

例：外资控股国有银行，不仅会提升国有银行的服务质量，也会提高国有银行抗风险的能力。

在日常语言中也经常表达为"不仅 P，而且 Q""虽然 P，但是 Q""既 P，又 Q""一边 P，一边 Q"等。

在日常语言中，也可能没有这些关联词，但只要命题断定的是几种事物情况同时存在，那么这个命题就是联言命题。在逻辑术语中，我们一般把"并且"这样的起联系作用的词称为"真值联结词"，把"P、Q"称为变项。

例："枯藤老树昏鸦，小桥流水人家。"这个命题表示 6 个意象的并列。

"没有花香，没有树高。"这个命题表示"既没有花香，也没有树高"，同时断定了两个性质。

2. 联言命题的推理基础

一个联言命题是真的，当且仅当它的所有的变项都是真的。也就是说，只要有一个变项是假的，联言命题就是假的。

通过训练强化记忆：

（1）已知：P 并且 Q，为真，则 P 为_____。

（2）已知：P 为真，但 Q 真假不定，则"P 并且 Q"为_____。

（3）已知：P 假，Q 真假不定，则"P 并且 Q"为_____。

答案：（1）必然为真。（2）不能确定真假。（3）必然为假。

这个性质一定要理解，下面的这个真值表或许能帮助你理解并记忆，见表 6-1。

理工类背景的同学可以把这种命题理解

表 6-1

P	Q	P 并且 Q
真	真	真
真	假	假
假	真	假
假	假	假

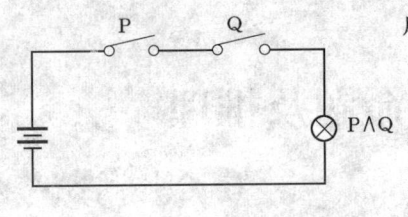

图 6-1

成串联电路，如图 6-1 所示。

（二）选言命题的基础知识

选言命题分为相容选言命题和不相容选言命题。

1. 相容选言命题

相容选言命题是断定事物若干个可能情况中至少有一种情况存在的命题。

（1）相容选言命题语言形式："或者 P，或者 Q"。其中，P、Q 称为变项，"或者"称为"真值联结词"。

在自然语言中，表达形式还有"可能……，可能……"，"或许……，或许……"。

例如：

"之所以出现如此重大的事故，很有可能是管理人员的责任心不到位，也有可能是防碰撞系统的设计缺陷。"

这句话所表达的就是相容的选言命题，即：事故原因或者是管理人员的责任心不到位，或者是防碰撞系统的设计缺陷。作者认为至少有一个原因成立，也可能是两个原因。

（2）相容选言命题推理基础。如果一个相容选言命题是真的，则它所有的变项中，至少有一个真的（这是必然的），至多可以全部为真（这是可能的）。也就是说，只有在所有变项都为假的情况下，这个相容选言命题才是假的。只要有一个变项为真，则这个相容选言命题为真。

（3）相容选言命题推理形式。因为相容选言命题的性质是所有的变项中至少有一个是真的，所以，如果我们能确定一个正确的相容选言命题中的其他几个变项是假的，那么就能确定剩下的变项是真的。

例如：

命题"P 或者 Q"为真，且已知 P 为假，则必然推出：Q 为真。

这就是相容选言命题推理的有效式——否定肯定式。

其符号表达式为：$[(P \vee Q) \wedge \sim P] \to Q$。

注："～"表示"并非"。概括成公式：P 或 Q = 如果非 P，则 Q。

通过以下的训练题加深理解：

（1）已知："P 或者 Q"为真，且 P 为假，则 Q 为_____。

（2）已知："P 或者 Q"为真，且 P 为真，则 Q 为_____。

（3）已知："P 或者 Q"为假，则 P 为_____。

（4）已知：P 为真，则"P 或者 Q"为_____。

答案：（1）真。（2）不能确定真假。（3）假。（4）真。

下面的真值表或许能帮助理解，见表6-2。

表 6-2

P	Q	P 或者 Q
真	真	真
真	假	真
假	真	真
假	假	假

理工类背景的同学可以把这种命题理解成并联电路，如图 6-2 所示。

2. 不相容选言命题

(1) 不相容选言命题语言表现形式。当一个选言命题的变项不能同时为真时，那么这个选言命题就是不相容的选言命题。不相容选言命题的性质是：在两个不相容的变项中，有且只能有一个变项是存在的。

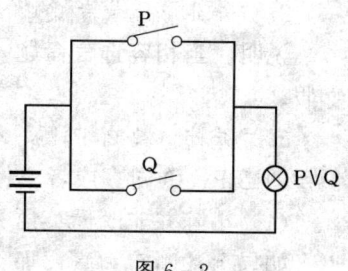

图 6-2

例如：

要么闭关锁国等候死亡，要么改革开放迎接新生。

要么选择生，要么就选择死。

不相容的选言命题的变项一般来说都是对立的关系，不能同时存在。在自然语言中，一般用"要么……，要么……"来表示。

当然，在具体的语言环境下，"不是……就是……，两者只能取一"，"或者……或者……，两者不可兼得"等语词也可以用来表示不相容的选言命题。注意："不是……就是……"在正常情况下，也可以表达相容选言命题。

(2) 不相容选言命题推理基础。一个真实的不相容的选言命题，不仅必须有、而且只能有一个变项是真的；否则，就是假的。表 6-3 为真值表。

(3) 不相容选言命题推理形式。因为不相容选言命题的性质是所有的变项中有且只能有一个是真的，所以，如果我们能确定一个正确的不相容选言命题中的一个变项是假的，那么就能确定剩下的那个变项是真的（否定肯定式）；反之，如果能确定一个不相容选言命题的一个变项是真的，则其另一个变项一定是假的（肯定否定式）。

表 6-3

P	Q	要么P，要么Q
真	真	假
真	假	真
假	真	真
假	假	假

例如：

命题"要么P，要么Q"为真，且已知P为假，则必然推出Q为真。

命题"要么P，要么Q"为真，且已知P为真，则必然推出Q为假。

这就是不相容选言命题推理的两个有效推理：否定肯定式和肯定否定式。

三、必考题型解题方法精讲

(一) 联言命题、选言命题的否定等值经典母题解析（重点）

考生需要重点掌握联言命题、选言命题的负命题及其等值命题。

提醒：

这部分内容相当重要，一定要完全理解。以下几个公式必须理解并牢记。

1. "并非（P且Q）" = "非P或者非Q" = "如果P，则非Q" = "P、Q中至少有一个是假的"

说明：当命题"P且Q"为假，则意味着P、Q不可能同时为真，则说明P、Q中至少有一个是假的；那也就意味着或者P是假的，或者Q是假的；即如果你肯定P、Q中其中一个为真，则必然要否定另一个。

2. "并非（P或者Q）"等于说：非P且非Q

说明：当相容选言命题"P或者Q"为假，则意味着其所有的变项都为假，即P假且Q假。

3. "并非（要么P，要么Q）"等于说："P且Q"或者"非P且非Q"

即当P、Q同真或者P、Q同假时，"要么P，要么Q"为假。

（1）小陈并非既懂英语又懂法语。

如果上述断定为真，那么下述哪项断定必定为真？（   ）

Ⅰ．小陈懂英语但不懂法语。

Ⅱ．小陈懂法语但不懂英语。

Ⅲ．小陈或者不懂英语，或者不懂法语。

Ⅳ．如果小陈懂英语，那么他一定不懂法语。

Ⅴ．小陈要是不懂法语的话，那么他就一定懂英语。

A．Ⅰ和Ⅱ   B．Ⅳ   C．Ⅳ和Ⅴ   D．Ⅲ和Ⅳ   E．Ⅰ、Ⅱ、Ⅲ和Ⅳ

解析：

题干考查并非（P且Q）的理解，小陈"既懂英语且懂法语"是假的，则意味着至少有一种语言不懂。根据公式"并非（P且Q）"＝"非P或者非Q"＝"如果P，则非Q"＝"P、Q中至少有一个是假的"可知"或者不懂英语，或者不懂法语"为真，亦可知"如果肯定懂其中一种，则另一个一定不懂"为真。故正确答案为D。

（2）如果鱼和熊掌不可兼得是不可改变的事实，则以下哪项也一定是事实？（   ）

A．鱼可得但熊掌不可得　　　　　　B．熊掌可得但鱼不可得

C．鱼和熊掌皆不可得　　　　　　　D．如果鱼不可得，则熊掌可得

E．如果鱼可得，则熊掌不可得

解析：

题型：推出结论；考点：联言命题的否定。

"并非（P且Q）"＝"非P或者非Q"＝"如果P，则非Q"＝"P、Q中至少一个是假的"（理解并牢记）。

说明：当"P且Q"是假的，意味着P、Q中至少有一个是假的；那也就意味着或者P是假的，或者Q是假的；即如果其中一个为真，则必然要否定剩下一个。P表示"鱼可得"，Q表示"熊掌可得"。则题干断定的是并非"P并且Q"等值于"非P或者非Q"等值于"如果P真，则非Q"。

选项E与题干等值。即鱼和熊掌不可兼得，意思是说，鱼和熊掌中至少有一个得不到，那么，如果你得到了鱼，则熊掌一定得不到。所以，答案为E。

（3）并非蔡经理负责研发或者负责销售工作。

如果上述陈述为真，以下哪项陈述一定为真？（   ）

A．蔡经理既不负责研发也不负责销售

B．蔡经理负责销售但不负责研发

C．蔡经理负责研发但不负责销售

D．如果蔡经理不负责销售，那么他负责研发

E. 如果蔡经理负责销售，那么他不负责研发

解析：

题干考查"并非（P 或 Q）"，则等值于"非 P 且非 Q"。正确答案为 A。

（4）总经理：要么提拔小明，要么提拔小丽。

董事长：我不同意。

以下哪项准确表达了董事长的意思？（　　）

A. 如果提拔小明，则要提拔小丽

B. 如果不提拔小明，则不提拔小丽

C. 提拔小明，也提拔小丽

D. 或者提拔小明，或者不提拔小丽

E. 或者两人都提拔，或者两人都不提拔

解析：

题干考查的是"并非（要么 P，要么 Q）"＝"P 且 Q"或者"非 P 且非 Q"，正确答案为 E 项。

（5）已知：第一，《神鞭》的首先翻译出版用的或者是英语或者是日语，两者必居其一。

第二，《神鞭》的首次翻译出版或者在旧金山或者在东京，两者必居其一。

第三，《神鞭》的译者或者是林浩如或者是胡乃初，两者必居其一。

如果上述断定都是真的，则以下哪项也一定是真的？（　　）

Ⅰ.《神鞭》不是林浩如用英语在旧金山首先翻译出版的，因此，《神鞭》是胡乃初用日语在东京首先翻译出版的。

Ⅱ.《神鞭》是林浩如用英语在东京首先翻译出版的，因此，《神鞭》不是胡乃初用日语在东京首先翻译出版的。

Ⅲ.《神鞭》的首次翻译出版是在东京，但不是林浩如用英语翻译出版的；因此一定是胡乃初用日语翻译出版的。

A. 仅Ⅰ　　　　B. 仅Ⅱ　　　　C. 仅Ⅲ　　　　D. 仅Ⅱ和Ⅲ

E. Ⅰ、Ⅱ和Ⅲ

解析：

题型：推出结论；考点：联言命题、选言命题的理解。

题干已知不是英语，必是日语；不是林浩如，必是胡乃初；不是在旧金山，必是在东京，两者必居其一。选项Ⅰ：不是"林浩如用英语在旧金山首先翻译出版"，这是一个对联言命题的否定，意味着林浩如、英语、旧金山至少有一个不成立，但不能确定谁一定不成立，不能得出一定是胡乃初用日语在东京，比如，还有可能是林浩如用日语在东京等六七种可能。所以，Ⅰ选项不一定为真。选项Ⅲ道理类似：不是林浩如用英语，林浩如和英语同时成立，至少有一个为假，但并不能推出胡乃初和日语同时成立，还有可能为林浩如用日语、胡乃初用英语等等可能。Ⅲ选项不一定为真。

选项Ⅱ一定为真：林浩如用英语在东京首先翻译出版成立，联言命题为真，则林浩如、英语、东京 3 个都必须成立，也就是说，根据题干，都是两者必居其一，所以，肯定

不是胡乃初，也肯定不是用日语，也肯定不是在东京首先翻译出版，Ⅱ选项一定为真。正确答案为 B。

（6）总经理：根据本公司目前的实力，我主张环岛绿地和宏达小区这两项工程至少上马一个，但清河桥改造工程不能上马。

董事长：我不同意。

以下哪项，最为准确地表达了董事长实际同意的意思？（　　）

A. 环岛绿地、宏达小区河清河桥改造这三个工程都上马

B. 环岛绿地、宏达小区河清河桥改造这三个工程都不上马

C. 环岛绿地和宏达小区两个工程中至多上马一个，但清河桥改造工程要上马

D. 环岛绿地和宏达小区两个工程至多上马一个，如果这点做不到，那也要保证清河桥改造工程上马

E. 环岛绿地和宏达小区两个工程都不上马，如果这点做不到，那也要保证清河桥改造工程上马

解析：

题型：推出结论；考点：联言选言命题的否定。

设 P 表示"环岛绿地工程上马"，Q 表示"宏达小区工程上马"，R 表示"清河桥改造工程上马"。

总经理的意见是：(P 或者 Q) 并且（非 R）。

董事长对其进行否定：即并非［(P 或者 Q) 并且（非 R）］。

根据联言命题的否定公式，得到："（非 P 且非 Q) 或者 R"，即（非 P 且非 Q) 与 R 这两个命题中至少要有一个为真。

根据前面已经学过的选言命题的性质：一个相容的选言命题为真，意味着两个变项中至少一个为真；如果已知其中一个变项为假，则剩下的变项必须为真。可用公式表示为如果"非 P 并且非 Q"为假，则 R 一定真。正确答案为 E。

请考生再次回忆一下关键公式，几乎每年逻辑试题都要考查对其的理解。

并非（A 或者 B）= 非 A 并且非 B

并非（A 并且 B）= 非 A 或者非 B = 如果 A，则非 B（德摩根定律）

A 或者 B = 如果非 A，则 B

说明：以上公式符合生活直觉，即使不运用上述公式，依靠日常思维能力，也应该能确定正确答案。

（7）一方面确定法律面前人人平等，同时又允许有人触犯法律而不受制裁，这是不可能的。

以下哪项最符合题干的断定？（　　）

A. 或者允许有人凌驾于法律之上，或者任何人触犯法律要受到制裁，这是必然的

B. 任何人触犯法律要受到制裁，这是必然的

C. 有人凌驾于法律之上，触犯法律而不受制裁，这是可能的

D. 如果不允许有人触犯法律而可以不受制裁，那么法律面前人人平等是可能的

E. 一方面允许有人凌驾于法律之上，同时又声称任何人触犯法律都要受到制裁，这

是可能的

解析：

题型：推出结论；考点：模态命题与联言命题的否定。

题干的意思是说"P并且Q"是不可能的；可用公式表示为不可能（P且Q），即必然"非P或非Q"。

非"法律面前人人平等"＝允许有人凌驾于法律之上

非"允许有人触犯法律而不受制裁"＝所有人触犯法律要受到制裁

所以，正确答案为A。

（8）总经理：我主张小王和小孙两人中至少提拔一人。

董事长：我不同意。

以下哪项，最为准确地表述了董事长实际上同意的意思？（　　）

A. 小王和小孙两人都得提拔　　　　B. 小王和小孙两人都不提拔

C. 小王和小孙两人中至多提拔一人　D. 如果提拔小王，则不提拔小孙

E. 如果不提拔小王，则提拔小孙

解析：

题型：推出结论；考点：选言命题的否定。

"小王和小孙两人中至少提拔一人"＝或者提拔小王，或者提拔小孙

董事长对此否定。根据公式：并非（P或者Q）＝非P且非Q，所以答案为B。

说明：本题即使根据日常语言理解也不会做错。如果理解出错，请考生注意以下说法：

对"P和Q中至少一个"进行否定，意思是全部否定。

对"P和Q"进行否定，意思是P和Q中至少有一个为假，即非P且非Q；也就是说如果先肯定了其中一个为真，则剩下的那个就是假的；也等于说P和Q中至多有一个真。

对"P和Q中至多一个"进行否定，意思是全部肯定。

对"要么P，要么Q，两者必居其一"进行否定，其意思是或者"P且Q"，或者"非P且非Q"。

（9）小李考上了清华，或者小孙没考上北大。

增加以下哪项条件，能推出小李考上了清华？（　　）

A. 小张和小孙至少有一人未考上北大　　B. 小张和小李至少有一人未考上清华

C. 小张和小孙都考上了北大　　　　　　D. 小张和小李都未考上清华

E. 小张和小孙都未考上北大

解析：

题干为一个"P，或者Q"这样的表达形式，其考点为相容选言命题，题目要求在已知这种相容选言命题的命题为真时，需要加上什么条件，可以推出"小李考上清华"这个结论。题型为补充前提来推出结论，根据相容选言命题的性质，其有效推理为否定肯定式，所以，只需要加上一个条件使得"小孙没考上北大"为假，就可以推出"小李考上清华"为真。正确答案为C项。当选项C为真，则"小孙没考上北大"就为假，而题干已

知条件为一个"或者"，要求至少要有一个变项为真，所以，立即得出小李考上了清华。

（二）语言表现形式理解与考查经典母题解析（重点）

联言命题、选言命题考点的复习，除了要求考生理解其基本的逻辑真假性质和推理公式，还需掌握联言命题、选言命题的自然语言表现形式；否则，不能理解一个试题中自然语言表现出来的逻辑考点，也很难快速准确地解题。

（1）某单位要从100名报名者中挑选20名献血者进行体检。最不可能被挑选上的是1993年以来已经献过血，或是1995年以来在献血体检中不合格的人。

如果上述断定是真的，则以下哪项所言及的报名者最有可能被选上？（ ）

A. 小张1995年献过血，他的血型是O型，医用价值最高

B. 小王是区献血标兵，近年来每年献血，这次她坚决要求献血

C. 小刘1996年报名献血，因澳抗阳性体检不合格，这次出具了澳抗转阴的证明，并坚决要求献血

D. 老张上次献血时间是在1992年，他因公伤截肢，血管中流动着义务献血者的血。他说，我比任何人都有理由献血

E. 老孙1993年因体检不合格未能献血，1995年体检合格献血

解析：

题型：推出结论；考点：选言命题的语言理解与真假性质。

根据题干，只要符合以下两个条件之一者，最不容易被选上：①1993年以来已经献过血；②1995年以来在献血体检中不合格。接下来就是拿选项一个个代入条件。A符合①，B符合①，E符合①，C符合条件②。D没有符合这些被拒条件，所以，相对来说，其最有可能被选上。答案为D。

（2）神经化学物质的失衡可以引起人的行为失常，大到严重的精神疾病，小到常见的孤僻、抑郁甚至暴躁、嫉妒。神经化学的这些发现，使我们不但对精神疾病患者，而且对身边原本生厌的怪僻行为者，怀有同情和容忍。因为精神健康，无非是指具有平衡的神经化学物质。

以下哪项最为准确地表达了上述论证所要表达的结论？（ ）

A. 神经化学物质失衡的人在人群中只占少数

B. 神经化学的上述发现将大大丰富精神病学的理论

C. 理解神经化学物质与行为的关系将有助于培养对他人的同情心

D. 神经化学物质的失衡可以引起精神疾病或其他行为失常

E. 神经化学物质是否平衡是决定精神或行为是否正常的主要因素

解析：

题型：推出结论；考点：语义理解，联言命题提示词。

本题为概括中心思想的题目，有些像英语的阅读理解类题目，要注意其中的关键词。上文重心在谈神经化学物质，文章还说"神经化学的这些发现，使我们不但对精神疾病患者，而且对身边原本生厌的怪僻行为者，怀有同情和容忍"，这是一个联言命题，根据它，只能得出C。

注意：做这一类题目关键在于迅速抓住题干论述中心，并考虑其中的提示性关

键词。

（三）真假话题型经典母题解析

当题干已知条件中有真话也有假话时，一般的解题方法是：先找矛盾关系的命题，如果找得到一对矛盾关系的命题，则找到了一真一假；如果没有矛盾关系命题，则寻找相同信息量或包含关系的命题进行假设代入，看看是否引起冲突。如果假设条件代入题干之后，导致与已知条件冲突，则说明假设不成立。

大小行星悬浮在太阳系边缘，极易受附近星体引力作用的影响。据研究人员计算，有时这些力量会将彗星从奥尔特星云拖出。这样，它们更有可能靠近太阳。两位研究人员据此分别作出了以下两种有所不同的断定：一、木星的引力作用要么将它们推至更小的轨道，要么将它们逐出太阳系；二、木星的引力作用或者将它们推至更小的轨道，或者将它们逐出太阳系。

如果上述两种断定只有一种为真，可以推出以下哪项结论？

A. 木星的引力作用将它们推至最小的轨道，并且将它们逐出太阳系
B. 木星的引力作用没有将它们推至最小的轨道，但是将它们逐出太阳系
C. 木星的引力作用将它们推至最小的轨道，但是没有将它们逐出太阳系
D. 木星的引力作用既没有将它们推至最小的轨道，也没有将它们逐出太阳系
E. 木星的引力作用如果将它们推至最小的轨道，就不会将它们逐出太阳系

解析：

题型：推出结论真假话题型；考点：相容选言与不相容选言命题的性质。

题干断定一"木星的引力作用要么将它们推至更小的轨道，要么将它们逐出太阳系"为不相容选言命题，"要么P，要么Q"；题干断定二"木星的引力作用或者将它们推至更小的轨道，或者将它们逐出太阳系"为相容选言命题，"或者P，或者Q"。

假设断定一"要么P，要么Q"为真，则说明P、Q中一定有且只有一个为真，则无论如何，断定二相容选言命题"P或者Q"一定为真；这样，会导致两个断定都是真的，与已知条件只有一种断定为真冲突，所以，假设"断定一为真"不能成立；可以得出断定一必定假。根据"P要么Q"的性质（"要么P，要么Q"为假意味着"P、Q同真或者P、Q同假"）可以得出：P、Q两者同真或者同假；由于已知两个断定只有一个真，则断定二"或者P，或者Q"必须真，则只能确定P、Q同真。正确答案为A。

四、必考题型训练

（1）李老师说："并非丽丽考上了清华大学，并且明明没有考上南京大学。"

如果李老师说的为真，则以下哪项可能为真？（　　　）

Ⅰ．丽丽考上了清华大学，明明考上了南京大学。
Ⅱ．丽丽没考上清华大学，明明没考上南京大学。
Ⅲ．丽丽没考上清华大学，明明考上了南京大学。
Ⅳ．丽丽考上了清华大学，明明没有考上南京大学。

A. 仅Ⅰ、Ⅱ和Ⅲ　　　　　　　　　　B. 仅Ⅰ和Ⅱ
C. 仅Ⅱ和Ⅲ　　　　　　　　　　　　D. 仅Ⅱ、Ⅲ和Ⅳ

E. Ⅰ、Ⅱ、Ⅲ和Ⅳ

（2）在某餐馆中，所有的菜或属于川菜系或粤菜系，张先生的菜中有川菜，因此张先生的菜中没有粤菜。

以下哪项最能增强上述论证？（   ）

　　A. 餐馆规定，点粤菜就不能点川菜，反之亦然

　　B. 餐馆规定，如果点了川菜，可以不点粤菜，但点了粤菜，一定也要点川菜

　　C. 张先生是四川人，只喜欢川菜

　　D. 张先生是广东人，他喜欢粤菜

　　E. 张先生是四川人，最不喜欢粤菜

（3）甲说乙胖，乙说丙胖，丙和丁都说自己不胖。

如果4人陈述只有1人错，那么谁一定胖？（   ）

　　A. 仅甲　　　　　　B. 仅乙　　　　　　C. 仅丙　　　　　　D. 仅乙和丙

　　E. 仅甲、乙和丙

（4）在潮湿的气候中仙人掌很难成活；在寒冷的气候中柑橘很难生长。在某省的大部分地区，仙人掌和柑橘至少有一种不难成活生长。

如果上述断定为真，则以下哪项一定为假？（   ）

　　A. 该省的一半地区，既潮湿又寒冷　　　　B. 该省的大部分地区炎热

　　C. 该省的大部分地区潮湿　　　　　　　　D. 该省的某些地区既不寒冷也不潮湿

　　E. 柑橘在该省的所有地区都无法生长

（5）对所有产品都进行了检查，没有发现假冒伪劣产品。

如果上述断定为假，则以下哪项为真？（   ）

　　Ⅰ. 有的产品尚未经过检查，但发现了假冒伪劣产品。

　　Ⅱ. 或者有的产品尚未经过检查，或者发现了假冒伪劣产品。

　　Ⅲ. 如果对所有产品都进行了检查，则可发现假冒伪劣产品。

　　A. 只有Ⅰ　　　　B. 只有Ⅱ　　　　C. 只有Ⅲ　　　　D. 只有Ⅰ和Ⅱ

　　E. 只有Ⅱ和Ⅲ

（6）对本届奥运会所有奖牌获得者进行了尿样化验，没有发现兴奋剂使用者。

如果以上陈述为假，则以下哪项一定为真？（   ）

　　Ⅰ. 或者有的奖牌获得者没有化检尿样，或者在奖牌获得者中发现了兴奋剂使用者。

　　Ⅱ. 虽然有的奖牌获得者没有化检尿样，但还是发现了兴奋剂使用者。

　　Ⅲ. 如果对所有的奖牌获得者进行了尿样化验，则一定发现了兴奋剂使用者。

　　A. 只有Ⅰ　　　　B. 只有Ⅱ　　　　C. 只有Ⅲ　　　　D. 只有Ⅰ和Ⅲ

　　E. 只有Ⅱ和Ⅲ

（7）张珊喜欢喝绿茶，也喜欢喝咖啡。他的朋友中没有人既喜欢喝绿茶，又喜欢喝咖啡，但他的所有朋友都喜欢喝红茶。如果上述断定为真，则以下哪项不可能为真？（   ）

　　A. 张珊喜欢喝红茶

　　B. 张珊的所有朋友都喜欢喝咖啡

　　C. 张珊的所有朋友喜欢喝的茶在种类上完全一样

D. 张珊有一个朋友既不喜欢喝绿茶，也不喜欢喝咖啡

E. 张珊喜欢喝的饮料，他有一个朋友都喜欢喝

(8) 一户人家养了4只猫，其中1只猫偷吃了他家里的鱼。主人对它们进行审问，只有1只猫说真话。这4只猫的回答如下：

甲："乙是偷鱼贼。"

乙："丙是偷鱼贼。"

丙："甲或者乙是偷鱼贼。"

丁："乙或者丙是偷鱼贼。"

根据以上陈述，请确定以下哪项陈述为假？（   ）

A. 甲不是偷鱼贼　　　　　　　　B. 乙不是偷鱼贼

C. 丙说真话　　　　　　　　　　D. 丁说假话

E. 乙说假话

(9) 一道逻辑推理单选题的4个选择答案分别是：

Ⅰ. 作案者是甲。

Ⅱ. 作案者是乙。

Ⅲ. 作案者是丙。

Ⅳ. 作案者是甲或乙。

则该题的正确答案是（   ）。

A. Ⅰ　　　　　B. Ⅲ　　　　　C. Ⅱ　　　　　D. Ⅳ

E. 无法确定

(10) 这位女演员并不是既能深受美国人欢迎又受中国人欢迎的。

如果上述断定为真，那么下述哪项断定必定为真？（   ）

A. 这位女演员可能受美国人欢迎，但中国人不欢迎她

B. 这位女演员受中国人欢迎，但必然不受美国人欢迎

C. 这位女演员既不受美国人欢迎也不受中国人欢迎

D. 如果这位女演员受美国人欢迎，那么她可能不受中国人欢迎

E. 如果这位女演员不受中国人欢迎，那么她必然会深受美国人欢迎

(11) 某商场失窃，员工甲、乙、丙、丁涉嫌被拘审。

甲说："是丙作的案。"

乙说："我和甲、丁3人中至少有1人作案。"

丙说："我没作案。"

丁说："我们4人都没作案。"

如果4人中只有1人说真话，则可推出以下哪项结论？（   ）

A. 甲说真话，作案的是丙　　　　B. 乙说真话，作案的是乙

C. 丙说真话，作案的是甲　　　　D. 丙说真话，作案的是丁

E. 丁说真话，4人中无人作案

(12) 一桩投毒谋杀案，作案者要么是甲，要么是乙，两者必有其一，所用毒药或者是毒鼠强或者是乐果，两者至少其一。

如果上述断定为真，则以下哪项推断一定成立？（　　）

Ⅰ．该投毒案不是甲投毒鼠强所为，因此一定是乙投乐果所为。

Ⅱ．在该案侦破中发现甲投了毒鼠强，因此案中的毒药不可能是乐果。

Ⅲ．该投毒案的作案者不是甲，并且所投毒药不是毒鼠强，因此一定是乙投乐果所为。

A．只有Ⅰ　　　　B．只有Ⅱ　　　　C．只有Ⅲ　　　　D．只有Ⅰ和Ⅲ

E．Ⅰ、Ⅱ和Ⅲ

参考答案：

(1) A　(2) A　(3) B　(4) A　(5) E　(6) D　(7) E　(8) A　(9) B　(10) D　(11) A　(12) C

第七章　充分条件、必要条件假言命题

一、必考基本点

充分条件、必要条件假言命题的自然语言表达形式；充分条件、必要条件假言命题的基本逻辑性质及在其基础上的简单推理、复杂推理；充分条件、必要条件假言命题的矛盾命题（即负命题）的表达形式；充分条件、必要条件假言命题的等价转换。

二、考点基本功要义

（一）充分条件假言命题的基础知识

例：木秀于林，风必摧之。

意思是说，如果"木秀"于林，则风"必"摧之。

充分条件命题的意思是：断定一个条件 P 的出现，必然会导致另一个现象 Q 的产生。我们称条件 P 就是现象 Q 的充分条件，由于充分条件断定的是前件 P 和后件 Q 之间的条件关系存在，并没有直接断定 P 这个条件在事实上一定存在，只是假设条件 P 存在的情况下，Q 现象一定会产生，所以这个命题就称为充分条件的假言命题。

1. 充分条件假言命题的自然语言表达形式

充分条件假言命题的语言标志："如果 P，那么 Q""只要 P，就 Q""若 P，必 Q""要 P，就是 Q"等语言形式表达 P 是 Q 的充分条件，即"P→Q"。

一般来说，"所有的……都是……""一……就……""越……越……"等语言格式也表达 P 就是 Q 的充分条件。

还有"P，必然 Q""P 推出 Q""P 产生、导致 Q"等自然语言方式也是表达充分条件的假言命题。

充分条件假言命题的逻辑公式是：

如果 P，那么 Q。一般用 P→Q 来表示。P→Q 读作"P 推出 Q"，也可读作"P 蕴含 Q"。

2. 充分条件假言命题的性质

充分条件假言命题"P→Q"的基本性质：P 条件发生，则 Q 结果必然出现。P 称之为充分条件的前件，Q 称之为后件。即有之必然，无之未必不然。

充分条件命题的基本性质见表 7-1，理工类背景的同学参考图 7-1。

例：只要你是人，那么你就会死。（P→Q）

根据表 7-1 和图 7-1，我们可以总结出，充分条件假言命题的性质：①有前件就必有后件（这句话的意思是如果一个充分条件假言命题为真，则如果肯定其前件，则必然可以得到其后件。简称为有前必有后，即前真推出后真。以下依此类推。）②无前件未必无后件；③有后件未必有前件；④无后件则必无前件。

表 7-1

	P	Q	P→Q
①	真	真	真
②	真	假	假
③	假	真	真
④	假	假	真

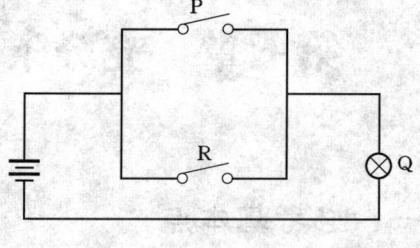

图 7-1

我们可以看出，一个充分条件假言命题为真，则在其基础上有 3 个必然有效的推理：
(1) 肯定前件式，即如果肯定前件，则必然肯定后件。
其符号表达式为 (P→Q) ∧ P → Q
(2) 否定后件式，即如果否定一个充分条件假言命题的后件，则必然要否定其前件。
其符号表达式为 (P→Q) ∧ ～Q → ～P

经典母题解析

(1) 家园小区的每栋住宅楼旁边都有地面停车位，并且都是按照与住户 1∶1 的比例设置的。如果上述断定为真，则以下哪项一定为真？（ ）

Ⅰ．家园小区有住宅楼有停车位。

Ⅱ．如果一栋住宅楼的旁边有按照与住户 1∶1 的比例的地面停车位，那么这栋住宅楼就是家园小区。

Ⅲ．如果一栋住宅楼的旁边有按照与住户 1∶2 的比例的地面停车位，那么这栋住宅楼就不是家园小区。

A. 仅Ⅱ　　　　B. 仅有Ⅰ和Ⅱ　　　　C. 仅Ⅰ和Ⅲ　　　　D. Ⅰ、Ⅱ和Ⅲ
E. 仅Ⅰ

解析：

题干考查的就是充分条件假言命题的推理。题干意思为：只要是"家园小区的住宅楼"，则一定有"地面停车位且按 1∶1 的比例设置"。根据充分条件假言命题的性质"肯前则一定肯后"，则复选项Ⅰ为真；复选项Ⅱ则是先行肯定充分条件的后件，其性质"肯后未必能肯前"，所以复选项Ⅱ不一定为真；复选项Ⅲ则是先行否定充分条件命题的后件，根据其性质"否后则必否前"，则必然不是家园小区，所以复选项Ⅲ一定为真。正确答案为 C。

(2) 如果风很大，我们就会放飞风筝。
如果天空不晴朗，我们就不会放飞风筝。
如果天气很暖和，我们就会放飞风筝。
假定上面的陈述属实，如果我们现在正在放飞风筝，则下面的哪项也必定是真的？
（ ）

Ⅰ．风很大。
Ⅱ．天空晴朗。

Ⅲ．天气暖和。

A. 仅Ⅰ　　　　　B. 仅Ⅰ和Ⅲ　　　　C. 仅Ⅲ　　　　D. 仅Ⅱ

E. 仅Ⅰ、Ⅱ和Ⅲ

解析：

题干为3个充分条件命题，问题所给的已知条件还有我们正在放风筝，则根据充分条件命题的推理性质"有后未必有前"，未必能推出"风很大""天气很暖和"；根据充分条件命题性质"否后必否前"，可以必然推出"天空晴朗"。正确答案为D。

（3）充分条件假言命题的等值推理。

根据表7-1的真值表，我们发现，一个充分条件假言命题当且仅当其前件真而后件假时，这个充分条件命题才是假的；当其前件假时，后件不管真假，整个充分条件命题仍然是真的；当其后件真时，不管前件真假如何，整个充分条件命题也仍然是真的；即：当已知一个充分条件假言命题的前件为假，或者后件为真时，一个充分条件命题的值一定是真的。用公式表示为"如果P，那么Q" = "非P或Q"。

经典母题解析

逻辑学家说：如果2+2=5，则地球是方的。

以下哪项和逻辑学家所说的同真？（　　）

A. 如果地球是方的，则2+2=5　　　　B. 如果地球是圆的，则2+2≠5

C. 2+2≠5或者地球是方的　　　　　　D. 2+2=5或者地球是方的

E. 2+2=5并且地球是方的

解析：

题干考查的是充分条件假言命题的等值推理。"如果P，那么Q" = "非P或Q"，所以，"如果2+2=5，则地球是方的"等值于"或者2+2不等于5，或者地球是方的"。正确答案为C。选项B可以由上述条件根据"否后必然否前"来推出，但其意思不完全等值于题干，请注意"不是方的"与"圆的"并不完全等价。

3. 充分条件假言命题的矛盾命题

有些时候，逻辑试题的题干问题是"当哪个选项为真，则推出一个充分条件假言命题为假"，或者是"已知一个充分条件假言命题为假，以下哪个选项必然真"，这些问题都是在考查充分条件假言命题的负命题的等值命题，即充分条件假言命题的矛盾命题。

一个充分条件假言命题的性质是有之必然。所以，当存在条件而没有结果出现的时候，则证明这个条件并不必然得出结果。就可以说明这个条件不是充分条件。

根据表7-1真值表我们可以发现，一个充分条件假言命题只有一个情况是假的：前件为真，且其后件为假。在其他的情况下充分条件假言命题都是真的。

公式表达：并非（P→Q）= P∧非Q

小王说：如果明天不下大雨，我一定去看足球比赛。

以下哪项为真，可以证明小王没有说真话？（　　）

Ⅰ．天没下大雨，小王没去看足球赛。

Ⅱ．天下大雨，小王去看了足球赛。

Ⅲ．天下大雨，小王没去看足球赛。

A. 仅Ⅱ　　　　　B. 仅Ⅰ　　　　　C. 仅Ⅲ　　　　　D. 仅Ⅰ和Ⅱ
E. Ⅰ、Ⅱ和Ⅲ

解析：

题干考查充分条件假言命题在什么情况下会被证明为假，根据其性质，当且仅当一个充分条件假言命题其"前件为真且后件为假"时，一个充分条件命题则是假的。即 P→Q 和 P∧非 Q 构成矛盾关系。小王的话"如果明天不下大雨，我一定去看足球比赛"，其"前件"为"明天不下大雨"，后件为"去看足球比赛"，当其矛盾命题"明天没下大雨且小王没去看足球比赛"为真时，则小王的话为假。正确答案为 B。

复选项Ⅱ、Ⅲ如果真，不能确定小王没有说真话。如果"天下大雨"为真，则小王的话前件为假，根据充分条件命题的性质（当一个充分条件命题其前件为假时，则整个充分条件命题本身一定为真），可以确定小王的话在逻辑上一定为真。

（二）必要条件假言命题的基础知识

在公共汽车上，一个五岁左右的男孩指着北京饭店大楼对身旁的老爷爷说："真高！真漂亮！"接着，爷爷和孙子有下面一段对话：

"爷爷，咱们干吗不住到这儿来？"

"等你长大了好好念书。只有念书念得好，才能住这样漂亮的高楼。"

"爷爷，你一定没好好学习。"

"哄"的一声，车上的人都笑了。

请分析：小男孩的结论是什么？其证据是什么？推理过程怎样？假如爷爷的话为真，小男孩的推理正确吗？

1. 必要条件假言命题的自然语言表达形式

必要条件指的是某条件 P 对于某结果 Q 来说是不可缺少的条件，我们称 P 就是 Q 的必要条件。必要条件的最根本性质：无之必不然。其意思是：没有这个条件，必定不会产生结果。表达这种条件关系的命题就称为必要条件假言命题。

如只有年满 18 周岁，才有选举权。

其意思是年满 18 周岁是有选举权的不可缺少的前提，即如果没有年满 18 周岁，则不可能有选举权。

我们一般把必要条件假言命题表述成如下形式：

只有 P，才 Q。逻辑上则表示为：P←Q（读作 P 反蕴含 Q）。

表达必要条件假言命题有"只有 P，才 Q""不 P，（就）不 Q""没有 P，（就）没有 Q""除非 P，否则不能 Q""P 对于 Q 来说是必需的（必不可少的）""P 是 Q 的前提""P 是 Q 的基础"等自然语言表达式。

例如：只有经历风雨，才会见彩虹。

相当于在说："如果不经历风雨，则不会见彩虹"；

也相当于在说："没有经历风雨，就没有彩虹"；

也等值于"除非经历风雨，否则不会见彩虹"；

也等值于"如果要见彩虹，则必须经历风雨"。

以上几个表达方式在逻辑上是等值的，在自然语言中其意思是非常接近的。

如果变成公式，则有以下等值的推理：

"只有 P，才 Q"＝"除非 P，否则没有 Q"＝"如果没有 P，则没有 Q"＝"如果 Q，则一定有 P"＝"P 或非 Q"。

提醒：

考生如果不愿意背诵必要条件的性质，可以把所有的必要条件按照上面的等值推理，直接转换为充分条件命题，然后按照充分条件命题性质进行推理。

2. 必要条件假言命题的性质

必要条件就是指不可缺少的条件，且有了这个条件还不一定有结果。

必要条件的根本性质：无之必不然，有之不必然。即如果没有这个条件，则一定没有这个结果；如果有了这个条件，不一定必然会有这个结果。

必要条件的性质也可以概括为 4 句话：①肯定前件未必能肯定后件；②否定前件则必然否定后件；③肯定后件则必肯定前件；④否定后件未必能否定前件。

必要条件的逻辑性质见表 7-2。

表 7-2

P	Q	P←Q
真	真	真
真	假	真
假	真	假
假	假	真

通过分析，我们可以发现，必要条件命题推理有 3 个必然有效的推理：

(1) 否定前件式（否定必要条件命题的前件，则必然否定其后件）。如果否定必要条件命题的前件，则必然要否定其后件。因为，对于必要条件来说，缺少必要条件就不可能得到结果。

可用公式表示为 $[(P←Q) \land \sim P] → \sim Q$。

(2) 肯定后件式（肯定必要条件命题的后件，则必然肯定其前件）。对于一个必要条件命题来说，如果得到了其结果，则必然是满足了其必要条件的。

可用公式表示为 $[(P←Q) \land Q] → P$。

(3) 必要条件命题的等值推理。根据必要条件的性质与真值表 7-1，我们可以发现，一个必要条件命题当且仅当其前件为假且后件为真时，这个必要条件命题才是假的，其他情况都是真的。当其前件真时，不管后件的真假，其整个必要条件命题仍然为真；当其后件为假时，前件不管真假，其整个必要条件命题的值为真；即：当一个必要条件命题的前件为真，或者后件为假时，一个必要条件命题的值为真。用公式表示：

1) "只有 P，才 Q"＝"P 或非 Q"。根据前面自然语言的理解以及与充分条件的关系，还有以下等值情况：

2) "只有 P，才 Q"＝"如果 Q，则一定有 P"。其意思是：P 对于 Q 来说是不可缺少的条件，则可以推出如果要想得到 Q，则必须满足 P。

3) "只有 P，才 Q"＝"除非 P，否则没有 Q"＝"如果没有 P，则没有 Q"。其意思是：P 是 Q 的必要条件，P 是 Q 的不可缺少的前提，则意味着如果缺少了这个必要条件 P，则一定不会有结果 Q。

经典母题解析

任何国家，只有稳定，才能发展。

以下各项都符合题干的条件，除了（　　）。

A. 任何国家，如果得到发展，则一定稳定
B. 任何国家，除非稳定，否则不能发展
C. 任何国家，不可能稳定但不发展
D. 任何国家，或者稳定，或者不发展
E. 任何国家，不可能发展但不稳定

解析：

本题考查的是必要条件的理解，及其与充分条件的等值转换。题干所给的是一个必要条件的命题，需要我们从中找到不符合"只有稳定，才能发展"的选项。根据必要条件命题的性质以及上面的公式：A、B选项一定是符合题干的意思。D选项为一个选言命题"或者稳定，或者不发展"，其等值于："如果不稳定，则一定不发展"（来源于选言命题的否定肯定式推理），其完全等值于"只有稳定，才能发展"；选项D也可以直接根据"只有P，才Q" =" P或非Q"得出。E选项的"不可能发展但不稳定" = "如果发展，则一定稳定"，这符合题干的意思。只有C选项的"不可能稳定但不发展" = "如果稳定，则一定发展"，不符合题干的意思，把题干的"稳定"为"发展"的必要条件，看成了"稳定"是"发展"的充分条件，所以，最不符合题干的意思的选项为C。

3. 必要条件的假言命题的矛盾命题

根据必要条件性质与真值表7-1，我们可以发现，一个必要条件命题当且仅当其前件为假且后件为真时，这个必要条件命题才是假的。即一个条件P为必要条件，则意味着缺少这个条件P绝对不会有结果Q。所以，如果没有这个条件P的存在仍然有结果Q，则说明这个条件P对于结果Q来说不是必要的。

只有P，才Q。其矛盾命题为"非P，而且Q"。

用公式表示为：$\sim(P \leftarrow Q) = \sim P \land Q$

矛盾命题为最有力的削弱。

经典母题解析

只有具备足够的奖金投入和技术人才，一个企业的产品才能拥有高科技含量。而这种高科技含量，对于一个产品长期稳定地占领市场是必不可少的。

以下哪项情况如果存在，最能削弱以上断定？（　　）

A. 苹果牌电脑拥有高科技含量，并长期稳定地占领着市场
B. 西子洗衣机没能长期稳定地占领市场，但该产品并不缺乏高科技含量
C. 长江电视机没能长期稳定地占领市场，因为该产品缺乏高科技含量
D. 清河空调长期稳定地占领市场，但该产品的厂家缺乏足够的奖金投入
E. 开开电冰箱没能长期稳定地占领市场，但该产品的厂家有足够的奖金投入和技术人才

解析：

题目要求对上述题干所描述的情况进行削弱，通过对题干的分析，发现题干所有的是两个必要条件的假言命题，其逻辑结构为：只有具备足够的奖金投入和技术人才，产品才能拥有高科技含量；只有有高科技含量，产品才能长期稳定地占领市场。即一个产品要想

长期稳定地占领市场，必须满足3个必要条件，缺一不可。

通过寻找必要条件命题的矛盾命题：没有满足必要条件，但仍然能长期稳定地占领市场；从而削弱了上述必要条件的描述。正确答案为D。

（三）二难推理的基础知识

二难推理是由两个假言命题和一个选言命题作为前提，并依据假言命题和选言命题的性质推出结论的推理。二难推理常用于辩论，辩论的一方提出一个有两种可能性的选言命题作为前提，然后引出对方难以接受的结果，从而使对方陷入进退两难的尴尬境地。

例如：中世纪的逻辑学家曾对"上帝是万能的"这个命题提出质疑，问：上帝能否制造一块连他自己也举不起来的石头呢？

试着回答一下：

如果上帝能够制造一块连他自己都举不起来的石头，由于有一块石头上帝不能举起，所以上帝不是万能的。

如果上帝不能够制造一块这样的石头，由于有一块石头他造不出，所以，上帝也不是万能的。

对于上帝来说，他或者能够制造这样一块石头，或者不能制造出来，总而言之，不管哪样，上帝总有一项是不能的，所以，上帝不是万能的。

二难推理根据结论是简单命题还是复合命题，可以分为简单式和复杂式；根据推理所依据充分条件的不同性质，可以分为构成式（肯定前件式）和破坏式（否定后件式）；排列组合后，则二难推理有4种不同的结构形式：简单构成式、简单破坏式、复杂构成式、复杂破坏式。

(1) 简单构成式。其推理形式为：

如果P，那么R；如果Q，那么R。

P或者Q。

所以，R。

用符号形式表示为：$(P \rightarrow R) \land (Q \rightarrow R) \land (P \lor Q) \rightarrow R$。

例如：

张养浩的《山坡羊·潼关怀古》：

峰峦如聚，波涛如怒，山河表里潼关路。望西都，意踟蹰，伤心秦汉经行处，宫阙万间都作了土。兴，百姓苦；亡，百姓苦。

这首曲子里最后两句就是一个二难推理的简单构成式。

如果"兴"，则"百姓苦"；如果"亡"，则"百姓苦"。

或兴，或亡。

总之，百姓苦。

(2) 简单破坏式。其推理形式为：

如果P，那么Q；如果P，那么R。

非Q或者非R。

所以，非P。

用符号形式表示为：$(P \rightarrow Q) \land (P \rightarrow R) \land (\sim Q \lor \sim R) \rightarrow \sim P$。

例如：

如果你是一个真正的共产党员，则你不应该唯上。

如果你是一个真正的共产党员，则你应该代表广大人民的根本利益。

但是你的所作所为根本就罔顾事实，或许你在唯上，或许你没有代表广大人民的根本利益，所以，你不是一个真正的共产党员。

(3) 复杂构成式。其推理形式为：

如果 P，那么 Q；如果 R，那么 S。

P 或者 R。

所以，Q 或者 S。

用符号形式表示为：$(P \rightarrow Q) \wedge (R \rightarrow S) \wedge (P \vee R) \rightarrow (Q \vee S)$。

《左传·桓公十五年》有这么一段记载：

十五年春，天王使家父来求车，非礼也。诸侯不贡车、服，天子不私求财。祭仲专，郑伯患之，使其婿雍纠杀之。将享诸郊。雍姬知之，谓其母曰："父与夫孰亲？"

春秋时，郑励公和雍纠合谋要除掉在郑国专权的祭足，决定第二天动手。由于祭足是雍纠的岳父，雍纠回到家时不免神色不安，被他妻子祭氏察觉，在再三追问下，雍纠吐出了实情。这时的祭氏就面临着这样一个二难推理：

如果去告诉父亲，则丈夫活不成。

如果不去告诉父亲，则父亲活不成。

或者去告发，或者不去告发。

总之，或者丈夫活不成，或者父亲活不成。

(4) 复杂破坏式。其推理形式为：

如果 P，那么 Q；如果 R，那么 S。

非 Q 或者非 S。

所以，非 P 或者非 R。

用符号形式表示为：$(P \rightarrow Q) \wedge (R \rightarrow S) \wedge (\sim Q \vee \sim S) \rightarrow (\sim P \vee \sim R)$。

例如：

如果一个专家他有智慧的话，则能透过表象看清真相；如果一个专家他有良知的话，则能说出真相。

现在某专家所说的并非真相和事实，或许是由于其没有看清真相，或许是其没有说出真相，总之，这个专家或者没有智慧，或者没有良知。

这些知识和思路必须结合真题训练，形成解题技巧，才能为我们所用。我们主要训练利用二难推理进行逻辑解题的技巧和思路。

三、必考题型解题方法精讲

(一) 充分条件、必要条件命题的矛盾命题经典母题解析

充分条件命题的矛盾命题基本公式：如果 P，那么 Q，其矛盾命题为 P 且非 Q。

必要条件命题的矛盾命题基本公式：只有 P，才 Q = 如果 Q，则 P。其矛盾命题为：没有 P，且 Q。

(1) 正是因为有了第二味觉，哺乳动物才能够边吃边呼吸。很明显，边吃边呼吸对保持哺乳动物高效率的新陈代谢是必要的。

以下哪种哺乳动物的发现，最能削弱以上的断言？（　　）
A. 有高效率的新陈代谢和边吃边呼吸的能力的哺乳动物
B. 有低效率的新陈代谢和边吃边呼吸的能力的哺乳动物
C. 有低效率的新陈代谢但没有边吃边呼吸能力的哺乳动物
D. 有高效率的新陈代谢但没有第二味觉的哺乳动物
E. 有低效率的新陈代谢和第二味觉的哺乳动物

解析：
题型：削弱；考点：必要条件的矛盾命题。

本题为削弱题型。快速浏览题干，发现题干为两个必要条件假言命题。"第二味觉"是"边吃边呼吸"的必要条件，而"边吃边呼吸"又是"高效率的新陈代谢"的必要条件，因此，"第二味觉"是"高效率的新陈代谢"的必要条件。根据必要条件假言命题的性质，"只有P，才Q"与"没有P，照样有Q"是互相矛盾的命题，矛盾命题的削弱力度是最强的。要削弱一个必要条件假言命题很简单，那就是：没有这个条件，但照样有这个结果。既然"第二味觉"是"高效率的新陈代谢"的必要条件，那么它的矛盾命题就是："没有第二味觉，但照样有高效率的新陈代谢"。所以，正确答案为D。

(2) 正是因为有了充足的奶制品作为食物来源，生活在呼伦贝尔大草原的牧民才能摄入足够的钙质。很明显，这种足够的钙质，对于呼伦贝尔大草原的牧民拥有健壮的体魄是必不可少的。

以下哪种情况如果存在，最能削弱以上的断定？（　　）
A. 有的呼伦贝尔大草原的牧民从食物中能摄入足够的钙质，且有健壮的体魄
B. 有的呼伦贝尔大草原的牧民不具有健壮的体魄，但从食物中摄入的钙质并不缺少
C. 有的呼伦贝尔大草原的牧民不具有健壮的体魄，他们从食物中不能摄入足够的钙质
D. 有的呼伦贝尔大草原的牧民有健壮的体魄，但没有充足的奶制品作为食物来源
E. 有的呼伦贝尔大草原的牧民没有健壮的体魄，但有充足的奶制品作为食物来源

解析：
题型：削弱；考点：必要条件。

题干断定："充足的奶制品"是"摄入足够的钙质"的必要条件，而"摄入足够的钙质"是"拥有健壮的体魄"的必要条件。同上题的思路一致，对必要条件的削弱即没有这个条件，照样有这个结果。所以，正确答案为D。

(3) 小张承诺：如果天不下雨，我一定去听音乐会。
以下哪项如果为真，说明小张没有兑现承诺？（　　）
Ⅰ. 天没下雨，小张没去听音乐会。
Ⅱ. 天下雨，小张去听了音乐会。
Ⅲ. 天下雨，小张没去听音乐会。

A. 仅Ⅰ　　　　B. 仅Ⅱ　　　　C. 仅Ⅲ　　　　D. 仅Ⅰ和Ⅱ

E. Ⅰ、Ⅱ和Ⅲ

解析：

题型：削弱；考点：充分条件的矛盾命题。

小张的承诺为一个充分条件："天不下雨"是"去听音乐会"的充分条件，根据充分条件的性质，只有在"有这个条件，但没有这个结果"的时候，充分条件才会被削弱。即一个充分条件为假，则其前件为真，且后件为假。即并非（P→Q）＝P∧非Q。所以，正确答案为A。

（4）在评价一个企业管理者的素质时，有人说：只要企业能获得利润，其管理者的素质就是好的。

以下各项都是对上述看法的质疑，除了（　　）。

A. 有时管理层会用牺牲企业长远利益的办法获得近期利润

B. 有的管理者采取不正当竞争的办法，损害其他企业，获得本企业的利益

C. 某地的卷烟厂连年利润可观，但领导层中挖出了一个贪污集团

D. 某电视机厂的领导任人唯亲，工厂越办越糟，群众意见很大

E. 某计算机销售公司近几年获利在同行业名列前茅，但有逃避关税的问题

解析：

题干为一个充分条件假言命题。只要企业能获得利润，其管理者的素质就是好的。根据充分条件的性质：只有在"有这个条件，但没有这个结果"的时候，充分条件才会被削弱。即一个充分条件为假，则：其前件为真，且后件为假。即并非（P→Q）＝P∧非Q。5个选项，只有选项D不削弱，其余4个选项均为"获得利润，但管理者素质不好"这个格式，均为削弱。D项没有肯定"企业能获得利润"，所以不能对上述看法进行质疑。正确答案为D。

（二）假言命题的推理与基本性质经典母题解析

1. 充分必要条件命题的语言理解及等价转换

除非P，否则不Q＝只有P，才Q＝如果Q，则P＝如果非P，则非Q。

除非P，否则Q＝只有P，才非Q＝如果非Q，则P＝如果非P，则Q。

（1）只要不起雾，飞机就能按时起飞。

以下哪项正确地表达了上述断定的原意？（　　）

Ⅰ. 如果飞机按时起飞，则一定没有起雾。

Ⅱ. 如果飞机不按时起飞，则一定起雾。

Ⅲ. 除非起雾，否则飞机按时起飞。

A. 只有Ⅰ　　　　B. 只有Ⅱ　　　　C. 只有Ⅲ　　　　D. 只有Ⅱ和Ⅲ

E. Ⅰ、Ⅱ和Ⅲ

解析：

本题考点：充分条件命题与必要条件命题的性质。

"只要……就"表达的为充分条件命题。"不起雾"是"飞机能起飞"的充分条件。根据充分条件命题"有后未必有前"的性质，Ⅰ不对；根据"无后必无前"的性质，Ⅱ对；Ⅲ等于说"如果不起雾，则飞机按时起飞"，与题干意思完全一样；正确答案为D。

公式:"除非起雾,否则飞机按时起飞"="只有起雾,飞机才不能起飞"="如果飞机不能按时起飞,则一定起雾了"="如果不起雾,则飞机按时起飞"。

(2) 只要不起雾,飞机就能按时起飞。

以下哪项如果为真,说明上述断定不成立?(　　)

Ⅰ. 没起雾,但飞机没按时起飞。

Ⅱ. 起雾,但飞机仍然按时起飞。

Ⅲ. 起雾,飞机航班延期。

A. 只有Ⅰ　　　　B. 只有Ⅱ　　　　C. 只有Ⅲ　　　　D. 只有Ⅱ和Ⅲ

E. Ⅰ、Ⅱ和Ⅲ

解析:

本题考点:充分条件假言命题的矛盾命题。充分条件假言命题"如果P,那么Q",其否定命题为"P并且非Q",Ⅰ具有"P并且非Q"的形式。正确答案为A。

(3) 麦老师:只有博士生导师才能担任学校"高级职称评定委员会"评委。

宋老师:不对。董老师是博士生导师,但不是"高级职称评定委员会"评委。

宋老师的回答说明他将麦老师的话错误地理解为(　　)。

A. 有的"高级职称评定委员会"评委是博士生导师

B. 董老师应该是"高级职称评定委员会"评委

C. 只要是博士生导师,就是"高级职称评定委员会"评委

D. 并非所有的博士生导师都是"高级职称评定委员会"评委

E. 董老师不是学科带头人,但他是博士生导师

解析:

麦老师的断定为一个必要条件假言命题"只有博士生导师,才能担任高级职称评定委员会评委"。而宋老师所说的"董老师是博士生导师,但不是高级职称评定委员会评委"并不能否定麦老师的断定,根据必要条件性质"有前件未必有后件",即使董老师是博士生导师,他也不一定必然是评委。宋老师的话实际上是对充分条件的削弱。"只要是博士生导师,就是'高级职称评定委员会'评委。"则它的削弱为:"是博士生导师,但不是评委",所以,宋老师把麦老师的话理解成了充分条件的假言命题。正确答案为C。

(4) 除非不把理论当作教条,否则就会束缚思想。

以下各项都表达了与题干相同的含义,除了(　　)。

A. 如果不把理论当作教条,就不会束缚思想

B. 如果把理论当作教条,就会束缚思想

C. 只有束缚思想,才会把理论当作教条

D. 只有不把理论当作教条,才不会束缚思想

E. 除非束缚思想,否则不会把理论当作教条

解析:

题型:推出结论,除了;考点:充分必要条件之间的等价互换关系。

本题问的是哪个选项和题干的意思不一样。题干为一个必要条件假言命题:只有不把理论当作教条,才不会束缚思想。而选项A则把这个必要条件当成了充分条件。对于必

63

要条件，就算肯定前件也未必能肯定后件，所以选项 A 是错误的理解。所以，正确答案为 A。其余选项与题干意思完全等价。

考点：除非 P，否则 Q＝只有 P，才非 Q＝如果非 Q，则 P＝如果非 P，则 Q，此考点几乎每年必考，请重点对待。

（5）有些被公众认为是坏的行为往往有好的效果。只有产生好的效果，一个行为才是好的行为。因此，有些被公众认为是坏的行为其实是好的。

以下哪项最为恰当地概括了上述推理中存在的错误？（　　）

A. 不当的假设：如果 a 是 b 的必要条件，则 a 也是 b 的充分条件
B. 不当的假设：如果 a 不是 b 的必要条件，则 a 是 b 的充分条件
C. 不当的假设：如果 a 是 b 的必要条件，则 a 不是 b 的充分条件
D. 不当的假设：任何两个断定之间都存在条件关系
E. 不当的假设：任何两个断定之间都不存在条件关系

解析：

题干为一个必要条件假言命题的推理。只有产生好的效果，一个行为才是好的行为；现在，有些被公众认为是坏的行为产生了好的效果；所以，有些被公众认为是坏的行为其实是好的。这个推理形式为：只有 P，才 Q；已知 P，所以 Q。肯定一个必要条件的前件，以此来肯定后件，这种推理形式在必要条件命题的性质中，推理是无效的。因为必要条件假言命题的性质是："由前件真，推理必有后件真"，这是充分条件假言命题的性质，题干的推理把必要条件命题当成了充分条件命题。所以，正确答案为 A。

（6）对当代学生来说，德育比智育更重要。学校的课程设计如果不注意培养学生的完美人格，那么，即使用高薪聘请著名的专家教授，也不能是学生在面临道德伦理、价值观念挑战的 21 世纪脱颖而出。

以下各项关于当代学生的断定都符合上述断定的原意，除了（　　）。

A. 学校的课程设计只有注重培养学生的完美人格，才能使当代学生取得成就
B. 如果当代学生在 21 世纪脱颖而出，那一定是对他们注重了完美的人格的教育
C. 不能设想学生在面临道德伦理、价值观念挑战的 21 世纪脱颖而出，而他的人格却不完善
C. 除非注重完美的人格培养，否则 21 世纪的学生难以脱颖而出
E. 即使不能用高薪聘请著名的专家教授，学校的课程设计只要注重培养学生的完美人格，当代的学生就能在 21 世纪脱颖而出

解析：

题干断定：如果不 P，就不 Q。等于在说：只有 P，才 Q。即注重培养学生的完美人格，是在 21 世纪脱颖而出的必要条件。而选项 E 则把"注重培养学生的完美人格"当成了充分条件，所以，选项 E 并不符合原意，正确答案为 E。

提醒：

本题非常重要，涉及充分必要条件的互换与理解。下面这组公式能够帮助理解：如果不 P，就不 Q＝只有 P，才 Q＝如果 Q，则 P＝除非 P，否则不能 Q。

2. 补充前提题型

如果甲和乙都没有考试及格的话，那么丙就一定及格了。

上述前提再增加以下哪项，就可以推出甲考试及格了的结论？（　　）

A. 丙及格了
B. 丙没有及格
C. 乙没有及格
D. 乙和丙都没有及格
E. 乙和丙都及格了

解析：

上述条件为一个充分条件的假言命题，要求补充一个前提，推出"甲考试及格了"。我们发现，在充分条件假言命题的前件中，有"甲考试没有及格"这句话，要想其变成"甲及格"，必须先否定充分条件的后件，"否定后件必然要否定前件"。所以，首先要补充的前提是"丙考试没有及格"。丙没有及格，根据充分条件"否定后件必然要否定前件"，得出：并非甲和乙都没有考试及格。根据联言命题的性质，得出：或者甲及格，或者乙及格。根据选言命题的性质，要想得到"甲考试及格"，必须否定乙及格。所以，正确答案为 D。

3. 结构类似题型

结构类似题型需要比较逻辑形式与语言形式的一致性。

（1）对冲基金每年提供给它的投资者的回报从来都不少于 25％。因此，如果这个基金每年最多只能给我们 20％ 的回报的话，它就一定不是一个对冲基金。

以下哪项的推理方法与上文相同？（　　）

A. 好的演员从来都不会因为自己的一点进步而沾沾自喜，谦虚的黄升一直注意不以点滴的成功而自傲，看来，黄升就是个好演员

B. 移动电话的话费一般比普通电话贵。如果移动电话和普通电话都在身边时，我们选择了普通电话，那就体现了节约的美德

C. 如果一个公司在遇到像亚洲金融危机这样的挑战的时候还能够保持良好的增长势头，那么在危机过后就会更红火。秉东电信公司今年在金融危机中没有退步，所以明年会更旺

D. 一个成熟的学校在一批老教授离开自己的工作岗位后，应当有一批年轻的学术人才脱颖而出，勇挑大梁。华成大学去年一批教授退休后，大批年轻骨干纷纷外流，一时间群龙无首，看来华成大学还算不上是一个成熟的学校

E. 练习武功有恒心的人一定会每天早上五点起床，练上半小时，今天武钢早上五点起床后，一口气练了一个小时，我看武钢是个练武功有恒心的好小伙子

解析：

题型：结构类似；考点：充分条件。

题干的推理结构为"如果是对冲基金，则回报不少于 25％"，由此得出"如果一个基金回报少于 25％，则说明它不是对冲基金"，此推理为"充分条件假言命题的否定后件来否定前件"推理形式，与此相同的只有 D。选项 A、C、E 为"充分条件的肯定后件来肯定前件"，选项 B 不是充分条件的推理。所以，正确答案为 D。

（2）南口镇仅有一中和二中两所中学，一中学生的学习成绩一般比二中的学生好，由

于来自南口镇的李明乐在大学一年级的学习成绩是全班最好的,因此,他一定是南口镇一中毕业的。

以下哪项与题干的论述方式最为类似?(　　)

A. 如果父母对孩子的教育得当,则孩子在学校的表现一般都较好。由于王征在学校的表现不好,因此他的家长一定教育失当

B. 如果小孩每天背诵诗歌1小时,则会出口成章,郭娜每天背诵诗歌不足1小时,因此,它不可能出口成章

C. 如果人们懂得赚钱的方法,则一般都能积累更多的财富,因此,彭总的财富是来源于他的足智多谋

D. 儿童的心理教育比成年人更重要,张青是某公司心理素质最好的人,因此,他一定在儿童时获得良好的心理教育

E. 北方人个子通常比南方人高,马林在班上最高,因此,他一定是北方人

解析:

本题考点:充分条件的性质,集合与其中个体之间的关系。

一中学生的学习成绩一般比二中的学生好,但成绩好的未必都是一中的学生。肯后未必肯前,题干推理误解了充分条件的性质。另外,一中的学生一般比二中的学生成绩好,并不是都比二中的好。注意集体和个体的关系。正确答案为E。

4. 根据充分必要推理公式推出结论题型

推出结论题型的特点:假设题干所给的条件为真,根据充分条件命题、必要条件命题的性质进行推理。考生需要注意题干的自然语言形式所表达的逻辑关系。

(1) 19世纪前,技术、科学发展相对独立。而19世纪的电气革命,是建立在科学基础上的技术创新,它不可避免地导致了两者的结合与发展,而这又使人类不可避免地面对尖锐的伦理道德问题和资源环境问题。

以下哪项符合题干的断定?(　　)

Ⅰ. 产生当今尖锐的伦理道德问题和资源环境问题的一个重要根源是电气革命。

Ⅱ. 如果没有电气革命,则不会产生当今尖锐的伦理道德问题和资源环境问题。

Ⅲ. 如果没有科学与技术的结合,就不会有电气革命。

A. 只有Ⅰ　　　　B. 只有Ⅱ　　　　C. 只有Ⅲ　　　　D. 只有Ⅰ和Ⅲ

E. Ⅰ、Ⅱ和Ⅲ

解析:

题干用自然语言的形式断定了两个充分条件假言命题。条件1:"电气革命"导致了"技术、科学的结合与发展";条件2:"技术、科学的结合与发展"导致了"面对尖锐的伦理道德问题和资源环境问题"。所以,"电气革命"导致了"面对尖锐的伦理道德问题和资源环境问题"。由此可以得出:导致"面对尖锐的伦理道德问题和资源环境问题"的一个重要原因是电气革命。请注意本处自然语言的理解。如果P,则Q。虽然,有Q,未必有P;但P毫无疑问是产生Q的一个重要原因。所以复选项Ⅰ符合题干断定。

复选项Ⅱ,如果"没有电气革命",这是否定题干条件1充分条件命题的前件,未必能否定后件,所以不正确。

复选项Ⅲ，"没有科学与技术的结合"，否定题干条件2充分条件命题的后件，必然要否定的前件，必然正确。所以，正确答案为D。

(2) 环宇公司规定，其所属的各营业分公司，如果年营业额超过800万的，其职员可获得优秀奖；只有年营业额超过600万元的，其职员才能获得激励奖。年终统计显示，该公司所属的12个分公司中，6个年营业额超过了1000万元，其余的则不足600万元。

如果上述断定为真，则以下哪项关于该公司今年获奖情况的断定一定为真？（　　）

Ⅰ. 获得激励奖的职员，一定获得优秀奖。

Ⅱ. 获得优秀奖的职员，一定获得激励奖。

Ⅲ. 半数职员获得了优秀奖。

A. 仅Ⅰ　　　B. 仅Ⅱ　　　C. 仅Ⅲ　　　D. 仅Ⅰ和Ⅱ

E. Ⅰ、Ⅱ和Ⅲ

解析：

考点：充分条件命题基本性质、必要条件基本性质、关键概念的理解能力。

复选项Ⅰ一定为真。如果获得激励奖，根据条件2，"只有年营业额超过600万元的，其职员才能获得激励奖"，必要条件性质"有后必有前"，则年营业额一定超过600万元。根据条件3，"6个年营业额超过1000万元，其余不足600万元"，可知，超过600万元的一定"超过1000万元"，根据条件1，超过1000万元，满足了充分条件的前件"超过800万元"，根据充分条件"有前必有后"，则一定获得优秀奖。

复选项Ⅱ不一定为真。如果"获得优秀奖"，根据条件1，充分条件"有后未必有前"，所以，未必有"超过800万"；退一万步讲，就算有了800万元，根据条件2，必要条件性质"有前未必有后"，也未必获得"激励奖"。

复选项Ⅲ不一定为真。因为"分公司"的一半，并不能推出"员工也是一半"。这是两个不同的概念。考生可以在解题时把题干条件符号化，这样比较清晰明白。条件1"超过1000万→优秀奖"；条件2"激励奖→超过600万"，把复选项Ⅰ代入，激励奖→600万；条件3"超过600万等于超过1000万"；根据条件1"超过1000万→优秀奖"，得出激励奖→优秀奖。所以，正确答案为A。

(3) 中周公司准备在全市范围内展开一次证券投资竞赛。在竞赛报名事宜里规定：没有证券投资实际经验的人不能参加本次比赛。张全力曾经在很多大的投资公司中实际从事过证券买卖操作。

那么关于张全力，以下哪项是根据上文能够推出的结论？（　　）

A. 他一定可以参加本次比赛，并获得优异成绩

B. 他参加比赛的资格将取决于他证券投资经验的丰富程度

C. 他一定不能参加本次比赛

D. 他可能具有参加本次比赛的资格

E. 他参加比赛的资格将取决于他以往证券投资的业绩

解析：

题干断定"没有证券投资经验不能参加本次比赛"，这是一个必要条件的假言命题，即：只有证券投资经验，才能参加本次比赛。已知：张全力具有证券投资经验，根据必要

条件假言命题的性质：肯定前件不一定能肯定后件，所以，张全力未必一定能够参加本次比赛，但可能具有资格。A、C不一定正确；正确答案为D。

（4）林园小区有住户家中发现了白蚁。除非小区中有住户家中发现白蚁，否则任何小区都不能免费领取高效杀蚁灵。静园小区可以免费领取高效杀蚁灵。

如果上述断定都真，则以下哪项据此不能断定真假？（　　）

Ⅰ．林园小区有的住户家中没有发现白蚁。
Ⅱ．林园小区能免费领取高效杀蚁灵。
Ⅲ．静园小区的住户家中都发现了白蚁。

A．只有Ⅰ　　　　B．只有Ⅱ　　　　C．只有Ⅲ　　　　D．只有Ⅱ和Ⅲ
E．Ⅰ、Ⅱ和Ⅲ

解析：

考点：必要条件命题、性质命题的理解。

题干有三个已知条件，条件2为必要条件假言命题："除非小区中有住户家中发现白蚁，否则任何小区都不能免费领取高效杀蚁灵。"等于只有小区中有住户家中发现白蚁，才能免费领取高效杀蚁灵。现在，林园小区有住户家中发现了白蚁，但根据必要条件的性质"有前件未必有后件"，所以，林园小区未必能免费领取高效杀蚁灵，Ⅱ不能断定真假。

已知条件：静园小区能免费领取高效杀蚁灵，根据条件2，必要条件"有后件必有前件"，所以，静园小区的住户肯定有住户家中发现了白蚁。但"有住户家中发现了白蚁"，根据性质命题之间的真假关系，不能推出"静园小区的住户家中都发现了白蚁"，所以，Ⅲ不能确定真假。

同理，已知条件"林园小区有住户家中发现了白蚁"为真，根据性质命题之间的真假关系，"有P是Q"与"有P不是Q"为"可能同真，不可同假"的关系，所以，"林园小区有的住户家中没有发现白蚁"也不能确定真假。

所以，以上3个都不能确定真假。正确答案为E。

（5）为了减少汽车追尾事故，有些国家的法律规定，汽车在白天行驶时也必须打开尾灯。一般来说，一个国家的地理位置离赤道越远，其白天的能见度越差；而白天的能见度越差，实施上述法律效果越显著。事实上，目前世界上实施上述法律的国家都比中国离赤道远。

上述断定最能支持以下哪项相关结论？（　　）

A．中国离赤道较近，没有必要制定和实施上述法律
B．在实施上述法律的国家中，能见度差是造成白天汽车追尾的最主要原因
C．一般来说，和目前已实施上述法律的国家相比，如果在中国实施上述法律，其效果将较不显著
D．中国白天汽车追尾事故在交通事故中的比例，高于已实施上述法律的国家
E．如果离赤道的距离相同，则实施上述法律的国家每年发生的白天汽车追尾事故的数量，少于未实施上述法律的国家

解析：

考点：充分条件命题的理解。

首先，问题是"上述题干最能支持以下哪个选项？"，应该理解成推出结论或者上支持下的题型。请记住：只要是支持即可。题干断定了3个已知条件：

1) 一个国家地理位置离赤道越远，其白天能见度越差。"越P，则越Q"可以理解为"P→Q"。

2) 白天能见度越差，则实施此法律的效果越显著。

3) 目前实施此法律的国家都比中国离赤道远。

根据充分条件命题"肯前则必肯后"的性质，由已知条件1）和2）可推出4）：离赤道越远，实施此法律的效果越显著。

其逻辑形式为离赤道越远→能见度越差→效果越显著。

把条件3）代入上面推出的结论4），根据充分条件"肯前必肯后"，可推出：目前实施此法律的国家，实施此法律的效果都比中国显著。那也就是说，和已经实施上述法律的国家相比，在中国实施上述法律，其效果不如那些国家显著。正确答案为C。

（三）二难推理经典母题解析

二难推理解题思路主要适用推出结论题型，其中题干已知条件含有充分条件命题或者必要条件命题，或者含有"P或者Q"这样的选言命题。其解题思路基本上通过假设条件进行代入推理。

（1）威尼斯面临的问题具有典型意义。一方面，为了解决市民的就业，增加城市的经济实力，必须保留和发展它的传统工业，这是旅游业所不能替代的经济发展的基础；另一方面，为了保护其独特的生态环境，必须杜绝工业污染，但是，发展工业将不可避免地导致污染。

以下哪项能作为结论从上述断定中推出？（　　）

A. 威尼斯将不可避免地面临经济发展的停滞或生态环境的破坏
B. 威尼斯市政府的正确决策应是停止发展工业以保护生态环境
C. 威尼斯市民的生活质量只依赖于经济和生态环境
D. 旅游业是威尼斯经济收入的主要来源
E. 如果有一天威尼斯的生态环境受到了破坏，这一定是它为发展经济所付出的代价

解析：

题型：推出结论；考点：二难推理。

题干断定了以下几个条件关系：

Ⅰ. 如果要增加经济实力，则必须发展传统工业。

Ⅱ. 如果要保护生态环境，则必须杜绝工业污染。

Ⅲ. 如果发展传统工业，则导致工业污染。

因此：

如果发展传统工业，由条件Ⅲ，必然推出导致工业污染；又由条件Ⅱ，必然推出导致生态环境的破坏；

如果不发展传统工业，由条件Ⅰ，必然推出导致经济发展的停滞。

或者发展传统工业，或者不发展传统工业，对于威尼斯来说，两者必居其一。

因此，可以推出结论：威尼斯将不可避免地面临经济发展的停滞或生态环境的破坏。

正确答案为 A。

(2) 储存在专用电脑中的某财团的商业核心机密被盗窃。该财团的三名高级雇员甲、乙、丙 3 人涉嫌被拘审。经审讯，查明了以下事实：

Ⅰ．机密是在电脑密码被破译后窃取的；破译电脑密码必须受过专门训练。

Ⅱ．如果甲作案，那么丙一定参与。

Ⅲ．乙没有受过破译电脑密码的专门训练。

Ⅳ．作案者就是这 3 人中的一人或一伙。

以上述条件，可推出以下哪项结论？（　　）

A．作案者中有甲　　　　　　　　B．作案者中有乙
C．作案者中有丙　　　　　　　　D．作案者中有甲和丙
E．甲、乙和丙都是作案者

解析：

题型：推出结论；考点：二难推理。

本题有多种解题方法。

1) 先从二难推理的角度解析。

根据第 4 个已知条件，我们可以得出：乙不会单独作案。设：乙作案和没有作案两种情况。

如果乙作案，则一定有人陪同。所以，甲或丙至少一个陪同。如果甲陪同，根据条件Ⅱ，则丙作案；如果甲不陪同，而乙作案一定要人陪同，所以丙也要陪同作案。即如果乙作案，丙一定陪同。

如果乙没有作案，则根据条件Ⅳ，作案的一定是甲或丙。根据条件Ⅱ，如果甲作案，丙一定作案；如果甲没有作案，根据条件Ⅳ，当设乙没有作案，丙一定作案。

总之，无论假设乙作案还是没有作案，假设甲作案还是没有作案，最后的结果是作案者一定有丙。

2) 另一种方法解析（归谬假设法）：

根据条件Ⅱ，设丙没有作案，则甲没有作案。根据条件Ⅳ，作案的一定是乙。根据条件Ⅰ，乙不具备单独作案的条件。因此，3 人中无人作案。而这与已知条件相矛盾，因此，假设不成立。所以，丙一定作案了。

正确答案为 C。

(3) 如果李生喜欢表演，则他报考戏剧学院；如果他不喜欢表演，则他可以成为戏剧理论家。如果他不报考戏剧学院，则不能成为戏剧理论家。

由此可推出李生（　　）。

A．不喜欢表演　　　　　　　　　B．成为戏剧理论家
C．不报考戏剧学院　　　　　　　D．报考戏剧学院
E．不能成为戏剧理论家

解析：

考点：充分条件命题的二难推理解题思路。

推出结论题型先要分析已知条件。

已知条件1：如果李生喜欢表演，则他报考戏剧学院。
已知条件2：如果他不喜欢表演，则他可以成为戏剧理论家。
已知条件3：如果他不报考戏剧学院，则不能成为戏剧理论家。

根据题干中的前两个已知的充分条件命题，可以得知，无论李生喜欢还是不喜欢表演，推出结论：他或者报考戏剧学院，或者成为戏剧理论家。根据题干中条件Ⅲ，成为戏剧理论家的前提是报考戏剧学院，所以，他必然要报考戏剧学院。正确答案为 D。

考点逻辑思路：如果 P，则 Q；如果非 P，则 Q；所以，P 还是非 P，结果一定都是 Q。

(4) 某民乐小组拟购买几种乐器，购买乐器如下：
Ⅰ. 二胡、箫至多购买一种。
Ⅱ. 笛子、二胡和古筝至少购买一种。
Ⅲ. 箫、古筝、唢呐至少购买两种。
Ⅳ. 如果购买箫，则不购买笛子。

根据以上要求，可以得出以下哪项？（　　）

A. 至少购买了 3 种乐器　　　　B. 箫、笛子至少购买了一种
C. 至少要购买 3 种乐器　　　　D. 古筝、二胡至少购买一种
E. 一定要购买唢呐

解析：
综合推理题型，可以用假设法，也可以用选项取非代入验证法。

1) 二难假设法。假设购买箫，则不购买笛子（条件Ⅳ），不购买二胡（条件Ⅰ），购买古筝（条件Ⅲ），对于唢呐无法判断；再假设不购买箫，则古筝唢呐都要购买（条件Ⅲ）；我们发现，无论是买箫还是不买箫，最后都推出一定要买古筝，根据二难推理性质，古筝一定要购买，这样 D 项"古筝、二胡至少购买一种"一定真。正确答案为 D。

思路分析：为什么我们从买箫开始假设呢？这种技巧可以通过训练得到，一般是假设充分条件的前件真开始推理，也可以通过否定充分条件的后件开始推理，还可以寻找几个条件里共同包含的某个概念开始推理（即出现频率最高的概念开始假设）。

2) 选项取非代入验证法。假设古筝、二胡都不买，就要买笛子（条件Ⅱ），这样由条件Ⅳ就不能买箫，但是根据条件Ⅲ却推出要买箫，这样产生矛盾，所以，假设不成立。D 必须正确。

(5) 某国大选在即，国际政治专家陈研究员预测选举结果：或者是甲党控制政府，或者是乙党控制政府。如果甲党赢得对政府的控制权，该国将出现经济问题；如果乙党赢得对政府的控制权，该国将陷入军事危机。

根据陈研究员的上述预测，可以得出以下哪项？（　　）

A. 该国将出现经济问题，或者将陷入军事危机
B. 如果该国陷入了军事危机，那么乙党赢得了对政府的控制权
C. 如果该国出现经济问题，那么甲党赢得了对政府的控制权
D. 该国可能不会出现经济问题，也不会陷入军事危机
E. 如果该国出现了经济问题并且陷入了军事危机，那么甲党与乙党均赢得了对政府

的控制权

解析：

考点：二难推理的复杂构成式思路。

如果甲党赢得对政府的控制权，该国将出现经济问题；如果乙党赢得对政府的控制权，该国将陷入军事危机。或者是甲党控制政府，或者乙党控制政府，推出：或者出现经济问题，或者陷入军事危机。A 项一定真。

四、必考题型训练

（一）寻找矛盾与等价命题

（1）对于上市公司而言，有分红的企业才能发行新的股票。可是，如果一个企业有分红，那它就不需要资金；如果它需要融资，就没有办法分红。

如果以上陈述为真，以下哪项陈述不可能为假？（　　）

A. 一个上市公司不需要融资，或者没有办法分红

B. 一个上市公司需要融资，或者是没有分红的企业

C. 一个上市公司不需要发行新股票，或者不是有分红的企业

D. 一个上市公司融资的唯一渠道是发行新股票

E. 如果一个企业没有分红，那说明她是需要资金的

（2）对于上市公司而言，有分红的企业才能发行新的股票。可是，如果一个企业有分红，那它就不需要资金。如果它需要融资，就没有办法分红。

如果以上陈述为真，以下哪项陈述不可能为真？（　　）

A. 一个上市公司需要融资，而且没有办法分红

B. 一个上市公司不是需要融资，就是没有办法分红

C. 一个上市公司不需要融资，就一定会分红

D. 一个上市公司既需要融资，也有办法分红

E. 如果一个企业没有分红，那说明它是需要资金的

（3）如果高级管理者本人不参与经营政策的制定，企业最后确定的经营政策就不会成功。另外，如果有更多的管理者参与经营政策的制定，告诉企业他们认为重要的经营政策，企业最后确定的经营政策将更加有效。

以上陈述如果为真，以下哪些陈述不可能为假？（　　）

A. 除非有更多的管理者参与经营政策的制定，否则，企业最后确定的经营政策不会成功

B. 或者高级管理者本人参与经营政策的制定，或者企业最后确定的经营政策不会成功

C. 如果高级管理者本人参与经营政策的制定，企业最后确定的经营政策就会成功

D. 如果有更多的管理者参与经营政策的制定，企业最后制定的经营政策会更加有效

E. 如果企业最后确定的经营政策没有成功，说明高级管理者没有参与经营政策的制定

（二）推出结论与补充前提

（4）东山市威达建材广场每家商店的门边都设有垃圾桶。这些垃圾筒的颜色是绿色或红色。

如果上述断定为真，则以下哪项一定为真？（　　）

Ⅰ．东山市有一些垃圾筒是绿色的。

Ⅱ．如果东山市的一家商店门边没有垃圾筒，那么这家商店不在威达建材广场。

Ⅲ．如果东山市的一家商店门边有一个红色垃圾筒，那么这家商店是威达建材广场。

A. 只有Ⅰ　　　　B. 只有Ⅱ　　　　C. 只有Ⅰ和Ⅱ　　　　D. 只有Ⅰ和Ⅲ

E. Ⅰ、Ⅱ和Ⅲ

（5）某个智能研究所目前只有三种试验机器人A、B和C。A不能识别颜色，B不能识别形状，C既不能识别颜色也不能识别形状。智能研究所的大多数实验室里都要做识别颜色和识别形状的试验。

如果以上陈述为真，以下哪项陈述一定为假？（　　）

A. 半数实验室里只有机器人A和B

B. 这个智能研究所正在开发的是实验机器人

C. 有的实验室还做其他实验

D. 半数实验室只有机器人A和C

E. 有的实验室里三种机器人都有

（6）只要小王能评上教授，同时老雷没有评上研究员，大李一定会评上教授。

如果以上判断为真，那么，加上以下哪项为前提，则可得出老雷评上研究员的结论？（　　）

A. 小王和大李都评上了教授

B. 小王评上了教授，大李没有评上教授

C. 小王没有评上教授，大李评上了教授

D. 肯定有人没参加职称评定

E. 小王没有评上教授，大李也没有评上研究员

（7）如果小张考试及格并且大田考试不及格，则小娜考试一定不及格。

如果以上命题是真的，那么再加上什么前提，可以得出结论：大田考试及格了？（　　）

A. 小张考试及格而大田考试不及格　　　　B. 小张与小娜考试都不及格

C. 有人没参加考试　　　　D. 小张考试不及格而小娜考试及格

E. 小张与小娜考试都及格了

（8）如果品学兼优，就能获得奖学金。

假设以下哪项，能依据上述断定得出结论：李桐学习欠优？（　　）

A. 李桐品行优秀，但未获得奖学金　　　　B. 李桐品行优秀，并且获得了奖学金

C. 李桐品行欠优，未获得奖学金　　　　D. 李桐品行欠优，但获得了奖学金

E. 李桐并非品学兼优。

（9）某篮球队教练规定，如果1号上场，而且3号队员没有上场，那么，5号与7号

队员中至少要有一人上场。

如果教练的规定被贯彻执行了，1号队员没有上场的充分条件是（　　）。

A. 3号队员上场，5号和7号队员没上场

B. 3号队员没上场，5号和7号队员上场

C. 3号、5号和7号队员都没上场

D. 3号、5号和7号队员都上场了

E. 3号和5号队员上场，7号队员没上场

（10）当化学药剂 VIANZONE 添加到任何透明的含有氯化钠的溶液中，溶液会变浑浊；当化学药剂 VIANZONE 添加到含有硝酸钾的透明溶液中，溶液会变浑浊；但是化学药剂 VIANZONE 不会改变含有苯的溶液。在一个试验中，化学药剂 VIANZONE 被添加到一种透明溶液中，溶液仍然保持透明。

根据以上实验，可以推断出以下哪项为真？（　　）

A. 透明溶液含有硝酸钾　　　　　　B. 透明溶液含有氯化钠和苯

C. 透明溶液不含有苯　　　　　　　D. 透明溶液既不含有硝酸钾也不含有苯

E. 透明溶液不含有氯化钠

（三）真假话题型

（11）中超足球联赛开赛前，国安队甲、乙、丙、丁4名队员在一起议论本俱乐部球员的转会申请情况。

甲说："咱们俱乐部所有球员都已递交了转会申请。"

乙说："如果大刘递交了转会申请，那么小王就没递交申请。"

丙说："大刘递交了转会申请。"

丁说："咱们俱乐部有的球员没有递交转会申请。"

已知4人中只有一人说假话，则可推出以下哪项结论？（　　）

A. 甲说假话，大刘没递交申请　　　B. 甲说假话，小王没递交申请

C. 乙说假话，小王没递交申请　　　D. 丁说假话，小王递交了申请

E. 丙说假话，大刘没递交申请

（12）某刑事案件，甲、乙、丙、丁4人涉嫌被拘审。4人的口供如下：

甲：案犯是丙。

乙：丁是罪犯。

丙：如果我作案，那么丁是主谋。

丁：作案的不是我。

4人的口供中只有一个是假的。

如果上述断定为真，那么以下哪项是真的？（　　）

A. 说假话的是甲，作案的是乙　　　B. 说假话的是丁，作案的是丙和丁

C. 说假话的是乙，作案的是丙　　　D. 说假话的是丙，作案的也是丙

E. 说假话的是甲，作案的也是甲

（四）二难推理型

（13）小李考上了清华，或者小孙未考上北大。如果小张考上北大，则小孙也考上北

大；如果小张未考上北大，则小李考上了清华。

如果上述断定为真，则以下哪项一定为真？（　　）

A. 小李考上了清华　　　　　　B. 小张考上了北大

C. 小李未考上清华　　　　　　D. 小张未考上北大

E. 以上断定都不一定为真

（14）在恐龙灭绝6500万年后的今天，地球正面临着又一次物种大规模灭绝的危机。截至20世纪末，全球大约有20%的物种灭绝。现在，大熊猫、西伯利亚虎、北美玳瑁、巴西红木等许多珍稀物种面临着灭绝的危险。有3位学者对此作了预测。

学者1：如果大熊猫灭绝，则西伯利亚虎也将灭绝；

学者2：如果北美玳瑁灭绝，则巴西红木不会灭绝；

学者3：或者北美玳瑁灭绝，或者西伯利亚虎不会灭绝；

如果3位学者的预测都为真，则以下哪项一定为假？（　　）

A. 大熊猫和北美玳瑁都将灭绝

B. 巴西红木将灭绝，西伯利亚虎不会灭绝

C. 大熊猫和巴西红木都将灭绝

D. 大熊猫将灭绝，巴西红木不会灭绝

E. 巴西红木将灭绝，大熊猫不会灭绝

（15）在潮湿的气候中仙人掌很难成活；在寒冷的气候中柑橘很难生长。在某省的大部分地区，仙人掌和柑橘至少有一种不难成活生长。

如果上述断定为真，则以下哪项一定为假？（　　）

A. 该省的一半地区，既潮湿又寒冷　　B. 该省的大部分地区炎热

C. 该省的大部分地区潮湿　　　　　　D. 该省的某些地区既不寒冷也不潮湿

E. 柑橘在该省的所有地区都无法生长

（16）第12届国际逻辑学、方法论和科学哲学大会在西班牙举行，哈克教授、马斯教授和雷格教授中至少有一人参加了这次大会。已知：

Ⅰ. 报名参加大会的人必须提交一篇英文学术论文，经专家审查后才会发出邀请函。

Ⅱ. 如果哈克教授参加这次大会，那么马斯教授一定参加。

Ⅲ. 雷格教授向大会提交了一篇德文的学术论文。

根据以上情况，以下哪项一定为真？（　　）

A. 哈克教授参加了这次大会

B. 马斯教授参加了这次大会

C. 雷格教授参加了这次大会

D. 哈克教授和马斯教授都参加了这次大会

E. 马斯和雷格教授都参加了这次大会

（17）淮州市的发展前景不容乐观，它的发展依赖于工业，工业为居民提供岗位和工资，而它的自然环境则取决于消除工业污染，工业污染危及到它的空气、水和建筑。不幸的是，它的工业不可避免地产生污染。

如果以上所说都是真的，则它们最有力地支持下面哪项陈述？（　　）

A. 淮州的生活质量只取决于它的经济增长和自然生存环境
B. 淮州市一定会遇到经济发展停滞或自然环境恶化的问题
C. 近年来淮州的经济环境已经恶化
D. 淮州市空气、水和建筑物的污染主要是化工企业造成的
E. 淮州市的污染将不可避免

（18）某银行保险柜被撬，巨额现金和证券失窃。警察局经过侦破，拘捕了三名重大的嫌疑犯：施辛格、赖普顿和安杰士。通过审讯，查明了以下的事实：

Ⅰ. 保险柜是用专门的作案工具撬开的，使用这种工具必须受过专门的训练。
Ⅱ. 只有施辛格作案，安杰士才作案。
Ⅲ. 赖普顿没有受过使用作案工具的专门训练。
Ⅳ. 罪犯就是这3个人中的一个或一伙。

以下的结论，哪个是正确的？（　　）

A. 施辛格是罪犯，赖普顿和安杰士情况不明
B. 施辛格和赖普顿是罪犯，安杰士情况不明
C. 安杰士是罪犯，施辛格和赖普顿情况不明
D. 赖普顿是罪犯，施辛格和安杰士情况不明
E. 施辛格、赖普顿和安杰士都是罪犯

（19）媒体上最近充斥着相关某名人的八卦新闻，这使该名人陷入一种尴尬的境地：如果她不出面做澄清和反驳，那些谣言就会被大众信以为真；如果她出面做澄清和反驳，反而会引出更多人的关注，使那些八卦新闻传播得更快更广。这也许就是当名人不得不付出的代价吧。

如果题干中的陈述为真，则下面哪一项必定为真？（　　）

A. 该名人实际上无法阻止那些八卦新闻对她个人声誉的损害
B. 一位名人的声誉不会受媒体上八卦新闻的影响
C. 在面对八卦新闻时，该名人所能采取的最好策略就是澄清真相
D. 该名人的一些朋友出面夸奖她，反而会起反效果

（五）假言命题解题方法综合训练

（20）大李和小王是某报新闻部的编辑。该报总编计划从新闻部抽调人员到经济部。
总编决定：未经大李和小王本人同意，将不调动两人。
大李告诉总编："我不同意调动，除非我知道小王是否调动"。
小王说："除非我知道大李是否调动，否则我不同意调动"。
如果上述3人坚持各自的决定，则可推出以下哪项结论？（　　）

A. 两人都不可能调动
B. 两人都可能调动
C. 两人至少有一人可能调动，但不可能两人都调动
D. 要么两人都调动，要么两人都不调动
E. 题干的条件推不出关于两人调动的确定结论

（21）柏拉图学园的门口竖着一块牌子"不懂几何者不得入内。"这天，来了一群人，

他们都是懂几何的人。

如果牌子上的话得到准确的理解和严格的执行,那么以下几句话中,只有一句是真的。这句真话是(   )。

　　A. 他们可能不会被允许进入　　　B. 他们一定不会允许被进入
　　C. 他们一定会被允许进入　　　　D. 他们不可能被允许进入
　　E. 他们不可能不被允许进入

(22) 除非年龄在 50 岁以下,并且能持续游泳 3000 米以上,否则不能参加下个月举行的花样横渡长江活动。同时,高血压和心脏病患者不能参加。老黄能持续游泳 3000 米以上,但没被批准参加这项活动。

以上断定能推出以下哪项结论?(   )

Ⅰ. 老黄的年龄至少 50 岁。
Ⅱ. 老黄患有高血压。
Ⅲ. 老黄患有心脏病。

　　A. 只有Ⅰ　　　　　　　　　　　B. 只有Ⅱ
　　C. 只有Ⅲ　　　　　　　　　　　D. Ⅰ、Ⅱ 和 Ⅲ至少一个
　　E. Ⅰ、Ⅱ和Ⅲ都不能从题干推出

(23) 如果一个学校的大多数学生都具备足够的文学欣赏水平和道德自律意识,那么,像《红粉梦》和《演艺十八钗》这样的出版物就不可能成为在该校学生中销售最多的书。去年在 H 学院,《演艺十八钗》的销售量仅次于《红粉梦》。

如果上述断定为真,则以下哪项一定为真?(   )

Ⅰ. 去年 H 学院的大多数学生都购买了《红粉梦》或《演艺十八钗》。
Ⅱ. H 学院的大多数学生既不具备足够的文学欣赏水平,也不具备足够的道德自律意识。
Ⅲ. H 学院至少有些学生不具备足够的文学欣赏水平,或者不具备足够的道德自律意识。

　　A. 只有Ⅰ　　　B. 只有Ⅱ　　　C. 只有Ⅲ　　　D. Ⅱ和Ⅲ
　　E. Ⅰ、Ⅱ和Ⅲ

(24) 中国要拥有一流的国家实力,必须有一流的教育。只有拥有一流的国家实力,中国才能做出应有的国际贡献。

以下各项都符合题干的意思,除了(   )。

　　A. 中国难以做出应有的国际贡献,除非拥有一流的教育
　　B. 只要中国拥有一流的教育,就能做出应有的国际贡献
　　C. 如果中国拥有一流的国家实力,就不会没有一流的教育
　　D. 不能设想中国做出了应有的国际贡献,但缺乏一流的教育
　　E. 中国面临选择:或者放弃应尽的国际义务,或者创造一流的教育

(25) 经济学家:现在中央政府是按照 GDP 指标考量地方政府的政绩。要提高地方的GDP,需要大量资金。在现行体制下,地方政府只有通过转让土地才能筹集大量资金。要想高价拍卖土地,则房价必须高,因此地方政府有很强的推高房价的动力。但中央政府

已经出台一系列措施稳定房价，如果地方政府仍大力推高房价，则可能受到中央政府的责罚。

以下哪项陈述是这位经济学家论述的逻辑结论？（　　）

A. 在现行体制下，如果地方政府降低房价，则不会受到中央政府的责罚

B. 在现行体制下，如果地方政府不追究 GDP 政绩，则不会大力推高房价

C. 在现行体制下，地方政府肯定不会降低房价

D. 在现行体制下，地方政府可能受到中央政府的责罚，或者无法提高其 GDP 政绩

(26) 春天的兰花是美丽的，即使没有人欣赏它。

上述文字是对下列哪项的反驳？（　　）

A. 美丽只存在于每个人的眼中　　　B. 美丽是肤浅的

C. 味道是不可数的　　　D. 人们只能看见他们想看的

E. 人最大的快乐是对美丽的玷污

(27) 小王说：如果明天不下大雨，我一定去看足球比赛。

以下哪项为真，可以证明小王没有说真话？（　　）

Ⅰ. 天没下大雨，小王没去看足球赛。

Ⅱ. 天下大雨，小王去看了足球赛。

Ⅲ. 天下大雨，小王没去看足球赛。

A. 仅Ⅱ　　　B. 仅Ⅰ　　　C. 仅Ⅲ　　　D. 仅Ⅰ和Ⅱ

E. Ⅰ、Ⅱ和Ⅲ

(28) 英国牛津大学充满了一种自由讨论、自由辩论的气氛，质疑、挑战成为学术研究的常态。以至有这样的夸张说法：你若到过牛津大学，你就永远不可能再相信任何人所说的任何一句话了。

如果上面的陈述为真，以下哪项陈述必定为假？（　　）

A. 你若到过牛津大学，你就永远不可能再相信爱因斯坦所说的任何一句话

B. 你到过牛津大学，但你有时仍可能相信有些人所说的有些话

C. 你若到过牛津大学，你必然不再相信任何人所说的任何一句话

D. 你若到过牛津大学，你就必然不再相信有些人所说的有些话

(29) 美国射击选手埃蒙斯是赛场上的"倒霉蛋"。在 2004 年雅典奥运会男子步枪决赛中，他在领先对手 3 环的情况下将最后一发子弹打在别人靶上，失去了即将到手的奖牌。然而，他却得到美丽的捷克姑娘卡特琳娜的安慰、最后赢得了爱情。这真是应了一句俗语：如果赛场失意，那么情场得意。

如果这句俗语是真的，以下哪项陈述一定是假的？（　　）

A. 赛场和情场皆得意　　　B. 赛场和情场皆失意

C. 只有赛场失意，才会情场得意　　　D. 只有情场失意，才会赛场得意

E. 如果赛场失意，则情场不得意

(30) 中国民营企业家陈光标在四川汶川大地震发生后，率先带着人员和设备赶赴灾区实施民间救援。他曾经说过："如果你有一杯水，你可以独自享用；如果你有一桶水，你可以存放家中；如果你有一条河流，你就要学会与他人分享。"

以下哪项陈述与陈光标的断言发生了最严重的不一致？（   ）

A. 如果你没有一条河流，你就不必学会与他人分享

B. 我确实拥有一条河流，但它是我的，我为什么要学会与他人分享

C. 或者你没有一条河流，或者你要学会与他人分享

D. 如果你没有一桶水，你也不会拥有一条河流

E. 如果我有一条河，那么我就自己独自拥有它

(31) 桌上有四张卡片：A　B　4　7

以上 4 张卡片，一面是大写英文字母，另一面是阿拉伯数字。

主持人断定，如果一面是 A，则另一面是 4。

如果试图推翻主持人的断定，但只允许翻动以上的两张卡片，正确的选择是（   ）。

A. 翻动 A 和 4　　　　　　　　B. 翻动 A 和 7

C. 翻动 A 和 B　　　　　　　　D. 翻动 B 和 7

E. 翻动 B 和 4

(32) 捐助希望工程的动机，大都是社会责任感，但也有的是个人功利心，当然，出于社会责任感的行为，并不一定都不考虑个人功利。对希望工程的每一项捐款，都是利国利民的善举。

如果上述断定为真，以下哪项不可能为真？（   ）

A. 有的行为出于社会责任感，但不是利国利民的善举

B. 所有考虑个人功利的行为，都不是利国利民的善举

C. 有的出于社会责任的行为是善举

D. 有的行为虽然不是出于社会责任，但却是善举

E. 对希望工程的有些捐助，即不是出于社会责任感，也不是出于个人功利心，而是有其他原因，例如服从某种摊派

(33) 研究表明，在大学教室中，有 90% 的重度失眠者经常工作到凌晨 2 点。张宏是一名大学教师，而且经常工作到凌晨 2 点，所以，张宏很可能是一位重度失眠者。

以下哪项陈述最准确地指明了上文推理中的错误？（   ）

A. 它依赖一个未确证的假设：经常工作到凌晨 2 点的大学教师有 90% 是重度失眠者

B. 它没有考虑到这种情况：张宏有可能属于那些 10% 经常工作到凌晨 2 点而没有患重度失眠症的人

C. 它没有考虑到这种情况：除了经常工作到凌晨 2 点以外，还有其他导致大学教师重度失眠症的原因

D. 它依赖一个未确证的假设：经常工作到凌晨 2 点是人们患重度失眠症的唯一原因

(34) 许多人不了解自己，也不设法去了解自己。这样的人可能想了解别人，但此种愿望肯定落空，因为连自己都不了解的人不可能了解别人。由此可以得出结论：你要了解别人，首先要了解自己。

以下哪项对上述论证的评价是恰当的？（   ）

A. 上述论证所运用的推理是正确的

B. 上述论证有缺陷，因为它得出某种结果的必要条件当作充分条件

C. 上述论证有漏洞，因为它不当的假设：每个人都可以了解自己

D. 上述论证有漏洞，因为它忽视了这种可能性：了解自己比了解别人更困难

E. 上述论证有漏洞，因为它基于个别性的事实轻率概括出一般性的结论

（35）有些被公众认为是坏的行为往往有好的效果。只有产生好的效果，一个行为才是好的行为。因此，有些被公众认为是坏的行为其实是好的。

以下哪项最为恰当地概括了上述推理中存在的错误？（　　）

A. 不当的假设：如果a是b的必要条件，则a也是b的充分条件

B. 不当的假设：如果a不是b的必要条件，则a是b的充分条件

C. 不当的假设：如果a是b的必要条件，则a不是b的充分条件

D. 不当的假设：任何两个断定之间都存在条件关系

E. 不当的假设：任何两个断定之间都不存在条件关系

（36）一个善的行为，必须既有好的动机，又有好的效果。如果是有意伤害他人，或是无意伤害他人，但这种伤害的可能性是可以预见的，在这两种情况下，对他人造成伤害的行为都是恶的行为。

以下哪项叙述符合题干的断定？（　　）

A. P先生写了一封试图挑拨E先生与其女友之间关系的信。P的行为是恶的，尽管这封信起到了与他的动机截然相反的效果

B. 为了在新任领导面前表现自己，争夺一个晋升名额，J先生利用业余时间解决积压的医疗索赔案件，J的行为是善的，因为S小姐的医疗索赔请求因此得到了及时的补偿

C. 在上班途中，M女士把自己的早餐汉堡包给了街上的一个乞丐。乞丐由于急于吞咽而被意外地噎死了。所以，M女士无意中实施了一个恶的行为

D. 大雪过后，T先生帮邻居铲除了门前的积雪，但不小心在台阶上留下了冰。他的邻居因此摔了一跤。因此，一个善的行为导致了一个坏的结果

E. S女士义务帮邻居照看3岁的小孩。小孩在S女士不注意时跑到马路上结果被车撞了。尽管S女士无意伤害这个小孩，但她的行为还是恶的

（37）违法必究，但几乎看不到违反道德的行为受到惩罚，如果这成为一种常态，那么，民众就会失去道德约束。道德失控对社会稳定的威胁并不亚于法律失控。因此，为了维护社会的稳定，任何违反道德的行为都不能不受惩治。

以下哪项是对上述论证的评价最为恰当？（　　）

A. 上述论证是成立的

B. 上述论证有漏洞，它忽略了：有些违法行为并未受到追究

C. 上述论证有漏洞，它忽略了：有违法必究，推不出缺德必究

D. 上述论证有漏洞，它夸大了违反道德行为的社会危害性

E. 上述论证有漏洞，它忽略了：由否定"违反道德的行为都不受惩治"，推不出"违反道德的行为都要受惩治"

（38）一些人类学家认为，如果不具备应付各种自然环境的能力，人类在史前年代不可能幸存下来。然而相当多的证据表明，阿法种南猿，一种与早期人类有关的史前物种，在各种自然环境中顽强生存的能力并不亚于史前人类，但最终灭绝了。因此，人类学家的

上述观点是错误的。

上述推理的漏洞也类似地出现在以下哪项中？（　　）

A. 大张认识到赌博是有害的，但就是改不掉。因此，"不认识错误就不能改正错误"这一断定是不成立的

B. 已经找到了证明造成艾克矿难是操作失误的证据。因此，关于艾克矿难起因于设备老化，年久失修的猜测是不成立的

C. 大李图便宜，买了双旅游鞋，穿不了几天就坏了。因此，怀疑"便宜无好货"是没道理的

D. 既然不怀疑小赵可能考上大学，那就没有理由担心小赵可能考不上大学

E. 既然怀疑小赵一定能考上大学，那就没有理由怀疑小赵一定考不上大学

（39）甲、乙、丙3人讨论"不劳动者不得食"这句话的含义。

甲：得食者一定是劳动者。

乙：只有劳动者才能得食。

丙：劳动者都能得食。

谁的话是正确的？（　　）

A. 甲和乙　　　　B. 甲和丙　　　　C. 乙和丙　　　　D. 乙

E. 3个人都正确

（40）父亲对儿子说："你只有努力学习，才能考上重点大学。"

后来可能发生的情况是（　　）。

Ⅰ. 儿子努力了，没有考上重点大学。

Ⅱ. 儿子没努力，考上了重点大学。

Ⅲ. 儿子没努力，没有考上重点大学。

Ⅳ. 儿子努力了，考上了重点大学。

发生哪几种情况时，父亲说的话没有错误？（　　）

A. 仅Ⅳ　　　　B. 仅Ⅲ和Ⅳ　　　　C. 仅Ⅱ和Ⅳ　　　　D. 仅Ⅱ、Ⅲ和Ⅳ

E. 仅Ⅰ、Ⅲ和Ⅳ

（41）生活节俭应当成为选拔国家干部的标准。一个不懂得节俭的人，怎么能尽职地为百姓当家理财呢？

以下各项都符合题干的断定，除了（　　）。

A. 一个生活节俭的人，一定能成为称职的国家干部

B. 只有生活节俭，才能尽职地为社会服务

C. 一个称职的国家干部，一定是一个生活节俭的人

D. 除非生活节俭，否则不能成为称职的国家干部

E. 不存在生活不节俭却又称职的国家干部

（42）孔子说："己所不欲，勿施于人。"

下面哪一个选项不是上面这句话的逻辑推论？（　　）

A. 只有己所欲，才能施于人　　　　B. 若己所欲，则施于人

C. 除非己所欲，否则不施于人　　　　D. 凡施于人的都应该是己所欲的

E. 或者"己所欲",或者"勿施于人"

(43)哈里先生一定是公司的高级职员,他总是打着领带上班。

以上结论是以下述哪项前提作为依据的?(　　)

A. 如果一位男士晋升为公司高级职员,就会在穿着方面特别注意,领带自然是必不可少的

B. 所有公司的高级职员都被要求打领带上班

C. 除非成为公司高级职员,男士们都不会打领带

D. 公司有规定,男士上班打领带,穿正装

E. 不打领带的男士,不可能成为公司的高级职员

(44)这几年参加注册会计师的人数越来越多了,可以说,所有想从事会计工作的人都想要获得注册会计师证书。小朱也想获得注册会计师证书,所以,小朱一定是想从事会计工作。

以下哪项如果是真的,最能加强上述论述?(　　)

A. 目前越来越多的从事会计工作的人具有了注册会计师证书

B. 不想获得注册会计师证书,就不是一个好的会计工作者

C. 只有想获得注册会计师证书的人,才有资格从事会计工作

D. 只有想从事会计工作的人,才想获得注册会计师证书

E. 想要获得注册会计师证书,一定要对会计理论非常熟悉

(45)如果王教授是博士生导师,又带领学生在10个以上城市进行过社会调查,则他一定是经济学教授或社会学教授。

这个断定可以根据以下哪项作出?(　　)

A. 每个经济学教授都带领学生在10个以上城市进行过社会调查

B. 除经济学教授和社会教授外,其他博士生导师最多在5个城市进行过调查

C. 自然科学类的教授不进行社会调查

D. 经济学教授和社会学教授还带领学生到农村进行社会调查

E. 王教授进行社会调查的足迹遍布全国大多数城市

(46)如果王教授是历史学家,又深入研究过夏、商、周三代的历史,则他一定是中国的历史学家。

这个断定是根据以下哪项作出的?(　　)

A. 王教授不但研究过中国历史,也研究过外国历史

B. 历史学家不可能深入研究中国的全部历史

C. 大多数历史学家对于中国历史的研究都是秦朝以后的

D. 历史学家中只有中国的历史学家才会深入研究夏代历史

E. 有少数外国历史学家也简单地了解过夏、商、周三代的历史

(47)一个优秀的领导人是不会脱离群众的。所以,如果一个领导人脱离群众,他就不是一个能够得到大多数群众拥护的人。

以下哪项与上面的议论方式最相似?(　　)

A. 许多领导人是脱离群众的人。如果他脱离群众,则是一个领导人

B. 所有电脑都需要安装相应的软件才能运行某种程序。因此，如果电脑没有安装相应的软件，则这个程序就不会运行

C. 所有孩子都喜欢与他人进行游戏活动。如果幼儿园多安排一些孩子之间的游戏活动，那么一定会受到家长的好评

D. 这道题在5分钟内答不完。要是谁在5分钟内答完，他就不是一个死记硬背的学员

E. 凡是想成为优秀的会计师的人都想获得会计硕士学位。刘涛想攻读会计硕士学位，因而，刘涛想成为优秀的会计师

(48) 大多数喝酒过量的人都会感到头疼，如果小王不喝酒过量，他可能不会头疼。
上述推理与下列哪项相似？（　　）

A. 大多数灰狗都很容易训练，所以小王训练他新买的那条狗肯定没问题

B. 大多数国产车都很差，这辆车做得好，所以它可能不是国产的

C. 大多数名演员表演的都很好，因为老高不是名演员，所以他可能演的不好

D. 大多数工程师都在学校里面学习了很多年，所以老刘可能是一个工程师，因为他在学校里学习了很多年

E. 所有已知的历史社会都有明确的社会等级，所以一个无等级的社会是绝对没有的

(49) 一个国家要发展，最重要的是保持稳定。一旦失去稳定，经济的发展，政治的改革就失去了可行性。
上述议论的结构和以下哪项的结构最不类似？（　　）

A. 一个饭店，最重要的是让顾客感到饭菜好吃。价格的合理，服务的周到，环境的优雅，只有在顾客吃得满意的情况下才有意义

B. 一个人，最要紧的是不能穷。一旦没钱，有学问，有相貌，有品行，又能有什么用呢

C. 高等院校，即使是研究型的高等院校，其首要任务是培养学生。这一任务完成得不好，校园再漂亮，设施再先进，发表的论文再多，也是没有意义的

D. 对于文艺作品来说，最重要的是它的可读性和观赏性。只要有足够多的读者，高质量的文艺作品就一定能实现它的社会效益和经济效益

E. 一个品牌要能长期占领市场，最重要的是产品质量。一个产品如果质量不过关，广告或包装再讲究，也不能使它长期占领市场

(50) 某学院行政管理专业本科的两个班，一班学生的学习成绩一般要比二班的学生好很多，田丰来自该学院的行政管理专业，他研究生第一年的学习成绩是专业第一，并且遥遥领先，因此，他原来肯定是一班的。
以下哪项与题干的论证方式最为类似？（　　）

A. 男性一般要比女性坚强，王强是男经理，因此，他一定要比女经理坚强

B. 在其他条件相近的情况下，如果一个人有好的人脉，就能在商界取得更多的成就。王伟在商界取得了出色的成就。因此王伟有最好的人脉

C. 儿童的心理教育比成年人要更坚强。张燕是从事成人教育工作的，因此，她的水平一定不如从事儿童心理教育的人

D. 在球类运动中，篮球队员一般要比足球队员高，阎林在球员中是最高的，所以他一定是篮球运动员

E. 如果天下雨，则地就会湿。现在地没有湿，所以没有下雨

参考答案：

(1) A　(2) D　(3) B　(4) B　(5) D　(6) B　(7) E　(8) A　(9) C
(10) E　(11) B　(12) B　(13) A　(14) C　(15) A　(16) B　(17) B
(18) A　(19) A　(20) A　(21) A　(22) E　(23) C　(24) B　(25) D
(26) A　(27) B　(28) B　(29) B　(30) B　(31) B　(32) B　(33) A
(34) A　(35) A　(36) E　(37) E　(38) A　(39) A　(40) E　(41) A
(42) B　(43) C　(44) D　(45) B　(46) D　(47) B　(48) C　(49) D
(50) D

第八章 逻辑规律

本章并没有什么新内容，它只不过把前面我们所学的知识进行了总结。对于应试来讲，只需要明白解题的思路，而不必去背诵逻辑规律的具体内容。

一般来说，逻辑规律有3种：同一律、矛盾律与排中律。和这些相关的逻辑试题已经在前面训练过了，比如："有些S是P"和"有些S不是P"，根据排中律的内容，这两个命题不可能都是假的，必有一个是真的。

建议：可以直接跳过基础知识的讲解去做类型化训练题。

一、基本理论基础

（一）同一律

在同一思维过程[指在同一时间、同一关系（或方面）下对于同一对象而言]中，每一思想其自身都具有同一性。

同一律的本质内容在于强调思想的同一性。

同一律的公式：A 是 A

在具体的语言环境中，任何一个概念都有其自身确定的内涵与外延；任何一个命题也都有其确定的命题内容。同一律是指在同一思维过程中同一个概念或同一个命题必须和自身保持同一。具体地说，这个要求包括两个方面的内容：第一，在同一思维过程中，每个思想都必须是确定的；第二，在同一思维过程中，每个思想的前后应当保持一致。

推理和论证是由概念与命题组成的。同一律在推理和论证中具有普遍有效性，任何一个论证中都必须遵守同一律的要求。下面来看看两个例子：

例1：鲁迅的小说都是很难懂的，《狂人日记》是鲁迅的小说，所以，《狂人日记》是很难懂的。

这个推理无疑是正确的。因为联系两个前提的中项"鲁迅的小说"在两句话中的意思是一样的。在"鲁迅的小说都是很难懂的"这个命题中，"鲁迅的小说"指的是"每一部鲁迅写的小说"，即：只要拥有"鲁迅写"这个属性，就具有"难懂"这个属性。

例2：鲁迅的小说不是一天能够读完的，《狂人日记》是鲁迅的小说，所以，《狂人日记》不是一天能够读完的。

这个推理是错误的。因为，在"鲁迅的小说不是一天能够读完的"这个命题中，"鲁迅的小说"是集合概念，"不是一天能够读完的"这个属性并不是每一个鲁迅的小说都具有的，而仅仅是集体才具有的属性，所以不能推及到个体。这个推理就违反了同一律，犯了"偷换概念"的错误。

违反同一律要求的逻辑错误主要有："混淆概念"或"偷换概念"，"转移论题"或"偷换论题"的错误。

换句话说，同一律要求在同一思维过程中，在什么意义上使用某个概念（命题），就自始至终在这个确定的意义上使用这个概念（命题）。

同一律在生活中非常有用，违背同一律的错误也是随处可见。很多的脑筋急转弯就是利用违背同一律来达到的。

对于广大考生来说，就是要抓住题干论证中的关键概念，不要被一些似是而非的概念给迷惑了。

下面来看一个故事。

鲁迅在《且介亭杂文末编·半夏小集》里有一段对话：

甲：乙，我们当你是可靠的好人，所以几种关系革命的事情都没有瞒了你，你怎么竟向敌人告密去了？

乙：岂有此理！怎么是告密！我说出来，是因为他们问了我呀。

甲：你不能推说不知道吗？

乙：什么话！我一生没有说过谎，我不是这种靠不住的人！

解析：

在特定的语境里，一个概念的涵义是确定的。甲所说的"可靠"，是指一个人立场坚定，绝不会把革命队伍内部的机密向敌人泄露。乙故意地把它偷换为一个人"从来不说谎话"（包括"向敌人说实话"），以此为自己的背叛行为作辩护。这是肆意违背同一律关于在同一论证同一思想中应用的概念要有确定性的要求。

以文过饰非、混淆视听的，甚至是美丽动听的言语，去掩盖丑陋之事，这是一种常见的伎俩。语言是表达思想的工具，不可随便改变其意思。若言语世界与现实世界脱了节，则言语一无是处。让我们记住伏尔泰的一句名言："所谓神圣的罗马帝国，实质上既不神圣，亦不在罗马，更不是一个帝国。"

（二）矛盾律与排中律

逻辑学上的矛盾律与排中律是有区别的，也各自有着自己的规则，但在管理类综合能力逻辑试题中，主要考真话假话题。

1. 矛盾律

矛盾律的内容：在同一思维过程中，两个互相反对或互相矛盾的思想不能同时都真，其中必有一假（这里的思想指命题）。

矛盾律的公式：并非"A 且非 A"

用符号可表示为：$\neg (A \wedge \neg A)$

矛盾律的基本要求：在同一思维过程中必须保持思维的无矛盾性。即凡在思维中出现 A 与非 A 同时成立的情况，就违反了矛盾律，出现了逻辑矛盾。矛盾律不允许在思维过程中出现自相矛盾，所以，也称不矛盾律。

违反矛盾律的逻辑错误称为"自相矛盾"，具体表现如下。

（1）用矛盾概念或反对概念组成一个复杂概念去反映同一对象，这是不能成立的。

例如，在同一个标准下，我们不能用"聪明的糊涂人"去反映同一个人；不能用"方的圆"去反映同一个几何图形。

（2）在命题中隐含有矛盾概念或反对概念，并用以说明同一对象，这也是不能成立的。

例如："那次战争对他们来说既是正义的，又是非正义的"。这就违背了矛盾律。当然，在日常语言中，我们有时候会说："这个人既是男人又不是男人"。实际上使用了不同的标准，"男人"这个概念的内涵与外延在变化，前者指的是"生理意义上的男人"，后者指的是"社会学意义上的男人"，违背了同一律。当然，在具体的、特殊的语言环境里，它还是可以说的。请注意，矛盾律只排除逻辑矛盾，并不否认客观矛盾。

（3）在同一思想过程中，矛盾命题或反对命题同样是不能同时成立的。

例如："所有的 S 都是 P"与"所有的 S 都不是 P"为反对关系，不能同真，但可能同假。所以，如果已知其中一个命题为真，则另一个命题为假。如果已知其中一个命题为假，则另一个命题真假不确定。

常见的矛盾关系的命题有：

"所有 S 都是 P"与"有些 S 不是 P"。

"所有 S 都不是 P"与"有些是 P"。

"P 且 Q"与"非 P 或非 Q"。

"P 或 Q"与"非 P 且非 Q"。

"如果 P，则 Q"与"P 且非 Q"。

"只有 P，才 Q"与"非 P 且 Q"。

"必然 P"与"可能非 P"。

2. 排中律

排中律的内容：在同一思维过程中对互相矛盾的思想（命题）不能都假，其中必有一真。由于下反对关系的两个命题不能同假，可以同真，因此，两个具有下反对关系的命题实际上也受排中律制约。

排中律的公式：A 或者非 A

用符号表示：$A \vee \neg A$

注意：这些基本理论完全可以不用背诵。记住上面几对矛盾关系，然后通过做题掌握技巧即可。

例如："有的 S 是 P"与"有的 S 不是 P"为下反对关系，两者可能同真，不可同假。也就是说，这两个命题至少有一个为真。如果已知其中一个为假，则剩下的那个必定为真。但如果已知一个为真，则另一个真假不能确定。排中律的要求就是互相为矛盾关系的命题或者互相为下反对关系的命题，不能同假，必有一真。

在一次对全省小煤矿的安全检查后，甲、乙、丙 3 个安检人员有如下结论：

甲：有小煤矿存在安全隐患。

乙：有小煤矿不存在安全隐患。

丙：大运和宏通两个小煤矿不存在安全隐患。

如果上述 3 个结论只有一个正确，则以下哪项一定为真？（　　）

A. 大运和宏通煤矿都不存在安全隐患

B. 大运和宏通煤矿都存在安全隐患

C. 大运存在安全隐患，但宏通不存在安全隐患

D. 大运不存在安全隐患，但宏通存在安全隐患

E. 上述断定都不一定为真

解析：

根据已知条件，三句话只有一句为真，且发现甲、乙的话为下反对关系，必有一真，所以，丙的话一定为假。得出：大运和宏通两个小煤矿至少有一个存在安全隐患。由此可知，甲的话为真。现已知只有一句话为真，所以，乙为假。则其矛盾命题"所有的小煤矿都存在安全隐患"为真。所以，正确答案为B。

也可以寻找包含关系通过假设代入法进行解题，假设丙的话为真，则乙的话一定真，这样就有两个命题真，与已知条件只有一个正确相矛盾，所以假设丙的话真不能成立，说明丙的话为假话。丙假，推出至少存在一个小煤矿有安全隐患；由此可以推出甲的话为真，根据已知条件只有一个正确，则乙的话为假话；由乙的话假，可以推理得出乙的矛盾命题"所有小煤矿都存在安全隐患"为真。正确答案为B。

提醒：

这些基本理论完全可以不用背诵。记住几对矛盾关系，然后通过做题掌握技巧。

逻辑规律在管理类入学试题中的表现多为真话假话题。真话假话题一般来说是先寻找互为矛盾关系的命题，因为矛盾关系的命题必为一真一假；如果找不到矛盾关系的命题，则应该寻找包含关系的命题来进行假设反证。例如：

下面两个命题有且只有一个命题为真，请问哪个命题为真？

（1）有些人自私。

（2）小明自私。

假如（2）为真，则（1）也为真，则和已知条件"有且只有一个命题为真"发生矛盾，所以，（2）一定为假；（1）一定为真。

类似的包含关系有：

命题"P"与命题"P或者Q"。

命题"P且Q"与"命题P"。

命题"非P"与命题"如果P，则Q"。

命题"Q"与命题"如果P，则Q"。

命题"P"与命题"只有P，才Q"。

命题"非Q"与命题"只有P，才Q"。

命题"所有S都是P"与命题"有些S是P"。

命题"所有S都不是P"与命题"有些S不是P"。

命题"这个S是P"与命题"有些S是P"。

命题"这个S不是P"与命题"有些S不是P"。

命题"必然P"与命题"P"。

命题"P"与命题"可能P"。

以上几组命题之间均为：当假设前者命题为真，则后面的命题一定为真；如果后面的命题为假，则前者命题一定为假。

二、逻辑规律解题方法基本功精讲

（1）2010年上海世博会盛况空前，200多个国家场馆和企业主题馆让人目不暇接。大学生王刚决定在学校放暑假的第二天前往世博会参观。前一天晚上，他特别上网查看了各位网友对热门场馆选择的建议，其中最吸引王刚的有3条：

Ⅰ. 如果参观沙特馆，就不参观石油馆。

Ⅱ. 石油馆和中国国家馆择一参观。

Ⅲ. 中国国家馆和石油馆不都参观。

实际上，第二天王刚的世博会行程非常紧凑，他没有接受上述3条建议中的任何1条。关于王刚所参观的热门场馆，以下哪项描述正确？（　　）

A. 参观沙特馆、石油馆，没有参观中国国家馆

B. 沙特馆、石油馆、中国国家馆都参观了

C. 沙特馆、石油馆、中国国家馆都没有参观

D. 没有参观沙特馆，参观石油馆和中国国家馆

E. 没有参观石油馆，参加沙特馆、中国国家馆

解析：

考点：充分条件假言命题"如果P，那么Q"的矛盾命题"P且非Q"；"要么……要么"的矛盾命题；"或者……或者"的矛盾。语言理解。

根据Ⅰ为假可知其矛盾命题"参观了沙特馆且参观了石油馆"为真。再根据Ⅲ为假推出其矛盾命题中国国家馆和石油馆都参观了。因此王刚参观了沙特馆、石油馆以及中国国家馆。所以，正确答案为B。

(2) 某集团公司有4个部门，分别生产冰箱、彩电、电脑和手机。根据前3个季度的数据统计，4个部门经理对2010年全年的赢利情况作了如下预测：

冰箱部门经理：今年手机部门会赢利。

彩电部门经理：如果冰箱部门今年赢利，那么彩电部门就不会赢利。

电脑部门经理：如果手机部门今年没赢利，那么电脑部门也没赢利。

手机部门经理：今年冰箱和彩电部门都会赢利。

全年数据统计完成后，发现上述4个预测只有一个符合事实。

关于该公司各部门的全年赢利情况，以下除哪项外，均可能为真？（　　）

A. 彩电部门赢利，冰箱部门没赢利

B. 冰箱部门赢利，电脑部门没赢利

C. 电脑部门赢利，彩电部门没赢利

D. 冰箱部门和彩电部门都没赢利

E. 冰箱部门和电脑部门都赢利

解析：

试题为标准的真话假话题。一般先寻找已知条件中的互为矛盾关系的命题，如果找不到，再寻找有相同部分的两个命题来假设。

我们发现，彩电部门经理的话为一个充分条件假言命题，他和手机部门经理的话正好构成了矛盾关系（原理："如果P，那么Q"与"P且非Q"为矛盾关系的命题），矛盾关系的命题正好一真一假，所以，这两句话中有一句真，一句假。在根据已知条件"发现上述4个预测只有一个符合事实"，得知：冰箱部门经理与电脑部门经理的话都是错误的。

既然电脑部门经理的话为假，则其矛盾命题"手机部门没有盈利，且电脑部门盈利"为真，得出："电脑部门盈利"为真，而选项 B 为一个联言命题，现其后半部分为假，则整个联言命题为假，故选项 B 不可能为真，为正确答案。

（3）临江市地处东部沿海，下辖临东、临西、江南、江北 4 个区，近年来，文化旅游产业成为该市的经济增长点。2010 年，该市一共吸引全国数十万人次游客前来参观旅游。12 月底，关于该市 4 个区吸引游客人数多少的排名，各位旅游局长作了如下预测：

临东区旅游局长：如果临西区第三，那么江北区第四。
临西区旅游局长：只有临西区不是第一，江南区才是第二。
江南区旅游局长：江南区不是第二。
江北区旅游局长：江北区第四。

最终的统计表明，只有一位局长的预测符合事实，则临东区当年吸引游客人次的排名是（　　）。

A. 第一　　　　B. 第二　　　　C. 第三　　　　D. 第四
E. 在江北区之前

解析：
考点：充分条件、必要条件的性质及其推理。
方法：真话假话题。

真话假话题应当先寻找矛盾关系的命题。但题干中没有矛盾的命题，故采用假设法。

采用假设法应当先寻找具有共同概念的命题来假设比较合适。发现"江南区不是第二"出现两次，故假设江南区旅游局长的话为真，则临西区旅游局长的后半段为假，根据必要条件命题的性质，当一个必要条件命题后件为假时，其前件不管真假，则其整个命题为真（必要条件的命题只在一种情况下为假，即前件为假，后件为真），则推出临西区局长的话也为真；推出两个局长的话为真，而这与已知条件只有一句真矛盾，故江南局长的话不可能为真（因为真就会导致矛盾）。所以推出江南区是第二。

同理，设江北区局长的话为真，则临东区局长的话的后件为真。而一个充分条件的命题，当其后件为真时，前件不管真假，则其整个命题为真（一个充分条件的假言命题有且只在一种情况下为假：前件真且后件假），故设"江北区第四"真，会导致临东区局长的话为真，导致了两个命题真，和已知条件相矛盾，故"江北区第四"不可能真。

	1	2	3	4
临东		×		
临西		×		
江南	×	√	×	×
江北		×		×

本题通过假设，先分别假设江南区和江北区局长的话为假，得到矛盾，故临东和临西区局长两句话中有且只有一句话是真的。

再通过假设临东区旅游局长为假，可以得到排名：临西区排第三，江北区不是排第四；代入上表，则推出临东排第四。

再通过假设临西区旅游局长为假，可以得到排名：江南区排第二，临西区排第一，代入上表；可以推出临东排第四；根据二难推理解题思路，可以得出正确答案为 D。

(4) 某矿山发生了一起严重的安全事故。关于事故原因，甲、乙、丙、丁 4 位负责人有如下断定：

甲：如果造成事故的直接原因是设备故障，那么肯定有人违反操作规程。

乙：确实有人违反操作规程，但造成事故的直接原因不是设备故障。

丙：造成事故的直接原因确实是设备故障，但并没有人违反操作规章。

丁：造成事故的直接原因是设备故障。

如果上述断定中只有一个人的断定为真，则以下断定都不可能为真，除了（　　）。

A. 甲的断定为真，有人违反了操作规程

B. 甲的断定为真，但没有人违反操作规程

C. 乙的断定为真

D. 丙的断定为真

E. 丁的断定为真

解析：

题型：推出结论；考点：逻辑规律，充分、必要、联言、选言命题。

已知只有一句话为真，且甲的话与丙的话为矛盾命题（甲的话为一充分条件假言命题"如果 P，那么 Q"，其矛盾命题为一联言命题，"P 且非 Q"，丙的话就是 P 且非 Q。关于矛盾命题，请严格按照我列举的几对命题来对照）。所以，乙和丁的话都是假的。

丁的话为假，则推出：(1)"造成事故的直接原因不是设备故障"为真。

乙的话为假，则推出：(2)"或者无人违反操作规程，或者造成事故的直接原因是设备故障"为真。

根据 (1) 和 (2)，可推出："无人违反操作规程"为真。

现在推出的结论为：造成事故的直接原因不是设备故障，且无人违反操作规程。

根据充分条件的性质，当一个充分条件假言命题前件为假，后件为假时，这个充分条件假言命题一定为真。请记住：一个充分条件假言命题当且仅当其前件为真且后件为假时才是假的。所以，正确答案为 B。

(5) 甲班考试结束后，几位老师在一起议论。

张老师说："班长和学习委员得优秀。"

李老师说："除非生活委员得优秀，否则体育委员不能得优秀。"

陈老师说："我看班长和学习委员两人中至少有一人不能得优秀。"

郭老师说："我看生活委员不能得优秀，但体育委员可得优秀。"

基于以上断定，可推出以下哪项一定为真？（　　）

A. 四位老师中有且只有一位的断定为真

B. 四位老师中有且只有两位的断定为真

C. 四位老师的断定都可能为真

D. 四位老师的断定都可能为假

E. 题干的条件不足以推出确定的结论

解析：

题型：推出结论；考点：逻辑规律，必要条件联言命题、选言命题。

张老师的话为联言命题"班长优秀且学习委员优秀"，它的矛盾命题为"班长不优秀或者学习委员不优秀"，即班长和学习委员至少有一个不优秀，陈老师的话就是如此表达，所以，张老师的话和陈老师的话为矛盾命题，必为一真一假。

李老师的话为一个必要条件的假言命题："只有生活委员得优秀，体育委员才能得优秀"，它的矛盾命题为：生活委员没有得优秀，但体育委员得优秀。所以，李老师的话和郭老师的话为矛盾命题，必为一真一假。所以，正确答案为B。

(6) 在宏达杯足球联赛前，4个球迷有如下预测：

甲：红队必然不能夺冠。

乙：红队可能夺冠。

丙：如果蓝队夺冠，那么黄队是第三名。

丁：冠军是蓝队。

如果4人的断定中只有一个断定为假，可推出以下哪项结论？（　　　）

A. 冠军是红队　　　　　　B. 甲的断定为假

C. 乙的断定为真　　　　　D. 黄队是第三名

E. 丁的断定为假

解析：

题型：推出结论；考点：逻辑规律，模态命题充分条件。

根据模态命题的性质，甲、乙的话为矛盾命题，必有一真一假。已知4人的断定中只有一个为假，则可知丙、丁的话为真。丁的话为真，则推出冠军是蓝队。丙的话为真，则根据充分条件"有前件必有后件"的性质，推出黄队是第三名。所以，正确答案为D。

(7) 罗老师买了块新手表。他把新手表与家中的挂钟对照，发现手表比挂钟一天慢了3分钟；后来他又把家中的挂钟与电台的标准时对照，发现挂钟比电台标准时一天快了3分钟，罗老师因此推断：他的手表是准确的。

以下哪项是对罗老师推断的正确评价？（　　　）

A. 罗老师的推断是正确的，因为手表比挂钟慢3分钟，挂钟比标准时快3分钟，这说明手表准时

B. 罗老师的推断是错误的，因为他不应把手表和挂钟比，应直接和标准时比

C. 罗老师的推断是错误的。因为挂钟比标准时快3分钟，是标准的3分钟，手表比挂钟慢3分钟是不标准的3分钟

D. 罗老师的推断既无法断定为正确，也无法断定为错误

E. 以上说法都不正确

解析：

快速找到结论，"罗老师手表准确"，理由是"手表比挂钟一天慢了3分钟；挂钟比电台标准时一天快了3分钟"，一快一慢正好，所以很准。通过分析我们发现，其中关键点就是两个"3分钟"。第一个"3分钟"是不标准的3分钟，第二个"3分钟"是标准的3分钟，实际上这两个"3分钟"是不同的概念，其内涵与外延并不相同，在此基础上进行

推理就违背了同一律。正确答案为 C。

（8）商业伦理调查员：XYZ 钱币交易所一直误导它的客户说，它的一些钱币是很稀有的。实际上那些钱币是比较常见而且很容易得到的。

XYZ 钱币交易所：这太可笑了。XYZ 钱币交易所是世界上最大的几个钱币交易所之一。我们销售钱币是经过一家国际认证的公司鉴定的，并且有钱币经销的执照。

XYZ 钱币交易所的回答显得很没有说服力，因为它_____。

以下哪项作为上文的后继最为恰当？（   ）

A. 故意夸大了商业伦理调查员的论述，使其显得不可信
B. 指责商业伦理调查员有偏见，但不能提供足够的证据来证实他的指责
C. 没能证实其他钱币交易所也不能鉴定他们所卖的钱币
D. 列出了 XYZ 钱币交易所的优势，但没有对商业伦理调查员的问题做出回答
E. 没有对"非常稀少"这一意思含混的词作出解释

解析：

商业伦理调查员质疑 XYZ 钱币交易所误导，把常见的钱币当成稀有的。这是话题，按照这个话题，XYZ 钱币交易所应该回答他的钱币到底是怎样的。但他的回答不是这样，与伦理调查员的质疑"风马牛不相及"。这就是违背同一律的表现，逻辑术语叫"转移话题"，通俗地讲就是"王顾左右而言他"。正确答案为 D。

（9）对同一事物，有的人说"好"，有的人说"不好"，这两种人之间没有共同语言。可见，不存在全民族通用的共同语言。

以下除哪项外，都与题干推理所犯的逻辑错误近似？（   ）

A. 甲："厂里规定，工作时禁止吸烟。"乙："当然，可我吸烟时从不工作。"
B. 有的写作教材上讲，写作中应当讲究语言形式的美，我的看法不同。我认为语言就应该朴实，不应该追求那些形式主义的东西
C. 有意杀人者应处死刑，行刑者是有意杀人者，所以，行刑者应处死刑
D. 象是动物，所以小象是小动物
E. 这种观点既不属于唯物主义，又不属于唯心主义，我看两者都有点像

解析：

问题有个小小的陷阱，"除哪项外"，意思是找错误最不类似的。首先要了解题干的错误。题干中两个"共同语言"是不同的概念，不能等同对待：第一个"共同语言"主要指相关的思想话题，第二个"共同语言"主要指语言工具。所以，题干犯的错误为"偷换概念"。选项 A 偷换了"工作"这个概念，前"工作"指"工作时段"，后"工作"为"具体工作"，错误类似；选项 B 偷换了"形式"这个概念，把"语言形式"中的"形式"给偷换成了"形式主义"；选项 C 偷换了"有意杀人者"；选项 D 中的"小象"的"小"为年龄大小，"小动物"中的"小"为体积的大小，同样为偷换概念；只有选项 E 的错误和概念无关，E 项的错误为违反矛盾律。故正确答案为 E。

三、逻辑规律解题方法基本功类型化训练

（1）3 男 2 女参加打靶游戏。规定每人只打一枪，中 10 环者获大奖。枪声齐鸣，现

场报靶区举旗通报有人获大奖。5人兴奋地做了如下猜测：

男1号：大奖得主或者是我，或者是男3号。

男2号：除非不是女2号，否则是男3号。

男3号：如果不是女1号，那么就是男2号。

女1号：既不是我，也不是男2号。

女2号：既不是男3号，也不是男1号。

公布获大奖人员的名单以后，结果，5人中只有2人没猜错。由此可以推知（　　）。

A. 男1号获得大奖　　　　　　　　B. 男2号获得大奖

C. 男3号获得大奖　　　　　　　　D. 女1号获得大奖

E. 女2号获得大奖

（2）机关的工作人员小张、小王、小李和小周4人中只有1人迟到，主任询问是谁迟到时，他们作了如下回答。

小张：是小李迟到。

小王：我虽然比平时来得晚，但没有迟到。

小李：我不但没迟到，而且还提早来了。

小周：如果小王没迟到，那就是我迟到了。

如果他们中只有一个人说了谎，则以下哪项一定成立？（　　）

A. 小张迟到　　　B. 小李迟到　　　C. 小王迟到　　　D. 小周迟到

E. 不能推出

（3）一道逻辑推理单选题的4个选择答案分别是：

Ⅰ. 作案者是甲。

Ⅱ. 作案者是乙。

Ⅲ. 作案者是丙。

Ⅳ. 作案者是甲或乙。

则该题的正确答案应是（　　）。

A. Ⅰ　　　B. Ⅱ　　　C. Ⅲ　　　D. Ⅳ

E. 无法确定

（4）某班有一位同学做了好事没留下姓名，他是甲、乙、丙、丁4人中的一个。当老师问他们时，他们分别这样回答：

甲：这件好事不是我做的。

乙：这件好事是丁做的。

丙：这件好事是乙做的。

丁：这件好事不是我做的。

这4人中只有一个人说了真话，请你推出是谁做了好事？（　　）

A. 甲　　　B. 乙　　　C. 丙　　　D. 丁

E. 不能推出

（5）某珠宝商店失窃，甲、乙、丙、丁4人涉嫌被拘审。4人的口供如下：

甲：案犯是丙。

乙：丁是罪犯。

丙：如果我作案，那么丁是主犯。

丁：作案的不是我。

如果4个口供中只有一个是假的，则以下哪项是真的？（　　）

A. 说假话的是甲，作案的是乙 B. 说假话的是丁，作案的是丙和丁

C. 说假话的是乙，作案的是丙 D. 说假话的是丙，作案的是丙

E. 说假话的是甲，作案的是甲

(6) 某珠宝商店失窃，甲、乙、丙、丁4人涉嫌被拘审。4人的口供如下：

甲：案犯是丙。

乙：丁是罪犯。

丙：如果我作案，那么丁是主犯。

丁：作案的不是我。

如果4个口供中只有一个是真的，则以下哪项是真的？（　　）

A. 作案的是乙 B. 作案的是丙和丁

C. 作案的是丙 D. 作案的是甲

E. 已知条件会推出互相矛盾的结论

(7) 红星中学的4位老师在高考前对某理科毕业班学生的前景进行推测，他们特别关注班里的两个尖子生。

张老师说："如果余涌能考上清华，那么方宁也能考上清华。"

李老师说："依我看这个班没人能考上清华。"

王老师说："不管方宁能否考上清华，余涌考不上清华。"

赵老师说："我看方宁考不上清华，但余涌能考上清华。"

高考的结果证明，4位老师中只有一人的推测成立。

如果上述断定是真的，则以下哪项也一定是真的？（　　）

A. 李老师的推测成立

B. 王老师的推测成立

C. 赵老师的推测成立

D. 如果方宁考不上清华大学，则张老师的推测成立

E. 如果方宁考上了清华大学，则张老师的推测成立

(8) 某村甲、乙、丙3人涉嫌一起盗窃案件。已知：说真话的肯定不是盗窃犯，说假话的肯定就是盗窃犯。

审问开始了。法官先问甲："你是怎样作案的？"由于甲说的是方言，法官听不懂。于是，法官就问乙和丙："刚才甲是如何回答我的问题的？"乙说："甲的意思是，他并不是盗窃犯。"丙说："甲刚才招供了，他承认自己是盗窃犯。"

根据上述已知条件，下面哪个选项为真？（　　）

A. 甲、乙、丙3人都是盗窃犯

B. 甲、乙、丙3人都不是盗窃犯

C. 甲、丙是盗窃犯，但乙不是盗窃犯

D. 或者丙是盗窃犯，或者乙是盗窃犯
E. 条件不足，不能确定

（9）某俱乐部大厅门口贴着一张通知："欢迎加入俱乐部！只要你愿意，并且通过推理取得一张申请表，就可以获得会员资格了！"走进大厅看到左右各有一个箱子，左边的箱子上写着一句话："申请表不在此箱中。"右边的箱子上也写着一句话："这两句话中只有一句话是真的。"

假设介入此活动的人都具有正常的思维水平，则可推出以下哪项是真的？（　　）

A. 左边的箱子上的话是真的　　　　B. 右边箱子上的话是真的
C. 申请表在左边的箱子里　　　　　D. 申请表在右边的箱子里
E. 以上两句话都是错的

（10）古代一位国王率领张、王、李、赵、钱、孙、周等7位将军一起打猎，各人的箭上均刻有自己的姓氏。围猎中，一只鹿中箭倒下，但却不知是何人所射。国王令众将军猜测。

张说："或者是我射中的，或者是李将军射中的。"
孙说："只有在我射中的情况下，周将军才可能射中"。
王说："不是赵将军射中的。"
李说："若不是赵将军射中的，就一定是王将军射中的。"
赵说："既不是我射中的，也不是王将军射中的。"
周说："我射中了，但孙将军没有射中"。
钱说："既不是李将军射中的，也不是张将军射中的。"

国王令人把射中鹿的箭拿来，看了看，说："你们7位将军的猜测，只有3个人的话是真的。"

根据国王的话，可判定以下哪项是真的？（　　）

A. 钱将军射中此鹿　　　　　　　　B. 赵将军射中此鹿，李将军说假话
C. 李将军射中此鹿　　　　　　　　D. 赵将军射中此鹿，李将军说真话
E. 周将军射中，周将军说真话

（11）甲、乙、丙、丁4人在一起议论本班同学申请学生贷款的情况。
甲说："我班所有同学都已经申请了贷款。"
乙说："如果班长申请了贷款，那么学习委员就没有申请。"
丙说："班长申请了贷款。"
丁说："我班有人没有申请贷款。"

已知4人中只有一人说假话，则可推出以下哪项结论？（　　）

A. 甲说假话，班长没申请　　　　　B. 乙说假话，学习委员没申请
C. 丙说假话，班长没申请　　　　　D. 丁说假话，学习委员申请了
E. 甲说假话，学习委员没申请

（12）某市的红光大厦工程建设任务进行招标。有4个建筑公司投标，为简便起见，称他们为公司甲、乙、丙、丁。在标底公布以前，各公司经理分别作出猜测。
甲公司经理说："我们公司中标。"

乙公司经理说："中标的公司一定出自乙和丙两个公司之中。"
丙公司经理说："中标的若不是甲公司就是我们公司。"
丁公司经理说："我们丁公司中标。"
当标底公布后发现，4人中只有一个人的预测成真了，以下哪项判断最可能为真？
（　　）

A. 甲公司经理猜对了，甲公司中标了
B. 乙公司经理猜对了，丙公司中标了
C. 乙公司和丁公司的经理都说错了
D. 甲公司和乙公司的经理都说错了
E. 丙公司、丁公司和乙公司的经理都说错了

参考答案：
(1) E　(2) D　(3) C　(4) A　(5) B　(6) E　(7) E　(8) D　(9) C
(10) D　(11) E　(12) D

第九章 综合分析性推理

一、必考基本点

1. 排列问题

排列问题是指，所给出的事物对象（又称为"元素"）之间有明显的前后关系，要求根据已知条件对各元素进行排列或者确定其中某些元素的相应位置。一般来说，排列问题又可以分为线性排列问题和平面排列问题。其中，线性排列问题又分为单行排列问题和多行排列问题。

此类试题的解题技巧是通过画表来辅助解题，再加上排除法，即可快速解题。

K、L、M、N、O、P是某高校数学竞赛的考生。有20道题要考，每个考生要考这20道题。每考对一道题得1分，考错则从积分中倒扣1分（考生得负分是可能的）。

Ⅰ. 没有两个考生得分是相同的。

Ⅱ. K得分比L高而比M低。

Ⅲ. N得分大于M。

Ⅳ. P得分大于K而小于O。

以下哪项一定是得最低分的考生？（　　）

A. K　　　　B. L　　　　C. M　　　　D. O　　　　E. N

解析：

K大于L，K小于M，N大于M，P大于K，P小于O，排列后可知：O>P>K>L，且：N>M>K，得知：L为得分最低。正确答案为B。

2. 组合问题

组合问题就是把若干事物对象（又称为"元素"）分成不同的组别，通过元素之间相容或不相容等约束条件来确定各组的成员或个数。一般地，根据组合元素类别不同或者同一元素是否在不同的组中重复出现，可以将组合问题分为简单的组合问题和复杂的组合问题。

解题技巧：一般根据条件进行排除会比较快捷，当然，有些时候还是需要列表进行排列。

经典母题解析

一位花匠从7种花P、Q、R、S、T、U、V中选择5种，任何5种花的组合必须满足以下条件：

Ⅰ. 如果选用P，那么不能选用T。

Ⅱ. 如果选用Q，那么也必须选用U。

Ⅲ. 如果选用R，那么也必须选用T。

以下哪项是可以接受的花的选择组合？（　　）

A. P、Q、S、T、U   B. P、Q、R、U、V
C. Q、R、S、U、V   D. Q、R、S、T、U
E. 以上都不能接受

解析：
根据条件Ⅰ，排除 A；根据条件Ⅲ，排除 B、C。而选项 D 是可以接受的，并不违背上述条件。所以，正确答案为 D。

3. 对应问题

对应问题是指，题干问题中所给出的元素至少有两种不同的类别，这些不同类别的元素之间存在着各种不同的对应关系。

解题关键：需要在草图中填入与两种不同类别元素相关的信息或条件。在填入相关信息或条件的过程中，需要注意能填入多少就填多少，不能填入的就暂且空着。还需要根据已有的结论观察选项，能排除的先行排除。

经典母题解析

6 位教授 F、G、H、J、K、L，将评审 4 篇博士论文 M、R、S、W。评审需遵守以下原则：

Ⅰ. 每位教授只评审 1 篇博士论文。
Ⅱ. 每篇博士论文至少有 1 位教授评审。
Ⅲ. H 与 F 同评审一篇博士论文。
Ⅳ. L 只与其他教授中的 1 位同评审一篇博士论文。
Ⅴ. G 评审 M。
Ⅵ. J 评审 M 或 W。
Ⅶ. H 不评审 W。

如果 K 不评审 S，那么以下哪项一定是真的？（   ）

A. L 评审 M   B. L 评审 S
C. F 和 H 评审 R   D. F 和 H 评审 S
E. G 评审 R

解析：
根据条件Ⅴ～Ⅶ和问题所给的条件，可以画出下表。

	G	J	H	F	K	L
M	1	1				
R	0	0				
S	0	0			0	
W	0	1	0			

根据上表所列，根据条件Ⅰ、Ⅱ和上表所列，G、J、K 都不可能评阅 S，可知：H、F、L 必须至少要有一人去评阅 S，根据条件Ⅳ，如果 H、F 不评审 S，则 S 无人评审，和已知条件矛盾，所以，H、F 必须评审 S。正确答案为 D。

4. 网络问题

网络问题是指，在平面上给出若干个点，这些点通过许多线联结成网络，通过单向或双向行走的关系，确定某两点之间的路径以及与此相关的一些问题。

分析网络问题需要我们根据已知条件画出恰当的解题草图，然后根据假设法、排除法即可解题。

经典母题解析

（1）某情报组共有 6 名情报工作人员：A、B、C、D、E、F。这 6 名情报工作人员之间的情报联络必须遵守下列规则：

Ⅰ．A 只能向 B 和 D 发出情报并且不能接收任何情报人员的情报。

Ⅱ．B 和 F 只能向 E 发出情况。

Ⅲ．D 只能向 C 发出情报。

Ⅳ．E 只能向 B 和 D 发出情报。

Ⅴ．C 只能向 F 和 E 发出情报。

问：如果 D 只通过 1 名中介情报人员，则可以把情报送给哪些情报人员？（　　）

A．C 和 F　　　　B．B 和 E　　　　C．F 和 E　　　　D．A 和 B

解析：

根据已知条件，D 只能向 C 发出情报，而 C 只能向 E 和 F 发出情况，则推出，D 只能发情报送给 E 和 F。由于问题要求"D 只通过 1 名中介情报人员"。正确答案为 C。

（2）题、（3）题基于以下题干信息：

某皇家园林依中轴线布局，从前到后依次排列着 7 个庭院。这 7 个庭院分别以汉字"日""月""金""木""水""火""土"来命名。已知：

Ⅰ．"日"字庭院不是最前面的那个庭院。

Ⅱ．"火"字庭院和"土"字庭院相邻。

Ⅲ．"金""月"两庭院间隔的庭院数与"木""水"两庭院间隔的庭院数相同。

（2）根据上述信息，下列哪个庭院可能是"日"字庭院？（　　）

A．第 1 个庭院　　　B．第 2 个庭院　　　C．第 4 个庭院　　　D．第 5 个庭院

E．第 6 个庭院

解题思路 1：

题目问法"哪个庭院可能是'日'字庭院"采用排除法。

A 项排除，与条件Ⅰ冲突。

B 项排除，若"日"字庭院在第 2 个庭院，当条件Ⅱ"火"字庭院和"土"字庭院相邻满足，则条件Ⅲ则不能满足。

C 项排除，若"日"字庭院在第 4 个庭院，当条件Ⅱ"火"字庭院和"土"字庭院相邻满足，则条件Ⅲ则不能满足。

D 项，可能，若"日"字庭院在第 5 个庭院，当"火""土"处在第 6、第 7 庭院；则有多种可能性满足条件Ⅲ。

E 项，排除，若"日"字庭院在第 6 个庭院，当条件Ⅱ"火"字庭院和"土"字庭院相邻满足，则条件Ⅲ不能满足。正确答案为 D。

解题思路2：

题目问"哪个庭院可能是'日'字庭院"，可以采用假设法。

1	2	3	4	5	6	7

根据列表，可以先确定满足条件Ⅲ的排列。假设"金""月""木""水"排在第1、第2、第3、第4庭院，满足条件Ⅲ，假设"日"字庭院排在第5庭院，"火""土"排在第6、第7庭院，所有条件都能满足。所以，正确答案为D。

提醒：

这种假设猜测的方法只适合解答提问为"可能"的题型。

（3）如果第2个庭院是"土"字庭院，可以得出以下哪项？（　　）

A. 第7个庭院是"水"字庭院　　　B. 第5个庭院是"木"字庭院
C. 第4个庭院是"金"字庭院　　　D. 第3个庭院是"月"字庭院
E. 第1个庭院是"火"字庭院

解题思路1：

由条件Ⅱ"火"字庭院和"土"字庭院相邻；由题干如果第2个庭院是"土"字庭院，则"火"字庭院有两种可能性，处于第1庭院或处于第3庭院。假设"火"字庭院处于第3庭院，则当满足条件Ⅰ"日"字庭院不是最前面的那个庭院时，没有情况满足条件Ⅲ，所以"火"字庭院不处于第3庭院，所以"火"字庭院处于第1庭院。

解题思路2：

把问题所给条件代入，据条件Ⅱ则"火"字庭院有两种可能性，处于第1或第3庭院。设"火"字庭院排在第3庭院，则第5、第6、第7这3个空位无法同时满足条件Ⅲ和条件Ⅰ，所以"火"庭院排第1庭院。E项为真。可以通过列表来帮助推理。

1	2	3	4	5	6	7
火	土					日
	土	火×				

二、必考题型解题方法精讲

（1）～（3）题基于以下题干：

东宇大学公开招聘3个教师职位，哲学学院、管理学院和经济学院各1个。每个职位都有分别来自南山大学、西京大学、北清大学的候选人。有位"聪明"人士李先生对招聘结果作出了如下预测：

Ⅰ. 如果哲学学院录用北清大学的候选人，那么管理学院录用西京大学的候选人。

Ⅱ. 如果管理学院录用南山大学的候选人，那么哲学学院也录用南山大学的候选人。

Ⅲ. 如果经济学院录用北清大学或者西京大学的候选人，那么管理学院录用北清大学的候选人。

（1）如果哲学学院、管理学院和经济学院最终录用的候选人的大学归属信息依次如

下，则哪项符合李先生的预测？（　　）

　　A．南山大学、南山大学、西京大学　　B．北清大学、南山大学、南山大学
　　C．北清大学、北清大学、南山大学　　D．西京大学、北清大学、南山大学
　　E．西京大学、西京大学、西京大学

解析：

考点：充分条件命题的基本性质的理解。

一个充分条件命题，当其前件为真且后件为假时，则这个充分条件命题一定为假。采用排除法解题速度较快。根据预测Ⅰ"如果哲学学院录用北清大学的候选人，那么管理学院录用西京大学的候选人"，可排除B、C；根据预测Ⅲ，排除A和E；所以答案选D。

（2）若哲学学院最终录用西京大学的候选人，则以下哪项表明李先生的预测错误？（　　）

　　A．管理学院录用北清大学候选人　　B．管理学院录用南山大学候选人
　　C．经济学院录用南山大学候选人　　D．经济学院录用北清大学候选人
　　E．经济学院录用西京大学候选人

解析：

考点：充分条件假言命题的矛盾命题。

管理学院录用南山大学候选人，再加上题干条件：哲学学院最终录用西京大学的候选人，说明条件Ⅱ为假。"P且非Q"为真，说明"如果P则Q"为假。正确答案为B。

（3）如果3个学院最终录用的候选人分别来自不同的大学，则以下哪项符合李先生的预测？（　　）

　　A．哲学学院录用西京大学候选人，经济学院录用北清大学候选人
　　B．哲学学院录用南山大学候选人，管理学院录用北清大学候选人
　　C．哲学学院录用北清大学候选人，经济学院录用西京大学候选人
　　D．哲学学院录用西京大学候选人，管理学院录用南山大学候选人
　　E．哲学学院录用南山大学候选人，管理学院录用西京大学候选人

解析：

考点：充分条件的性质的理解。一个充分条件假言命题，当其前件假，命题为真；或者后件真时，则一个充分条件假言命题一定为真。

①快速解题法。李先生的3个预测都是充分条件假言命题，当后件为真时，前件不管真假，命题一定真。如果哲学学院录用南山大学的候选人，则预测Ⅱ后件真，说明预测Ⅱ一定真；且预测Ⅰ的前件假，则预测Ⅰ一定真。如果管理学院录用北清大学的候选人，则预测Ⅲ后件真，说明预测Ⅲ一定为真。所以正确答案为B。

②假设法。假设哲学学院录用北清候选人，根据预测Ⅰ推出管理学院录用西京的候选人；再根据预测Ⅲ，否后推出否前，推出经济学院录用南山候选人。所以排除C。

假设哲学学院录用西京候选人，根据第（2）题结果，可排除A和D。

假设哲学学院录用南山候选人，则经济学院录用北清或西京候选人，根据预测Ⅲ推出管理学院录用北清候选人。正确答案为B项。

（4）题、（5）题基于以下题干：

江海大学的校园美食节开幕了，某女生宿舍有5人积极报名参加此次活动，她们的姓名分别为金粲、木心、水仙、火珊、土润。举办方要求，每位报名者只做一道菜品参加评比，但需自备食材。限于条件，该宿舍所备食材仅有5种：金针菇、木耳、水蜜桃、火腿和土豆，要求每种食材只能有2人选用，每人又只能选用2种食材，并且每人所选食材名称的第1个字与自己的姓氏均不相同。已知：

Ⅰ. 如果金粲选水蜜桃，则水仙不选金针菇。
Ⅱ. 如果木心选金针菇或土豆，则她也须选木耳。
Ⅲ. 如果火珊选水蜜桃，则她也须选木耳和土豆。
Ⅳ. 如果木心选火腿，则火珊不选金针菇。

(4) 根据上述信息，可以得出以下哪项？（　　）
A. 木心选用水蜜桃、土豆　　　　　B. 水仙选用金针菇、火腿
C. 土润选用金针菇、水蜜桃　　　　D. 火珊选用木耳、水蜜桃
E. 金粲选用木耳、土豆

解析：

可以使用列表法进行解题。

步骤1：由已知确定条件进行启动，"并且每人所选食材名称的第1个字与自己的姓氏均不相同"可以得出：木心不选木耳。

步骤2：再由条件Ⅱ可知，木心不选金针菇、土豆，则木心只能选火腿、水蜜桃。

步骤3：由条件Ⅳ可知，火珊不选金针菇，再由Ⅲ可知，火珊不能选水蜜桃，由题干可知，火珊不能选火腿，综合可推出火珊只能选木耳、土豆。

步骤4：根据表格可以发现，金针菇只能由水仙和土润选择。

步骤5：根据条件Ⅰ和"水仙选金针菇"，否后必定否前，得出"金粲不能选水蜜桃"。

步骤6：根据表格，可以非常清晰地发现，水蜜桃只能由木心和土润选择。所以，土润选的是金针菇和水蜜桃。正确答案为C。

	金针菇	木耳	水蜜桃	火腿	土豆
金粲	×（步骤1）		×（步骤5）		
木心	×（2）	×（步骤1）			×（2）
水仙	√（步骤4）		×（步骤1）		
火珊	×（4）	√（步骤3）	×（3）	×（步骤1）	√（步骤3）
土润	√（步骤4）				×（步骤1）

(5) 如果水仙选用土豆，则可以得出以下哪项？（　　）
A. 水仙选用木耳、土豆　　　　　B. 火珊选用金针菇、土豆
C. 土润选用水蜜桃、火腿　　　　D. 水心选用金针菇、水蜜桃
E. 金粲选用木耳、火腿

解析：

由于第(4)题提问时没有补充条件，所以，推出的结论可以用来作为第(5)题的已

知条件。列表如下：

	金针菇	木耳	水蜜桃	火腿	土豆
金粲	×（步骤1）		×（步骤5）		
木心	×（2）	×（步骤1）	√（步骤6）		×（2）
水仙	√（步骤4）	×（步骤7）	×（步骤1）	×（步骤7）	√（步骤7）
火珊	×（4）	√（步骤3）	×（3）	×（步骤1）	√（步骤3）
土润	√（步骤4）	×（步骤6）	√（步骤6）	×（步骤6）	×（步骤1）

步骤7：如果水仙选用土豆，根据表格已知信息，第（4）题已推出水仙选了金针菇，则可知水仙选的两种就是金针菇和土豆；其余菜不能选，见上表。

根据表格，发现，土豆已经由水仙和火珊选择，则金粲不能选土豆。则金粲只能选木耳、火腿。正确答案为 E。

注意：如果第（4）题在提问中有新的条件，则不能把第（4）题的结果用到第（5）题。

三、必考题型训练

（1）～（5）题基于以下题干：

某国家领导人要在连续 6 天（分别编号为第 1 天、第 2 天、…、第 6 天）内视察 6 座工厂 F、G、H、J、Q 和 R，每天只视察一座工厂，每座工厂只被视察一次。视察时间的安排必须符合下列条件：

Ⅰ．视察 F 在第 1 天或第 6 天。
Ⅱ．视察 J 的日子比视察 Q 的日子早。
Ⅲ．视察 Q 恰在视察 R 的前一天。
Ⅳ．如果视察 G 在第 3 天，则视察 Q 在第 5 天。

（1）下面哪一个选项是符合要求的按顺序排列的从第 1 天至第 6 天视察的工厂的名单？（　　）
A. F、Q、R、H、J、G　　　　　　B. G、H、J、Q、R、F
C. G、J、Q、H、R、F　　　　　　D. G、J、Q、R、F、H

（2）下面哪一个选项必定是假的？（　　）
A. 视察 G 安排在第 4 天　　　　　B. 视察 H 安排在第 6 天
C. 视察 J 安排在第 4 天　　　　　D. 视察 R 安排在第 2 天

（3）对下面哪座工厂的视察不能安排在第 5 天？（　　）
A. G　　　　　B. H　　　　　C. J　　　　　D. Q

（4）分别安排在第 3 天和第 5 天视察的工厂有可能是（　　）。
A. G 和 R　　　B. H 和 G　　　C. J 和 G　　　D. R 和 H

（5）如果视察 R 恰在视察 F 的前一天，下面哪一个选项必定是真的？（　　）
A. 视察 G 或者视察 H 安排在第 1 天　　B. 视察 H 或者视察 J 安排在第 3 天
C. 视察 G 或者视察 J 安排在第 2 天　　D. 视察 H 或者视察 J 安排在第 4 天

（6）～（10）题基于以下题干：

一家食品店从周一到周日，每天都有3种商品特价销售。可供特价销售的商品包括3种蔬菜：G、H和J；3种水果：K、L和O；3种饮料：X、Y和Z。必须根据以下条件安排特价商品：

Ⅰ. 每天至少有一种蔬菜特价销售，每天至少有一种水果特价销售。

Ⅱ. 无论在哪天，如果J是特价销售，则L不能特价销售。

Ⅲ. 无论在哪天，如果K是特价销售，则Y也必须特价销售。

Ⅳ. 每一种商品在一周内特价销售的次数不能超过3天。

（6）以下哪项列出的是可以一起特价销售的商品？（　　）
A. G、J、Z　　　　B. H、K、X　　　　C. J、L、Y　　　　D. G、K、Y

（7）如果J在星期五、星期六、星期日特价销售，K在星期一、星期二、星期三特价销售，而G只在星期四特价销售，则L可以在哪几天特价销售？（　　）

A. 仅在星期二　　　　　　　　　　B. 仅在星期四
C. 仅在星期一、星期二和星期三　　D. 在这一周前4天中的任何2天

（8）如果每一种水果在一周中特价销售3天，则饮料总共在这一周内可以特价销售的天数最多为（　　）。
A. 3天　　　　　　B. 4天　　　　　　C. 5天　　　　　　D. 6天

（9）如果H和Y同时在星期一、星期二、星期三特价销售，G和X同时在星期四、星期五、星期六特价销售，则星期日特价销售的商品一定包括（　　）。
A. J和O　　　　　B. J和K　　　　　C. J和L　　　　　D. K和Z

（10）如果在某一周中恰好有7种商品特价销售，关于这一周的特价销售，以下哪项陈述一定为真？（　　）

A. X是本周唯一特价销售的饮料　　　B. Y是本周唯一特价销售的饮料
C. Z是本周唯一特价销售的饮料　　　D. 至少有一天，G和Z同时特价销售

（11）～（15）题基于以下题干：

在赛马比赛中，共有5位骑手G、H、I、J、K，这5位骑手在各自的跑道上骑的赛马分别是以下这5匹马之一：P、Q、R、S、T。

Ⅰ. G不是最先，就是最后到达终点。

Ⅱ. J总是先与K到达终点。

Ⅲ. H总是先于I到达终点。

Ⅳ. P总是最先到达终点。

Ⅴ. Q总是第2个到达终点。

Ⅵ. 没有并列名次出现。

（11）最多可能有几位骑手可以骑Q？（　　）
A. 1　　　　　　　B. 2　　　　　　　C. 3　　　　　　　D. 4

（12）如果K第2个且S第4个到达终点，那么以下哪项可能假？（　　）
A. J骑的马是P　　　　　　　　　　B. H骑的马是T
C. I骑的马是S　　　　　　　　　　D. G最后到达终点

(13) 如果 J 骑的马是 R，那么以下哪位骑手不能骑 S？（　　）
A. 只有 G　　　　B. 只有 I　　　　C. 只有 H　　　　D. 只有 G 和 I

(14) 如果 H 骑 S 且 G 骑 T 先到达终点，那么以下哪项必假？（　　）
A. I 骑的马是 R　　　　　　　　B. J 骑的马是 P
C. K 骑的马是 Q　　　　　　　　D. S 第 4 个到达终点

(15) 以下哪项能够充分地确定骑手和赛马的准确顺序？（　　）
A. H 骑 R 比 I 骑 S 领先一个名次到达终点
B. H 骑 R 比 K 骑 T 领先两个名次到达终点
C. I 骑 R 比 K 骑 S 领先一个名次到达终点
D. J 骑 P 比 K 骑 S 领先两个名次到达终点

(16)～(20) 题基于以下题干：

某国东部沿海有 5 个火山岛 E、F、G、H、I，它们由北至南排成一条直线，同时：

Ⅰ. F 与 H 相邻并且在 H 的北边。

Ⅱ. I 和 E 相邻。

Ⅲ. G 在 F 的北边某个位置。

(16) 5 个岛由北至南的顺序可以是（　　）。
A. E、G、I、F、H　　　　　　B. F、H、I、E、G
C. G、E、I、F、H　　　　　　D. G、H、F、E、I

(17) 假如 G 与 I 相邻并且在 I 的北边，下面哪一个陈述一定真？（　　）
A. H 在岛屿的最南边　　　　　B. F 在岛屿的最北边
C. E 在岛屿的最南边　　　　　D. I 在岛屿的最北边

(18) 假如 I 在 G 北边的某个位置，下面哪一个陈述一定真？（　　）
A. E 与 G 相邻并且在 G 的北边　　B. G 与 F 相邻并且在 F 的北边
C. I 与 G 相邻并且在 G 的北边　　D. E 与 F 相邻并且在 F 的北边

(19) 假如发现 G 是最北边的岛屿，该组岛屿有多少种可能的排列顺序？（　　）
A. 2　　　　　B. 3　　　　　C. 4　　　　　D. 5

(20) 假如 G 和 E 相邻，下面哪一个陈述一定为真？（　　）
A. E 位于 G 北边的某处　　　　B. F 位于 I 北边的某处
C. G 位于 E 北边的某处　　　　D. I 位于 F 北边的某处

(21)～(25) 题基于以下题干：

有 7 名被海尔公司录用的应聘者：F、G、H、I、W、X 和 Y，其中有 1 人需要分配到公关部，有 3 人需要分配到生产部，另外 3 人需要分配到销售部。这 7 名员工的人事分配必须满足以下条件：

Ⅰ. H 和 Y 必须分配在同一部门。

Ⅱ. F 和 G 不能分配在同一部门。

Ⅲ. 如果 X 分配在销售部，则 W 分配在生产部。

Ⅳ. F 必须分配在生产部。

(21) 以下哪项列出的可能是这 7 名雇员最终的分配结果？（　　）

A. 公关部：W；生产部：F、H、Y；销售部：G、I、X
B. 公关部：W；生产部：G、I、X；销售部：F、H、Y
C. 公关部：X；生产部：F、G、H；销售部：I、Y、W
D. 公关部：X；生产部：F、I、W；销售部：G、H、Y

(22) 以下哪项列出的是不可能分配到生产部的完整而准确的名单？（   ）

A. F、I、X　　　　B. G、H、Y　　　　C. I、W　　　　D. G

(23) 如果以下哪项陈述为真，能使7名雇员的分配得到完全的确定？（   ）

A. F和W分配到生产部　　　　　　B. G和Y分配到销售部
C. I和W分配到销售部　　　　　　D. I和W分配到生产部

(24) 以下哪项列出的一对雇员不可能分配到销售部？（   ）

A. G和I　　　　B. G和X　　　　C. G和Y　　　　D. H和W

(25) 如果X和F被分配到同一部门，以下哪项陈述不可能真？（   ）

A. G被分配到销售部　　　　　　B. H被分配到生产部
C. I被分配到销售部　　　　　　D. W被分配到公关部

(26) 3个人A、B、C打扮得一模一样，排成一排，A从来不说假话，B从不说真话，C既说真话也说假话。

测试者问第1个人："你是谁？"回答是："我是C"。

测试者问第2个人："第一个人是谁？"回答："他是B"。

测试者问第3个人："第一个人是谁？"回答："他是A"。

根据这些回答，以下哪一项为真？（   ）

A. 第1个人是A，第2个人是C，第3个人是B
B. 第1个人是B，第2个人是A，第3个人是C
C. 第1个人是C，第2个人是A，第3个人是B
D. 第1个人是C，第2个人是B，第3个人是A

(27) 有6位工程师K、L、M、N、O、P，坐在环绕圆桌连续等距排放的6张椅子上研究一项工程，每张椅子只坐1人，6张椅子的顺序编号依次为1、2、3、4、5、6。其中：

Ⅰ. P和N相邻。

Ⅱ. L和N相邻或者L和M相邻。

Ⅲ. K和M不相邻。

Ⅳ. 如果O和P相邻，则O和M不相邻。

如果L和P相邻，那么以下哪项也一定是相邻的？（   ）

A. K和O　　　　B. L和N　　　　C. L和O　　　　D. M和P

(28) 一位药物专家只从G、H、J、K、L这5种不同的药物中选择3种，并且只从W、X、Y、Z这4种不同的药物中选择2种，来配制一副药方。他的选择必须符合下列条件：

Ⅰ. 如果他选G，就不能选H，也不能选Y。

Ⅱ. 他不能选H，除非他选K。

Ⅲ．他不能选 J，除非他选 W。
Ⅳ．如果他选 K，就一定选 X。

如果药物专家选 H，那么以下哪项一定是真的？（　　）

A．他至少选一种 W　　　　　　B．他至少选一种 X
C．他选 J，但不选 Y　　　　　　D．他选 K，但不选 X

(29) 在编号 1、2、3、4 的 4 个盒子中装有绿茶、红茶、花茶和白茶 4 种茶。每只盒子只装 1 种茶，每种茶只装 1 个盒子。已知：

Ⅰ．装绿茶和红茶的盒子在 1、2、3 号范围之内。
Ⅱ．装红茶和花茶的盒子在 2、3、4 号范围之内。
Ⅲ．装白茶的盒子在 1、2、3 号范围之内。

根据上述，可以得出以下哪项？（　　）

A．绿茶在 3 号　　B．花茶在 4 号　　C．白茶在 3 号　　D．红茶在 2 号
E．绿茶在 1 号

(30) 在某项目招标过程中，赵嘉、钱宜、孙斌、李汀、周武、吴纪 6 人作为各自公司代表参与投标，有且只有一人中标。关于究竟谁是中标者，招标小组中有 3 位成员各自谈了自己的看法：

Ⅰ．中标者不是赵嘉就是钱宜。
Ⅱ．中标者不是孙斌。
Ⅲ．周武和吴纪都没有中标。

经过深入调查，发现上述 3 人中只有 1 人的看法是正确的。根据以上信息，以下哪项中的 3 人都可以确定没有中标？（　　）

A．赵嘉、孙斌、李汀　　　　　　B．赵嘉、钱宜、李汀
C．孙斌、周武、吴纪　　　　　　D．赵嘉、周武、吴纪
E．钱宜、孙斌、周武

参考答案：

(1) B　(2) D　(3) C　(4) D　(5) B　(6) D　(7) B　(8) C　(9) A
(10) B　(11) D　(12) B　(13) C　(14) D　(15) B　(16) C　(17) A
(18) B　(19) C　(20) D　(21) D　(22) D　(23) C　(24) B　(25) B
(26) B　(27) A　(28) B　(29) B　(30) B

第十章 归纳、类比推理

归纳、类比等相关知识在管理类逻辑试题中应用得非常多，不仅直接考核对相关知识的把握，更多的是作为削弱、支持、评价、解释等题型的题干。

考试点：推理结构类似。推出结论。作为题干出现。多为假设、削弱、支持、评价等题型。

经典母题解析

婚礼看得见，爱情看不见；情书看得见，思念看不见；花朵看得见，春天看不见；帮助看得见，关心看不见；文凭看得见，水平看不见。有人由此得出结论：看不见的东西比看得见的东西更有价值。

下面哪个选项使用了与题干中同样的推理方法？

A. 三角形可以分为直角三角形、钝角三角形和锐角三角形3种。直角三角形的三内角之和等于180°，钝角三角形的三内角之和等于180°，锐角三角形的三内角之和等于180°。所以，所有三角形的三角之和都等于180°。

B. 我喜欢"偶然"胜过"必然"。你看，奥运会比赛中充满了悬念，比赛因此激动人心；艺术家的创作大多出自"灵机一动"，科学家的发现与发明常常与"直觉""顿悟""机遇"连在一起；在茫茫人海中偶然碰到"他"或"她"，互相射出丘比特之箭，成就人生中最美好的一段姻缘。因此，我爱"偶然"，我要高呼"偶然性万岁"

C. 金受热后体积膨胀，银受热后体积膨胀，铜受热后体积膨胀，金、银、铜是金属的部分小类对象，它们受热后分子的凝聚力减弱，分子运动加速，分子间彼此的距离加大，从而导致体积膨胀。所以，所有的金属受热后都体积膨胀

D. 外科医生在给病人做手术时可以看X光片，律师在为被告辩护时可以查看辩护书，建筑师在盖房子时可以对照设计图，教师备课可以看各种参考书，为什么不允许学生在考试时看教科书及其他相关资料

E. 美国1935—1945年的汽油消耗因为世界大战的原因采取配额限制从而下降了35%，与此同时，美国白人的肺癌的发病率也下降了几乎相同的百分比。1946—1956年，美国汽油的消耗量增加了19倍，与此相同的是，在此期间美国白人肺癌死亡人数也增加了19倍。这说明，汽油消耗是造成美国人得癌症的重要原因

解析：

题干得出结论所使用的方法为简单枚举归纳法，选项A使用完全归纳法，选项B使用简单枚举归纳法，选项C使用科学归纳法，选项D使用类比法，选项E使用共变法。所以，正确答案为B。

下面将介绍归纳类比推理的基础知识。

特别提醒：

下面的基础知识并不是必备的，可以跳到第二部分直接做题，在做题和看解析的过程

中掌握这些知识的应用即可。

一、必考基本点

依据前提与结论之间的关系的不同，推理分为：演绎推理与归纳推理。一般来说，演绎推理的结论是必然的，而归纳推理的结论是或然的。

在逻辑试题中，有些试题依靠我们前面所学的知识进行推理就可得出结论，一般题型表现为上真推出下面必真或者必假，这种推理一般为演绎推理。但也有一些推出结论题、削弱与支持题型，其题干中的推理本身就不够严谨，其结论只是可能的，这种题型一般考核点就是归纳、类比等。

所谓归纳推理，就是由一些关于个别事物或现象的知识作为前提，由此概括出该类事物或现象的普遍知识作结论的推理。这是人类获得知识和抽象理论的必由之路。

归纳推理根据其前提是否穷尽该类对象的全部，可以分为完全归纳推理和不完全归纳推理。而不完全归纳推理依据其推演的方式的不同，又可以分为简单枚举归纳推理和科学归纳推理。

（一）完全归纳

当推理的前提穷举了一类事物的所有对象，就称为完全归纳。公式如下：

S 表示事物；P 表示属性。

$$S_1 —— P$$
$$S_2 —— P$$
$$S_3 —— P$$
$$......$$
$$S_n —— P$$

$S_1, S_2, S_3, \cdots, S_n$ 是 S 类对象中的所有分子。

所以，所有的 S——P。

例如：北京市的人口超过 500 万人，上海市的人口超过 500 万人，天津市的人口超过 500 万人，重庆市的人口超过 500 万人；北京、上海、天津、重庆为中国全部的直辖市，所以，中国所有直辖市的人口都超过 500 万人。

我们发现，由于完全归纳推理穷尽了该类事物的所有对象，其结论是必然的。我们也发现，完全归纳推理有一个先天局限性，它只适合能够穷尽所有可能的场合，而在生活中，这种场合非常少见。所以，在管理类综合能力逻辑试题中，这种类型题目出现的可能性几乎没有。

（二）不完全归纳

当 S 被穷尽时，归纳是完全归纳；当 S 没有被穷尽时，就是不完全归纳。

1. 简单枚举归纳推理

当推理的前提只是列举了一类事物的部分对象具有某种属性，并在此基础上得出该类事物普遍具有某种属性的结论，这种归纳就称为简单枚举归纳。公式如下：

S 表示事物；P 表示属性。

$$S_1 —— P$$

$$S_2 \text{——} P$$
$$S_3 \text{——} P$$
$$\cdots\cdots$$
$$S_n \text{——} P$$

$S_1, S_2, S_3, \cdots, S_n$ 是 S 类对象中的部分分子,且没有出现反例。

所以,可能所有的 S——P。

简单枚举归纳推理的过程,通俗地说,就是经验累积的过程,由于只是归纳部分对象,所以,其结论有可能会被推翻。简单枚举归纳推理的结论是或然的。

使用简单枚举归纳推理,容易产生"轻率概括"或"以偏概全"的错误。即:依据少数的、不具有典型代表性的事实,且不注意研究(无意或者故意忽略)可能出现的反面事例,就匆忙得出一般性结论的推理,就是"轻率概括"或"以偏概全"。

例如:看到甲生疮,而甲是中国人,就得出结论:中国人都生疮了。

要提高结论的可靠性,必须遵循以下规则:

前提必须真实;前提的数量应该尽可能多;前提所断定的事实要能够反映事物本身的属性(即:要有足够的代表性)。

2. 科学归纳推理

当推理的前提不但列举了一类事物的部分对象具有某种属性,而且能够寻找到它们之间的因果关系并能做出科学说明的,在科学理论分析的基础上得出该类事物普遍具有某种属性的结论,这种归纳就称为科学归纳。公式如下:

S 表示事物;P 表示属性。

$$S_1 \text{——} P$$
$$S_2 \text{——} P$$
$$S_3 \text{——} P$$
$$\cdots\cdots$$
$$S_n \text{——} P$$

$S_1, S_2, S_3, \cdots, S_n$ 是 S 类对象中的部分分子,且没有出现反例,且发现 S 与 P 之间具有科学内在的因果联系。

所以,很可能所有的 S——P。

例如:金、银、铜、铁等金属受热后体积膨胀。经过分析研究,原因在于金属受热后分子之间的凝聚力减弱,分子之间的距离增大。在此基础上得出所有的金属受热后体积都膨胀。

这种推理就称为科学归纳,虽然其结论仍然是或然的,但可靠性大大增强。

科学归纳在形式上仍然是简单枚举归纳,只不过多了因果联系的诉求。

3. 统计推理

统计推理是基于样本具有某种属性的单位频率推出总体具有某种属性的概率的推理。其结论也只是可能的。

S 表示事物;P 表示属性。

$$S_1 \text{——} P$$

$$S_2 \text{——} P$$
$$S_3 \text{——} P$$
$$\cdots\cdots$$
$$S_n \text{——} P$$

$S_1, S_2, S_3, \cdots, S_n$ 是总体 S 中的样本 S'，且 S' 有 m/n 的概率是 P。

所以，总体 S 也有 m/n 的概率是 P。

在统计推理中，科学的取样是非常关键的。样本有没有代表性，样本能否代表总体，对于统计推理的可靠性的影响非常巨大。一般来说，要坚持分层抽样。

例如：如果我们想统计物价指数，选择什么样的样本？家用电器、鲍鱼？还是房地产、柴米油盐酱醋茶？它们各自在统计中的权重又如何？任何一个地方不同，都会导致统计结果的严重失真。

统计推理是生活中常见的一种推理，但其中的谬误也最多。在逻辑试题中，统计推理基本上都是作为削弱题型的题干出现的。

严格地说，统计推理也是一种简单枚举归纳，我们后面会具体讲讲它在逻辑应试中的表现与作用。

（三）类比推理的基础知识

先看一例：

有些人认为，观看电影中的暴力镜头会导致观众在现实生活中的好斗与暴力倾向。实际上这是荒唐的，难道说只看别人吃饭就能填饱自己的肚子吗？

当结论涉及的事物比较陌生和抽象时，论辩者一般会撇开经验证据，求助于众所周知的事物，利用其与结论涉及的事物之间的相似点来证明自己的结论。由于其类比的事物是众所周知的，所以，类比推理的最直接的效用就是：形象生动，说服力强。类比推理在生活中非常普遍，但它又常常徘徊于可取与荒谬之间。必须小心它的陷阱。

要说明的是，类推法是一种论证方法，类比是一种推理形式，应该说，在学术上这两者是有区别的：类推法是一种内容相当宽泛的推理论证形式，它的外延比类比推理要宽得多。但对于非学术研究仅仅针对考试与生活应用，对两者进行学术上的区分完全没有必要。

1. 什么是类比

通俗地讲，类比就是打比方。类比推理，是根据两个（或两类）对象之间在某些方面的相似或相同，从而推出它们在其他方面也可能相似或相同的一种逻辑推理方法。类比推理是创造的源泉，是对思维的启发，是一个激活与比较的过程，是一个重新组合的过程。

在管理类综合能力试题中，类比主要出现在论证有效性分析写作中。在逻辑试题中主要作为削弱、推出的题干出现。

2. 类比推理的逻辑形式及评价思路

对象 A 和对象 B 都有属性 $a_1, a_2, \cdots, a_n$；

对象 A 还有属性 a_{n+1}；

所以，对象 B 也有属性 a_{n+1}。

例如：

地球是行星，绕轴自转，有昼夜，被大气包围，有水，有生命现象。

火星是行星，绕轴自转，有昼夜，被大气包围，有水。

所以，火星上也可能有生命现象。

类比推理的结论是不必然的，但由于其论证借助了形象的、通俗易懂的例子，往往具有很大的煽动性。我们要学会学会评价类比推理，不要被表面的现象所迷惑，这不仅关乎逻辑得分，更多关系到论证有效性分析写作。

下面是2003年1月论证有效性分析写作真题。

把几只蜜蜂和苍蝇放进一只平放的玻璃瓶，使瓶底对着光亮处，瓶口对着暗处。结果，有目标地朝着光亮拼命扑腾的蜜蜂最终衰竭而死，而无目的地乱窜的苍蝇竟都溜出了细口瓶颈逃生。是什么葬送了蜜蜂？是它对既定方向的执着，是它对趋光习性这一规则的遵循。

当今企业面临的最大挑战是经营环境的模糊性与不确定性。在高科技企业，哪怕只预测几个月后的技术趋势都是件浪费时间的徒劳之举。就像蜜蜂或苍蝇一样，企业经常面临一个像玻璃瓶那样的不可思议的环境。实验告诉我们，在充满不确定性的经营环境中，企业需要的不是朝着既定方向的执着努力，而是在随机试错的过程中寻求生路，不是对规则的遵循而是对规则的突破。在一个经常变化的世界里，混乱的行动比有序的衰亡好得多。

评价：本段论证有至少7处以上的错误，但从论证的角度上看，最核心的错误就是错误地使用了类比论证。实验只是特定环境下的一个生物行为实验，不能简单地将生物行为类推到企业行为，更不能把生物行为实验的结果一般化为企业应对不确定性的普遍原则。蜜蜂和苍蝇的行为仅仅是生物的本能，企业经营决策者是有着能动行为的人。上述论证忽略了这个本质上的差异，其结论当然会有问题。即使是这样一个充满着谬误的论证，在考场上仍然迷惑了很多考生。

3. 评价类比推理的几个批判性问题

要想不被类比推理所迷惑，以下几个问题会对你有所帮助。

（1）两个类比的事物有多大程度的相似性？

（2）表面上的相同是否蕴含着本质上的差异？

（3）类推的相同的前提属性与结论的相关程度如何？

（4）两个事物的属性我们是否都比较了解，有无其他重要信息遗漏？

（5）结论是什么？在论证的过程中有无偷换概念或论题？

4. 经典母题解析

人类学家断言：文化只有当它是独立的而非依赖时才能有所发展。也就是说，只有当被来自它内部的首创精神所取代的时候，它才能有所发展。换句话说，只有民族文化才是推动文化发展的动力，非主体文化可以提供有价值的建议，但是，任何把外来文化的观点强加给它的做法，都会威胁它的独立和发展。如果我们把每一个单独的学校视为一个被割开的文化圈的话，那么教育进步的关键是_____。

以下哪项最好地完成了上述论证？（ ）

A. 每个学校必须独立于外来的压力才能有所发展

B. 某些学校只依靠他们全体员工和学生自己的创造力就能有所发展

C. 学校的管理人员系统随着学校的发展应作相应的调整

D. 外来的因素必须被阻止参与学校的发展

E. 学校的独立性越大，教育进步的越大

解析：

题型：推出结论。考点：类比推理，必要条件、充分条件命题的语言形式。

把教育与文化进行类比，既然文化进步的关键是"只有独立才能发展"，那么，教育进步的关键同样如此。所以，正确答案为 A。

注意："只有……才"所表示为必要条件命题，而选项 B、E 都把必要条件偷换成了充分条件；选项 C 偏离话题太远，选项 D 则错误理解并夸大了"非主体文化可以提供建议，但不能强加"。

（四）探求因果联系的 5 种方法

前面已经讲过，科学归纳推理的结论可靠程度比简单归纳推理要高，因为它寻找到了某类事物部分对象及其属性之间的必然联系。科学归纳推理的结论是在分析某类事物的部分对象具有某种性质的内在原因的基础上得出的，因而，探求对象事物与属性之间的因果联系非常重要。

因果联系是事物现象间一种重要的规律性联系，寻找事物现象间的因果联系，对于管理者来说更为重要。如何在纷纭复杂的现象间快速寻找到规律并避免乱设因果的错误，这对于准确决策是必不可少的。

一般来说，探求因果联系有 5 种方法：求同法、求异法、求同求异并用法、共变法、剩余法。这 5 种方法是人们在长期的实践和认识过程中形成的方法，在理论上它滥觞于培根，成熟于弥尔。

在管理类综合能力逻辑应试中，重点掌握求同法、求异法、共变法即可。

1. 求同法

（1）求同法定义。考察被研究现象出现的若干个场合，如果在这些场合中，只有一个条件是相同的，而其余都不同，那么，这一相同的条件就很可能是被研究现象的原因。

假如我们用 ABCD 等符号分别表示不同的条件，用 Z 表示被研究的现象，则求同法可用下面的公式表示：

场合 1：有条件 ABC，出现被研究现象 Z；

场合 2：有条件 ADE，出现被研究现象 Z；

场合 3：有条件 AFG，出现被研究现象 Z；

所以，A 很可能是导致 Z 的原因。

例如：在 19 世纪，人们对甲状腺肿大的病因还不清楚，后来医疗卫生部门多次组织人员对甲状腺肿大盛行的病区进行调查和比较研究，调查的材料表明：这些地区的人口、气候、风俗等情况虽然各不相同，然而有一个共同情况：这些地区的土壤和水中缺碘，居民的食物和饮用水中也缺碘。于是得出结论：缺碘是引起甲状腺肿大的原因。

（2）使用求同法需要注意的问题。利用求同法进行的论证（常作为削弱题型的题干）。

求同法的特点是异中求同，即通过排除现象间不同的因素、寻找共同的因素来确定现象间的因果联系，使用时必须注意：

其一，注意考察各种场合中是否存在其他隐含的相同因素。如果有其他的共同因素存在，将会对原有的结论产生最大的质疑，这种寻找确定它因式削弱对于运用求同法归纳出结论的论证来说，往往是最有力的削弱。

例如：积雪和棉花有许多不同之处，但都有保温的效果。两者表面的相同点是颜色相同，内在的相同点是疏松多孔，能存储空气。显然，颜色相同并不是保温的原因，疏松多孔才是保温的原因。

使用求同法，不能仅凭表面相同的情况就匆忙得出结论，要挖掘内在的相同点。

（3）经典母题解析。

光线的照射，有助于缓解冬季忧郁症。研究人员曾对9名患者进行研究，他们均因冬季白天变短而患上了冬季抑郁症。研究人员让患者在清早和傍晚各接受3小时伴有花香的强光照射。一周之内，7名患者完全摆脱了抑郁，另外两人也表现出了显著的好转。由于光照会诱使身体误以为夏季已经来临，这样便治好了冬季抑郁症。

以下哪项如果为真，最能削弱上述论证的结论？（　　）

A. 研究人员在强光照射时有意使用花香伴随，对于改善患上冬季抑郁症的患者的适应性有不小的作用

B. 9名患者中最先痊愈的3位均为女性，而对男性患者治疗的效果较为迟缓

C. 该实验均在北半球的温带气候中，无法区分南北半球的实验差异，但也无法预先排除

D. 强光照射对于皮肤的损害已经得到专门研究的证实，其中夏季比起冬季的危害性更大

E. 每天6小时的非工作状态，改变了患者原来的生活环境，改善了他们的心态，这是对抑郁症患者的一种主要影响

解析：

题型：削弱；考点：求同法。

研究人员运用求同法得出结论：由于光照会诱使身体误以为夏季已经来临，这样便治好了冬季抑郁症。选项E表明，在先行现象或伴随现象中，除"伴随花香的光照照射"这一个共同情况外，还有"每天6小时的非工作状态"这一共同情况，后者改变了患者原来的生活环境，改善了他们的心态（而这种心态是导致忧郁症的主要原因）。因此，光线照射的增加与冬季忧郁症缓解这两者之间的联系，只是一种表面的非实质性关系。这就是寻找确定它因式削弱。在逻辑试题和管理实践中，这种思路较为常见。

A项也有一定的削弱，但其并没有确定排除强光的影响，削弱力度不明。

寻找到事物间的因果联系是一个合格管理者必须具备的素质，因此，在管理类综合能力逻辑试题中，本知识点出现的概率还是非常大的，主要考试形式有：推出结论、削弱、支持、解释等题型。我们将在下一章中进行详细讲解。

2. 求异法

（1）求异法定义。如果被研究现象出现的场合与被研究现象不出现的场合中，其先行情况中，只有一个情况是不同的，其他的情况完全相同，而两场合中这个唯一不同的情况，在被研究现象出现的场合中是存在的，在被研究现象不出现的场合中是不存在的，那么，这个唯一不同的先行情况很可能与被研究现象之间具有因果联系。

（2）求异法的逻辑形式。

场合	先行情况	被研究现象
1	A、B、C、D	a
2	B、C、D	—

所以，A 很可能是 a 现象的原因（结果）。

求异法的特点是同中求异。它主要是一种实验方法。因为自然现象复杂多样，很难在非人工条件下找到求异法所需要的两个场合。所以，求异法大多数是以实验观察为依据的，被观察的两场合分别为用作试验的一组和用作对照的一组，以便人们进行精确的比较。一般来说，求异法的结论要比求同法的结论可靠一些。求异法的思路必须掌握，因为它在管理实践中还是非常有价值的。

（3）运用求异法必须注意的问题。

1）必须注意两个场合中有没有其他不同的情况。

应用求异法，应当严格遵守"其他情况相同"，如果其他情况中还隐藏着另一个差异情况，将对原结论提出最大的质疑。

2）必须注意，这两个场合中唯一不同的情况，是被研究现象的整个原因，还是其中的部分原因。

有时候，被研究现象的原因是复合原因，各部分原因的单独作用是不同的。在这个时候，如果总原因的一部分情况消失时，被研究现象也同样不能出现。例如：

植物光合作用的过程，其原因就是复合的。植物吸收太阳光的能、空气中的二氧化碳和水分转化成碳水化合物。如果没有阳光的辐射供给能量，光合作用就会中断。但注意：阳光的辐射仅仅是光合作用的一部分原因。

（4）经典母题解析。

在一项实验中，把实验人群分为两组，第一组被试验者摄取了大量的人造糖，第二组则没有吃糖。结果发现，吃糖的人比没有吃糖的人认知能力低。这一实验说明，人造糖中所含的某种成分会影响人的认知能力。

以下哪项最可能是上述论证的假设？（ ）

A. 在上述实验中，第一组被试验者吃的糖大大超出日常生活中糖的摄入量

B. 上述人造糖中所含的该种成分也存在于大多数日常食物中

C. 第一组被试验者摄取的糖的数量没有超出卫生部门规定的安全范围

D. 两组被试验者的认知能力在试验前是相当的

E. 两组被试验者的人数相等

解析：

题型：假设；考点：求异法。

题干中的结论来自于求异法试验：一试验组，一对照组。运用求异法得出结论必须遵守：其他情况相同。作为假设，必须保证，至少在某个相关方面是相同的。D 项如果真，则说明至少要保证两组测试人员其原先的能力是一样的。如果 D 为假，则说明，真正的原因是这两组被实验者在认知能力上本身就存在差异。假设题也都可以改换成削弱题，请考生试试看：把选项 D 否定后，是不是变成了对原论证的削弱？实际上，削弱题与加强题解题步骤与思路基本一致，只是思路相反。

在逻辑试题中，探求因果联系的方法主要考点就是上面的求同法、求异法。下面还有3种方法，但基本精神还是求同、求异。

3. 求同求异并用法

求同求异并用法亦称契合差异并用法。

以下内容可以不掌握。

其规则是：如果只有一个共同的先行情况在被研究现象存在的若干正面场合中出现，而在被研究现象不出现的若干反面场合中不出现，那么，这个共同的先行情况是被研究现象的原因。

求同求异并用法的特点是：两次求同，一次求异。

求同求异并用法不同于先用求同法、再用求异法的求同求异连续应用，因为再用求异法同中求异时，要求其他先行情况不同而其余情况相同，求同求异并用法并不要求其他先行情况不同。求同求异并用法是从正、反两方面来探求严格联系的，因此，结论虽然是或然的，但是，跟只用求同法或者只用求异法相比，结论可靠得多。

求同求异法逻辑公式：

场合	先行（后行）情况	被研究现象
正面场合（1）	A，B，C	a
（2）	A，C，D	a
（3）	A，E，F	a
……	……	……
负面场合（1）	—，B，H	—
（2）	—，D，I	—
（3）	—，F，K	—
……	……	……

所以，A与a有因果联系。

4. 共变法

共变法是从现象变化的数量或程度来判明因果关系的，因而这种可以度量的方法是较可靠的。共变法的规则是：如果在先行情况中，只有一个情况发生某种方式的变化而其余情况相同，被研究现象也相应发生某种方式的变化，那么，这个唯一发生变化的先行情况是被研究现象的原因。共变法的特点是：同中求变。

由于因果联系的复杂性，共变法也可能掩盖真正的原因。共变关系只在一定的限度内存在。超出这个限度，共变关系就不存在了。共变法是科学实验中常用的方法。

共变法可用下述公式来表示：

场合	先行情况	被研究现象
（1）	A_1、B、C、D	a_1
（2）	A_2、B、C、D	a_2
（3）	A_3、B、C、D	a_3
……	……	……

所以，A 是 a 的原因（或结果）。

下面我们通过一个形象有趣的案例来加深对探求因果联系方法的理解。

有人做过一个十分有趣的统计：过去几百年间流传至今的 466 幅圣母玛利亚的画像中，有 373 幅里的耶稣是在左边吸吮圣母的乳汁的，这一数字大约是全部被统计画幅的 80% 左右。

艺术是生活的概括，如果你稍微注意的话，就会发现，大多数母亲喂奶时，也是把婴儿抱在自己的左边。据心理学家统计，80% 的母亲都是把婴儿抱在左边的。

（分析：这一部分结论的得出来自于求同法，统计推理。）

为什么会这样？为此，有个心理学家做了以下的两个实验：

（分析：接下来寻求因果联系。）

一个实验是让一些婴儿间断地听每分钟 72 次心跳录音。结果发现，这些婴儿在不听录音时啼哭时间是 60%，而在听录音时，就比较安静，啼哭的时间降至 38%。

（分析：求异法。）

另一个实验是任选四组婴儿，每组人数相同，把他们放在声音环境不同的房间里。第一个房间保持寂静；第二个房间放催眠曲；第三个房间放模拟的心跳声；第四个房间放真实的心跳声的录音。用这样的方法，试验一下哪一个房间的婴儿最先入睡。结果是第四个房间的婴儿，只用了其他房间中婴儿入睡所需时间的一半，就进入梦乡。然后依次是第三个房间、第二个房间、第一个房间里的婴儿先后入睡。这个实验不但证明心跳声是一种有很强镇静作用的外界刺激，而且表明模拟的心跳声的效果不如真的心跳声的效果。

（分析：这里运用的有求同求异、共变法。通过实验证明，听到母亲的心跳声对婴儿有某种抚慰的作用。）

5. 剩余法

剩余法是通过排除其他原因后确定剩余的原因与结果的联系的。

剩余法的规则是：找出某一被研究现象的一组可能的原因，一一研究之后，除了一个外，其他原因都不是被研究现象的真正原因。

剩余法的特点是：从余果求余因。

剩余法可用下述公式来表示：

已知 A、B、C、D 是被研究现象 a、b、c、d 的原因。

已知，

A 是 a 的原因，

B 是 b 的原因，

C 是 c 的原因，

所以，D 与 d 之间有因果联系。

剩余法也是科学研究中常用的一种逻辑方法。应用剩余法最典型的例子是居里夫人对镭的发现。

有一次，居里夫人和她的丈夫为了弄清一批沥青铀矿样品中是否含有值得加以提炼的铀，他们对其中的含铀量进行了测定。但他们惊讶地发现，有几块样品的放射性甚至比纯铀的放射性还要大。

她已知：纯铀的放射线的强度，并且已知一定量的沥青矿石中所含的纯铀的数量，纯铀不能解释这种现象，必定还有另外一个剩余部分，这剩余部分必然还有另外的原因。据此，居里夫妇反复试验研究，终于在1898年7月，发现在沥青铀矿中还有一种新的放射性元素镭。这就是剩余法的思路。

二、归纳推理、类比推理的相关谬误基本功要义

（一）偏向样本的谬误

1. 所谓偏向样本，是指归纳统计推理中，其所选择的样本没有代表性，只涉及调查对象的某一个层面，而没有顾及其他层面的谬误；或者样本数量太少（个位数）。

2. 经典母题解析。

为了调查当前人们的识字水平，其实验者列举了20个词语，请30位文化人士识读，这些人的文化程度都在大专以上。识读结果显示，多数人只读对3~5个词语，极少数人读对15个以上，甚至有人全部读错。其中，"蹒跚"的辨识率最高，30人中有19人读对；"呱呱坠地"所有人都读错。20个词语的整体误读率接近80%。该实验者由此得出，当前人们的识字水平并没有提高，甚至有所下降。

以下哪项如果为真，最能对该实验者的结论构成质疑？（　　）

A. 实验者选取的20个词语不具有代表性
B. 实验者选取的30位识读者均没有博士学位
C. 实验者选取的20个词语在网络流行语言中不常用
D. "呱呱坠地"这个词的读音有些大学老师也经常读错
E. 实验者选取的30位识读者中约有50%大学成绩不佳

解析：

题干的论证结构为，基于证据"20个词语的整体误读率接近80%"，从而得出结论"当前人们识字水平没有提高"，所使用的方法为统计归纳。最容易出现问题的地方就在于其样本没有代表性。正确答案为A。

（二）统计单位上的诡辩

在西方国家，每当飞机发生空难时，常听到航空公司的人士辩解说："乘坐飞机还是比乘坐火车安全。"理由是"飞机飞行10万公里死亡1人，而火车行驶5万公里就有1人死亡"。

这种论证当然有陷阱。因为把两种速度相差很大的交通工具，用运行距离作单位来比较它们的安全性，是很不科学的。

在用统计数字的方法表示一个国家的自然资源情况和经济发展程度时，只计算总量而不计算人均数量，也属于统计中的诡辩。

（三）平均数陷阱

1. 算术平均数是指在一组数据中所有数据之和除以数据的个数。算术平均数是表示一组数据集中趋势的量数，它是反映数据集中趋势的一项指标。但是算术平均数由于其简单平均，也非常容易出现陷阱，特别是其最高值与最低值差距巨大或者某个个案特别突出时。

例如:他在一条平均深度只有 0.2 米的小河里溺水而亡。

或许,这条河的最深地方有 3 米,但其余深度都不足 0.1 米。

又如:"本公司现有职工 19 名,人均月薪 5000 元。现诚招技术工人一名。"

或许,该公司的老总一人月薪 8 万元呢。

又如:本楼盘每平方米均价 2200 元。

以上这些都是日常生活中常见的数字陷阱。

特别要注意其中最大值和最小值之间的差异和分布范围;否则,就容易掉入平均数的陷阱。

2. 经典母题解析。

李工程师认为,在日本,肺癌病人的平均生存年限(即从确诊至死亡的年限)是 9 年,而在亚洲的其他国家,肺癌病人的平均生存年限只有 4 年。因此,日本在延长肺癌病人生命方面的医疗水平要高于亚洲的其他国家。

以下哪项如果为真,最能指出李工程师论证中的漏洞?(　　)

A. 亚洲一些发展中国家的肺癌患者是死于由肺癌引起的并发症

B. 日本人的平均寿命不仅居亚洲之首,且居世界之首

C. 日本的胰腺癌病人的平均生存年限是 5 年,接近于亚洲的平均水平

D. 日本医疗技术的发展,很大程度上得益于对中医的研究和引进

E. 一个数大大高于某些数的平均数,不意味着这个数高于这些数中的每个数

解析:

题干基于日本肺癌病人平均生存 9 年,大于亚洲其他国家平均生存年限 4 年,由此得出:日本在此方面的技术水平高于亚洲其他国家。该论证存在如下陷阱:假如"亚洲其他国家"中有的国家生存年限非常高,比如 11 年,有的国家非常低,只有 8 个月,则其平均值仍然可能只有 4 年。由此可知,一个集合中的众多数字的平均值低于某个值,不代表这个集合中的每一个数字都低于某个值。例如 (11+2+2+1) 这个集合平均值为 4,小于数字 9,但 11 仍然大于 9。这就是平均值陷阱。所以,正确答案为 E。

(四)百分比基数陷阱

1. 一般题干仅提供两种事物的某种百分比的高低就以此得出两种事物结果的高低,则该论证就很有可能存在陷阱:该百分比所赖以计算出来的基数是不同的。

例如:昌南市去年的重大刑事案件发生率较前年下降了 10%,而同期上海市的这个数字增长了 100%。

又如:昌南市最近工资增长率为 200%,同期物价指数下降了 30%。

其实,没有基数的百分比是没有什么比较价值的。

2. 经典母题解析。

针对当时建筑施工中工伤事故频发的严峻形势,国家有关部门颁布了《建筑业安全生产实施细则》(以下简称《细则》)。但是,在《细则》颁布实施两年间,覆盖全国的统计显示,在建筑施工中伤亡职工的数量每年仍有增加。这说明,《细则》并没有得到有效的实施。

以下哪项如果为真,最能削弱上述论证?(　　)

A. 在《细则》颁布后的两年中，施工中的建筑项目的数量有了大的增长
B. 严格实施《细则》，将必然提高建筑业的生产成本
C. 在题干所提及的统计结果中，在事故中死亡职工的数量较《细则》颁布前有所下降
D. 《细则》实施后对工伤职工的补偿抚恤金的标准较之前有所提高
E. 在《细则》颁布后的两年中，在建筑业施工的职工数量有了很大的增长

解析：

题干证据，"在《细则》颁布实施两年间，在建筑施工中伤亡职工的数量每年仍然增加，"得出结论"《细则》没有得到有效实施"。其陷阱就在于忽略了基数的增长情况。如果两年来，在建筑业施工的职工数量有了非常大的增长，则其"伤亡数量的增加"，并不代表"其伤亡的百分比不会下降"。E项明确指出此点。A项不一定削弱，因为"建筑项目"的增长不一定意味着"建筑职工数量"的增长。所以，正确答案为E。

三、必考题型解题方法精讲

（1）母鼠对它所生的鼠崽立即显示出母性行为。而一只刚生产后的从未接触鼠崽的母鼠，在一个封闭的地方开始接触一只非己所生的鼠崽，7天后，这只母鼠显示出明显的母性行为。如果破坏这只母鼠的嗅觉，或者摘除鼠崽产生气味的腺体，上述7天的时间将大大缩短。

上述断定最能推出以下哪项结论？（ ）
A. 不同母鼠所生的鼠崽发出不同的气味
B. 鼠崽的气体是母鼠母性气味的重要诱因
C. 非己所生的鼠崽的气味是母鼠对其产生母性行为障碍的原因
D. 公鼠对鼠崽的气味没有反应
E. 母鼠的嗅觉是老鼠繁衍的障碍

解析：

题型：推出结论；考点：归纳求同求异法。

题干所给断定为两个有差别的现象。如果母鼠接触非己所生的鼠崽，而且能够闻到其气味，则会出现一个明显的母性行为的障碍（7天滞后期）；如果母鼠接触非己所生的鼠崽，但不能闻到这只幼鼠的味道，则不会出现这个母性行为的障碍；根据求异法，可推出结论：非己所生的鼠崽的气味很可能是导致母鼠产生母性行为障碍的原因。所以，正确答案为C。

选项A具有较强的干扰性，但它不是本题干所要证明的结论。其余选项的话题范围均超出题干所要表达的话题。

（2）通常认为左撇子比右撇子更容易出操作事故。这是一种误解。事实上，大多数家务事故，大到火灾、烫伤，小到切破手指，都出自右撇子。

以下哪项最为恰当地概括了上述论证中的漏洞？（ ）
A. 对两类没有实质性区别的对象作实质性的区分
B. 在两类不具有可比性的对象之间进行类比

C. 未考虑家务事故在整个操作事故中所占的比例
D. 未考虑左撇子在所有人中所占的比例
E. 忽视了这种可能性：一些家务事故是由多个人造成的

解析：

题型：指出论证缺陷；考点：忽略基数。

比例背后的基数。只有考虑各自在所有人群中所占的比例、基数，才能确定哪个更容易出事故。如果左撇子的绝对人口少，在所有人中所占的比例非常低，即使左撇子出事故的概率高达100%，但其在所有的事故当中所占的比例也是占少数的。所以，正确答案为D。

（3）昨天冬冬和妞妞都病了，病症也类似。平日两人每天下午都在一起玩，因此，两人可能患的是同一种病，冬冬的病症有点像链球菌感染，但他患的肯定不是这种病。因此，妞妞患的病也肯定不是链球菌感染。

以下哪项最为准确地概括了上述论证中的漏洞？（　　）

A. 预先假设了所有证明的结论
B. 颠倒了某个特定现象的结果与原因
C. 把一种判定可能性结论的证据当做判定事实性结论的证据
D. 在缺乏可比性的对象之间进行不当类比
E. 基于某个特例轻率概括出一般性结论

解析：

题型：指出论证缺陷；类比。题干论证的结构为，两人病症类似，平时下午都在一起玩，因此，可能患同一种病。这个推论基础为求同方法的一种可能性的结果，因为有很多病会有类似的病症。在此基础上，题干最后推出结论，由于冬冬患的肯定不是链球菌感染，所以，妞妞患的也肯定不是链球菌感染。这样，题干把求同法、类比推理的结论从可能性给变成了必然性。所以，正确答案为C。

选项D有一定的干扰，但题干的类比并不是完全缺乏可比性的，两者还是有很多相似性的，只不过把可能的结论当成了必然性的、事实性的结论。

（4）硕鼠通常不患血癌。在一项实验中发现，给300只硕鼠同等量的辐射后，将它们平均分为两组，第一组可以不受限制地吃食物，第二组限量吃食物。结果第一组75只硕鼠患血癌，第二组只有3只患血癌。因此，通过限制硕鼠的进食量，可以控制由实验辐射导致的硕鼠血癌的发生。

以下哪项如果为真，最能削弱上述实验结论？（　　）

A. 硕鼠与其他动物一样，有时原因不明就患有血癌
B. 第一组硕鼠的食物易于使其患血癌，而第二组的食物不易使其患血癌
C. 第一组硕鼠体质较弱，第二组大鼠体质较强
D. 对其他种类的实验动物，实验辐射很少导致患血癌
E. 不管是否控制进食量，暴露于实验辐射的硕鼠都可能患有血癌

解析：

题型：削弱；考点：求同求异法。

题干根据求异法实验,由于两组硕鼠已知的差别是进食量的不同,而最后的结果是血癌的发生率不同,由此得出结论,通过限制硕鼠的进食量可以控制由实验辐射导致的硕鼠血癌的发生。根据求异法规则,要求两组硕鼠中,除了题干所提到的差异外,没有其他的不同。如果选项 B 为真,则意味着,这两组硕鼠之所以出现血癌的发生率的不同,是因为两组硕鼠的食物的质地不同,而这才是导致血癌发生率不同的原因。有别的差异,有别的原因,对题干所认为的原因是一个有力的削弱。选项 C 有一定的干扰,但题干所给材料是"平均分为两组",C 未必能削弱。另外,选项 B 所陈述的内容与题干的已知现象的话题关键词更加相关。所以,正确答案为 B。

(5) 世界卫生组织在全球范围内进行了一项有关献血对健康影响的跟踪调查。调查对象分为 3 组。第一组对象中均有 2 次以上的献血记录,其中最多的达数十次;第二组中的对象均仅有一次献血记录;第三组对象均从未献过血。调查结果显示,被调查对象中癌症和心脏病的发病率,第一组分别为 0.3% 和 0.5%,第二组分别为 0.7% 和 0.9%,第三组分别为 1.2% 和 2.7%。一些专家依此得出结论,献血有利于减少患癌症和心脏病的风险。这两种病已经在发达国家而且也在发展中国家成为威胁中老人生命的主要杀手。因此,献血利己利人,一举两得。

以下哪项如果为真,将削弱以上结论?(　　)

Ⅰ. 60 岁以上的调查对象,在第一组中占 60%,在第二组中占 70%,在第三组中占 80%。

Ⅱ. 献血者在献血前要经过严格的体检,一般具有较好的体质。

Ⅲ. 调查对象的人数,第一组为 1700 人,第二组为 3000 人,第三组为 7000 人。

A. 只有Ⅰ　　　　B. 只有Ⅱ　　　　C. 只有Ⅲ　　　　D. 只有Ⅰ和Ⅱ

E. Ⅰ、Ⅱ和Ⅲ

解析:

题型:削弱;考点:求同求异法,百分比。

这个调查实际上也是一个对比实验,所依据的是求异法和共变法。这个调查的结论要成立,则要求被调查对象除了献血和不献血的差异外,在其他方面没有重要的差别。如果发现有其他的差别,则对推理的结论构成质疑。

Ⅰ如果是真的,则这 3 个组中,60 岁以上的被调查对象是在递增的,而题干认为癌症和心脏病是中老年人的主要杀手,所以,3 个组的癌症和心脏病的发病率的增加,与中老年人的比率增加有关系。

Ⅱ如果是真的,则表明献血者和非献血者有体质上的差异。即:第一组多次献血,其体质好的人所占比例高;第三组几乎没有献血,在本组中体质好的比例最低。所以,能够解释已有数据上的差异。

Ⅲ如果为真,仅仅说明调查对象人数上的差异,并不能说明其样本就没有代表性。

所以正确答案为 D。

(6) 赞扬一个历史学家对于具体历史事件阐述的准确性,就如同是在赞扬一个建筑师在完成一项宏伟建筑物时使用了合格的水泥、钢筋和砖瓦,而不是赞扬一个建筑材料供应商提供了合格的水泥、钢筋和砖瓦。

以下哪项最为恰当地概括了题干所要表达的意思？（　　）

A. 合格的建筑材料对于完成一项宏伟的建筑是不可缺少的

B. 准确地把握具体的历史事件，对于科学地阐述历史发展的规律是不可缺少的

C. 建筑材料供应商和建筑师不同，他的任务仅是提供合格的建筑材料

D. 就如同一个建筑师一样，一个历史学家的成就，不可能脱离其他领域的研究成果

E. 一个历史学家必须准确地阐述具体的历史事件，但这并不是他的主要任务

解析：

题型：概括主题式推出可能结论。考点：类比推理。

题干为一个类比推理。把"赞扬一个历史学家对于具体历史事件阐述的准确性"比作赞扬建筑师，而不是赞扬材料供应商。类比，把 A 比作 B，其主要中心思想是为了说明 A 具有什么属性，所以，题干的话题是一个历史学家应该怎样看待准确地阐述历史事件。选项含有这个话题的只有 E。另外，既然是比作赞扬建筑师完成宏伟的建筑物时使用合格的钢筋水泥等，而不是赞扬建筑材料供应商提供了合格的水泥等，所以，关键之处在于把建筑师与材料供应商进行区别：对于材料供应商来说，提供合格的钢筋水泥等建筑材料是他的主要任务；但对于建筑师来说，仅仅只是使用合格的建材还远远不够。其余选项的关键概念都偏离话题了。

正确答案为 E。

本类概括中心思想类的试题必须抓住话题关键词，不要走题偏题。

（7）脑部受到重击后人就会失去意识，有人因此得出结论：意识是大脑的产物，肉体一旦死亡，意识就不复存在。但是，一台被摔的电视机突然损坏，它正在播出的图像当然立即消失，但这并不意味着正由电视塔发射的相应图像信号就不复存在了。因此，要得出"意识不能独立于肉体而存在"的结论，恐怕还需要更多的证据。

以下哪项最为准确地概括了"被摔的电视机"这一实例在上述论证中的作用？（　　）

A. 作为一个证据，它说明意识可以独立于肉体而存在

B. 作为一个反例，它驳斥关于意识本质的流行信念

C. 作为一个类似意识丧失的实例，它从自身中得出的结论和关于意识本质的流行信念显然不同

D. 作为一个主要证据，它试图得出结论：意识和大脑的关系，类似于电视图像信号和接收它的电视机之间的关系

E. 作为一个实例，它说明流行的信念都是应当质疑的

解析：

题型：概括论证方法；考点：类比推理。

题干的结论是怀疑"意识不能独立于肉体而存在"这种观念，其所使用的证据是"被摔的电视机"，这种论证方式就是类比推理，其结构为把 A 比作 B。选项 C 概括得最为准确。其余选项都或多或少夸大其辞。D 为容易误选项，但这个电视机作为证据是质疑传统观点的，"意识和大脑的关系，类似于电视图像信号和接收它的电视机之间的关系"只是题干论证的基础，而非结论。选项 E 的结论太绝对化了，题干只是说明某个流行的观念是值得怀疑的，并非说"所有的流行的信念都是应当质疑的"。所以正确答案为 C。

(8) 京华大学的 30 名学生近日答应参加一项旨在提高约会技巧的计划。在参加这计划前 1 个月，他们平均已经有过一次约会。30 名学生被分成两组：第一组与 6 名不同志愿者进行 6 次"实习性"约会，并从约会对象得到对其外表和行为的看法的反馈；第二组仅为对照组。在进行"实习性"约会前，每一组都要分别填写社交忧惧调查表，并对其社交的技巧评定分数。进行"实习性"约会后，第一组需要再次填写调查表。结果表明：第一组较之对照组表现出更少的社交忧惧，在社交场合更多自信，以及更易进行约会。显然，实际进行约会，能够提高社会交际的水平。

以下哪项如果为真，最可能质疑上述推断？（　　）

A. 这种训练计划能否普遍开展，专家们对此有不同的看法

B. 参加这项训练计划的学生并非随机抽取的，但是所有报名的学生并不知道实验计划将要包括的内容

C. 对照组在事后一直抱怨他们并不知道计划已经开始，因此，他们所填写的调查表因对未来有期待而填得比较悲观

D. 填写社会交忧惧调查表时，学生需要对约会的情况进行一定的回忆，男学生普遍对约会对象评价得较为客观，而女学生则显得比较感性

E. 约会对象是志愿者，他们事先并不了解计划的全过程，也不认识约会的实验对象

解析：

题型：削弱；考点：求异法。

这个约会计划实际上是一个求异法的对比试验。其结论是：实际进行约会能够提高社交水平，因为：在所填写的调查表中，实习组比对照组显示出更多的自信。这个是根据求异法得出的。因为实习组和对照组的差异只有一个：进行过"实习性"约会。

如果选项 C 为真，则还有一个差异：实习组知道正在试验，而对照组则不知道，并且因此填得比较悲观。这就对题干构成了最有力的质疑。本题削弱思路属于"有确定它因导致这个结果"。正确答案为 C。

(9) Y 现象一直据信是引起 Z 现象的原因。某研究者注意到，X 现象总是先于 Y 和 Z 现象出现，因此，他假设，引起 Z 现象的原因是 X 而不是 Y。

以下哪项进一步的观察结果，最有力地支持该研究者的上述假设？（　　）

A. 在 X 出现但 Y 不出现的情况下，X 出现后 Z 通常也出现

B. 在 X 出现后 Y 也出现的情况下，Z 通常随着 Y 出现

C. 在 Y 出现但 X 不出现的情况下，Z 通常随着 Y 出现

D. 在 Y 出现但 Z 不出现的情况下，X 通常先于 Y 出现

E. 在 Z 出现的情况下，X 和 Y 通常先出现

解析：

题型：加强；考点：求同存异。A 项说明没有 Y 的时候 Z 也会出现。求同求异。正确答案为 A。

(10) 一群在实验室里研究老鼠体内的钙新陈代谢的科学家发现去除老鼠的甲状旁腺可以导致老鼠血液中的钙的水平比正常水平低得多，这个发现使科学家们假设甲状旁腺的功能是调节血液中的钙的水平。当钙的水平降到正常范围之下，它就升高钙的水平。在进

一步的实验中，科学家们不但去除了老鼠的甲状旁腺，而且去除了它们的肾上腺，他们出人意料地发现老鼠血液内钙的水平的下降比只去除甲状旁腺时慢得多。

下面哪一项，如果正确，能与科学家的假设相一致地解释那个出人意料的发现？（　　）

　　A. 肾上腺的作用是降低血液中的钙的水平

　　B. 肾上腺与甲状旁腺在调节血液内的钙的水平时的作用是一样的

　　C. 甲状旁腺的缺乏能促使肾上腺增加血液中的钙水平

　　D. 如果只是把老鼠的肾上腺，而没有把其他的腺移去，这只老鼠的血液内的钙的水平将会维持不变

　　E. 甲状旁腺的仅有功能是调节血液中的钙的水平

解析：

题型：解释；考点：求异法得出结论。

第一次实验：去除甲状腺保留肾上腺，钙水平下降很快。

第二次实验：不仅去除甲状腺，而且去除了肾上腺，结果钙水平下降比第一次慢得多。

根据求异法规则得出：肾上腺与血液中钙的水平下降速度快慢可能有关。

由此可能得知：肾上腺的作用是降低血液中的钙水平。所以，正确答案为 A。

四、必考题型训练

（1）14 世纪中叶，欧洲各种类型的作家都显示了他们对游戏的兴趣，但是，这一时期的作家没有一个提到过玩扑克。14 世纪的成文法也没有提及对玩扑克的禁止或限制，尽管提到了骰子、棋类和其他的游戏。

如果上述论述为真，以下哪项是最有可能被接受的结论？（　　）

　　A. 玩扑克与玩骰子棋类等游戏可能有同样长的历史

　　B. 玩骰子的历史可能比玩其他游戏的历史更悠久

　　C. 玩扑克的游戏源于何时至今仍没有定论

　　D. 那一时期玩扑克在欧洲可能还不普及

　　E. 文字记载没提到的游戏不一定没有人玩

（2）一种海洋蜗牛产生的毒素含有多种蛋白，将其中一种注入老鼠体内后，可以使只有两星期大的或更小的老鼠进入睡眠状态，而使大一点的老鼠到处寻找藏身之处。当老鼠受到突然的严重威胁时，非常小的那些老鼠的反应是完全静止不动，而大一些的会逃跑。

以上陈述的事实最有力地支持下列哪一项假设？（　　）

　　A. 老鼠对突然出现的严重威胁做出反应，是由于受到体内产生的一种化学物质的刺激，这种化学物质和注射入老鼠体内的蛋白质相似

　　B. 蜗牛毒素中含有的注入老鼠体内的那种蛋白质的常见主要功能是通过促使蜗牛完全不动来保护它

　　C. 注入老鼠体内的蛋白质，如果向成年的老鼠体内注射更大的剂量，也能使成年老鼠进入睡眠状态

D. 幼鼠遇到突发性的严重威胁情况的可能性和大老鼠差不多

E. 幼鼠还没有发育成熟以致不能正确处理它们最常见的刺激

(3) 在一次试验中，一位博士生和一个机器人各自独立地通过电脑回答一组问题，一群科学家再去鉴别电脑屏幕上的哪些回答是由博士生做出的，哪些回答是由机器人做出的，而鉴别结果的差错率竟然高达78%。有一些人认为，试验中所提出的那组问题肯定是不充分的，因为它们不能使一群科学家分辨出那位博士生和那个机器人。

这些人的怀疑基于下面哪一项未陈述的前提？（　　）

A. 有的机器人能够与国际象棋高手博弈

B. 那位博士生是一位围棋高手

C. 那个机器人是 IBM 公司的最新一代产品

D. 在那位博士生和那个机器人之间本来存在相当大的差别

E. 有时候机器比人还厉害

(4) 在20世纪50年代，我国森林覆盖率为19%，60年代为11%，70年代为6%，80年代不到4%。随着森林覆盖率的逐年减少，植被大量破坏，削弱了土地对雨水的拦蓄作用，一下暴雨，水卷泥沙滚滚而下，使洪涝灾害逐年严重。可见，森林资源的破坏，是酿成洪灾的原因。

以下哪项使用的方法与上文最类似？（　　）

A. 敲锣有声，吹箫有声，说话有声。这些发声现象都伴有物体上空气的振动，因而可以断定物体上空气的振动是发声的原因

B. 把一群鸡分为两组，一组喂精白米，鸡得一种病，脚无力，不能行走，症状与人的脚气病相似。另一组用带壳稻米喂，鸡不得这种病。由此推测带壳稻米中某些精白米中所没有的东西是造成脚气病的原因。进一步研究发现，这种东西就是维生素B1

C. 意大利的雷地反复进行一个实验，在4个大口瓶里，放进肉和鱼，然后盖上盖或蒙上纱布，苍蝇进不去，一个蛆都没有。另4个大口瓶里，放进同样的肉和鱼，敞开瓶口，苍蝇飞进去产卵，腐烂的肉和鱼很快生满了蛆。可见，苍蝇产卵是鱼肉腐烂生蛆的原因

D. 棉花是植物纤维，疏松多孔，能保温。积雪是由水冻结而成的，有40%~50%的空气间隙，也是疏松多孔的，能保温。可见，疏松多孔是能保温的原因

E. 在有空气的玻璃罩内通电击铃，随着抽出空气量的变化，铃声越来越小，若把空气全抽出，则完全听不到铃声。可见，声音是靠空气传播的

(5) 核电站所发生的核泄露严重事故的最初起因，没有一次是设备故障，都是人为失误所致。这种失误，和小到导致交通堵塞、大到导致仓库失火的人为失误，没有实质性的区别。从长远的观点看，交通堵塞和仓库失火几乎是不可避免的。

上述断定最能支持以下哪项结论？（　　）

A. 核电站的设备不可能因故障而导致事故

B. 核电站的设备管理并不比指挥交通、管理仓库复杂

C. 核电站如果持续运作，那么发生核泄露严重事故几乎是不可避免的

D. 人们通过严格的规章制度以试图杜绝安全事故的努力是没有意义的

E. 为使人类免于核泄漏引起的灾难，世界各地的核电站应当立即停止运行

（6）拥挤的居住条件所导致的市民健康状况明显下降，是清城面临的重大问题。因为清城和广川两个城市的面积人口相当，所以，清城面临的上述问题必定会在广川出现。

以下哪项最为恰当地指出了上述论证的漏洞？（　　）

A. 不当的预设：拥挤的居住条件是导致市民健康状况下降的唯一原因

B. 未能准确区分人口数量和人口密度这两个概念

C. 未能准确区分一个城市的面积和它的人口这两个不同的概念

D. 未能恰当地选择第三个比较对象以增强结论的说服力

E. 忽略了相同的人口密度可以有不同的居住条件

（7）陈教授：中世纪初欧洲与东亚之间没有贸易往来，因为在现存的档案中找不到这方面的任何文字记录。

李研究员：您的论证与这样一个论证类似：传说中的喜马拉雅雪人是不存在的，因为从来没有人作证亲眼看到过这种雪人。这一论证的问题在于：有人看到雪人当然能证明雪人存在，但没人看到不能证明雪人不存在。

以下哪项最为准确地概括了李研究员所要表达的结论？（　　）

A. 断定中世纪初欧洲与东亚之间存在贸易往来，和断定存在喜马拉雅雪人一样，缺少科学的证据

B. 尽管缺少可靠的文字记录，但中世纪初欧洲与东亚之间非常可能存在贸易往来

C. 不同内容的论证之间存在可比性

D. 不能简单地根据缺乏某种证据证明中世纪初欧洲与东亚之间有贸易往来，就说这种贸易往来不存在

E. 证明事物不存在要比证明它存在困难得多

（8）一项时间跨度为半个世纪的专项调查研究得出肯定结论：饮用常规量的咖啡对人的心脏无害。因此，咖啡的饮用者完全可以放心地享用，只要不过量。

以下哪项最为恰当地指出了上述论证的漏洞？（　　）

A. 咖啡的常规饮用量可能因人而异

B. 心脏健康不等同于身体健康

C. 咖啡饮用者可能在喝咖啡时吃对心脏有害的食物

D. 喝茶，特别是喝绿茶比喝咖啡有利于心脏保健

E. 有的人从不喝咖啡心脏仍然健康

（9）周清打算请一个钟点工，于是上周末他来到惠明家政公司，但公司工作人员粗鲁的接待方式使她得出结论：这家公司的员工缺乏教养，不适合家政服务。

以下哪项如果为真，最能削弱上述论证？（　　）

A. 慧明家政公司员工通过有个性的服务展现其与众不同之处

B. 慧明家政公司员工有近千人，绝大多数为外勤人员

C. 周清是一个爱挑剔的人，他习惯于否定他人

D. 教养对家政公司而言并不是最主要的

E. 周清对家政公司员工的态度既傲慢又无礼

(10) 科学研究表明，大量吃鱼可以大大减少患心脏病的危险，这里起作用的关键因素是在鱼油中所含的丰富的"欧米伽-3"脂肪酸。因此，经常服用保健品"欧米伽-3"脂肪酸胶囊将大大有助于预防心脏病。

以下哪项如果为真，最能削弱题干的论证？（　　　）

A. "欧米伽-3"脂肪酸胶囊从研制到试销，才不到半年的时间
B. 在导致心脏病的各种因素中，遗传因素占了很重要的地位
C. 不少保健品都有不同程度的副作用
D. "欧米伽-3"脂肪酸只有和主要存在于鱼体内的某些物质化合后才能产生保健疗效
E. "欧米伽-3"脂肪酸胶囊不在卫生部最近推荐的十大保健品之列

(11) 在历史上，从来都是科学技术新发明的浪潮导致了新产业的诞生和兴旺，在此基础上逐步形成区域性直至世界性的经济繁荣，从汽车、飞机产业到化工、制药、电子等领域，情况都是如此。因此，目前产业界普遍增加在科学研究和开发上的投入必将有力地促进经济繁荣。

以下哪项如果为真，最能削弱上面的推论？（　　　）

A. 在目前的资金水平上，公司的研究开发部门申请专利的数量比起十年前来要少得多
B. 大部分产业的研究开发部分关心的只是对现有产品进行有利于经销的低成本改进，而不是开发有远大前途的高成本新技术
C. 历史上，只有一些新的主干行业是直接依赖公司研究开发部门获得突破的
D. 公司在科学研究和开发上的投入与公司每年新的发明专利的数量直接相关
E. 产业界增加的投入会带来大量的新产业新发明的出现

(12) 张教授：在我国大陆架外围海域建设新油井的计划不足取，因为由此带来的收益不足以补偿由此带来的生态破坏的风险。目前我国每年海底石油的产量，还不能满足我国一天石油的需求量，而上述拟建中的新油井，最多只能使这个数量增加0.1%。

李研究员：你的论证不能成立。你能因为新建的防护林不能在一夜之间消灭北京的沙尘暴、而反对实施防护林计划吗？

以下哪项最为确切地概括了李研究员的反驳所运用的方法？（　　　）

A. 提出了一个比对方更有力的证据
B. 构造了一个和对方类似的论证，但这个论证的结论显然是不可接受的
C. 提出了一个反例来反驳对方的一般性结论
D. 指出对方在一个关键性概念的理解和运用上存在含混
E. 指出对方对所引用数据的解释有误，即使这些数据自身并非不准确

(13) 有人认为看电视节目中的暴力镜头会导致观众好斗的实际行为，难道说只看别人吃饭能填饱自己的肚子吗？

以下哪项中的推论与上文中使用的最相似？（　　　）

A. 有人认为这支球队是最优秀的，难道说这支球队中的每个运动员也都是最优秀的吗

B. 有人认为民族主义是有一定的道理的，难道说民族主义不曾被用来当做犯罪的借口吗

C. 有人认为经济学家可以控制通货膨胀，难道说气象学家可以控制天气吗

D. 有人认为中国与非洲进行能源交易是在掠夺非洲的能源，难道说中国与俄罗斯进行能源交易是在掠夺俄罗斯的能源吗

E. 以上选项与题干均不类似

（14）郑女士：衡远市过去十年的GDP（国内生产总值）增长率比易阳市高，因此衡远市的经济前景比易阳市好。

胡先生：我不同意你的观点。衡远市的GDP增长率虽然比易阳市高，但易阳市的GDP数值却更大。

以下哪项最为准确地概括了郑女士和胡先生争议的焦点？（　　）

A. 易阳市的GDP数值是否确实比衡远市大
B. 衡远市的GDP增长率是否确实比易阳市高
C. 一个城市的GDP数值大，是否经济前景一定好
D. 一个城市的GDP增长率高，是否经济前景一定好
E. 比较两个城市的经济前景，GDP数值与GDP增长率哪个更重要

参考答案：

（1）D　（2）A　（3）D　（4）E　（5）C　（6）E　（7）B　（8）B　（9）B
（10）D　（11）B　（12）B　（13）C　（14）E

第十一章 论证题型的解题方法

根据管理类综合能力考试大纲的规定,"综合能力考试中的逻辑推理部分主要考查考生对各种信息的理解、分析、判断和综合,以及相应的推理、论证、比较、评价等逻辑思维能力",可以看出,对论证进行比较与评价是一个非常重要的考点,其题型涉及结构类似、错误类似、假设、支持、削弱、评价论证方法与漏洞等。根据历年来的真题分析,其分值大约在 30 分左右。

一、论证题型的基本功要义

(一) 什么是论证

通俗地讲,论证就是一段有证据有结论的文字。一个论证,就是运用有限的证据来得出某个结论的思维过程及其语言表述形式。

一个论证其证据与结论的关系可以是必然的,也可以是或然的。一个好的论证必须是其证据与结论高度相关,莱布尼茨在《单子论》中说:"我们的推理是建立在两个大原则上,即是①矛盾原则;②充足理由原则。凭着这两个原则,我们认为任何一件事如果是真实的或实在的,任何一个陈述如果是真的,就必须有一个为什么这样而不那样的充足理由,虽然这些理由常常总是不能为我们所知道的"。

这个观点在有些逻辑学教材上称为"充足理由律"。

(二) 论证的组成部分

任何一个论证都是由结论、证据和论证方法 3 个要素构成。

(1) 结论:是通过论证要确定其真实性或可靠性的命题。也是论证的表达者在一个论证中想要表达和证明的观点与思想。一般来说,结论可以出现在论证的开头,也可以出现在论证的结尾。

例如:在中国某些地区,一些车主喜欢在汽车里装上红外线报警器,当有人撬开车门时会发出刺耳的警报声,结果发现带有这种警报器的汽车失窃率比从前大大降低。这说明,这种方案的实施有助于降低汽车失窃率。

其结论就是:"这种方案的实施有助于降低汽车失窃率"。

(2) 证据:是指用来证明论证表达者的结论真实性或可靠性的理由和根据。可作为证据的材料可以是已被确认的关于事实的命题,也可以是科学原理。一个有效的论证至少要能满足两点要求:其一,其证据必须是真实的或者论证双方能够共同接受的;其二,其证据与结论必须是密切相关的。

一般来说,管理类综合能力试题中,考查评价论证能力,主要集中在对一个论证的证据与结论之间的关系的分析评估上。

例如:秋末,街道两旁的法国梧桐开始落叶,可是高压水银灯下面的梧桐树却迟迟不落叶，即使是同一棵树也有这样的情况。这说明高压水银灯的光照可以使梧桐落叶时间推迟。

论证的结构为：

证据：高压水银灯下面的梧桐落叶晚。

结论：高压水银灯的光照可以使梧桐落叶时间推迟。

如何评估这个论证？当然要考虑的是其证据与结论之间的关系。如果有其他的原因，比如温度才是关键，那么，上述论证的结论的有效性就值得怀疑。

（3）论证方法：是指从证据得出结论的逻辑方法，即论证过程中所采用的推理形式。可以是一个简单的推理，也可以是复杂的推理过程；可以是演绎推理，也可以是归纳或类比推理。一个有效的论证，其方法必须是合乎逻辑且符合相应推理规则的；否则，就可能是谬误。

例如：我是中国人，我很勤劳勇敢，所以，中国人都是勤劳勇敢。

这个论证使用了三段论推理，但它违背了三段论推理的规则"前提中不周延的词项，在结论中不得周延"，所以，这个推理是无效推理。当然也可以换个角度分析，题干由"我勤劳勇敢"得出"中国人都勤劳勇敢"，这也违背了归纳推理的要求"样本要尽可能多"和"样本要有代表性"，所以是"以偏概全"的谬误。

"我是中国人，所以，班上的同学都是中国人"，这个论证的结论或许在某些班级中是事实，但不代表这个论证方法有效，该论证仍然是"以偏概全"。

（三）论证逻辑的题型

主要题型有假设、支持（下支持上）、削弱、评价论证方法、指出论证缺陷与漏洞、评价论证的正误等。关键点是必须读懂论证的结构（证据、结论）、论证的方式方法。

这类逻辑题是阅读理解和逻辑推理的杂交品。

逻辑推理试题的题干由3个部分构成：题干信息陈述、提问以及5个选项。

如：在历史上，从来都是科学技术新发明的浪潮导致了新产业的诞生和兴旺，在此基础上逐步形成区域性直至世界性的经济繁荣，从汽车、飞机产业到化工、制药、电子等领域，情况都是如此。因此，目前产业界普遍增加在科学研究和开发上的投入必将有力地促进经济繁荣。

（题干信息陈述）

以下哪项如果为真，最能削弱上面的推论？（问题）

A. 在目前的资金水平上，公司的研究开发部门申请专利的数量比起十年前来要少得多

B. 大部分产业的研究开发部分关心的只是对现有产品进行有利于经销的低成本改进，而不是开发有远大前途的高成本新技术

C. 历史上，只有一些新的主干行业是直接依赖公司研究开发部门获得突破的

D. 公司在科学研究和开发上的投入与公司每年新的发明专利的数量直接相关

E. 产业界增加的投入会带来大量的新产业新发明的出现

（5个选项）

一般而言，题干信息陈述表达观点，观点一般由证据（或前提）和结论组成。

段落的结构与解答逻辑推理题关系密切。在整个逻辑推理题中，假设、支持、削弱、评价、评价论证方法、指出论证缺陷等多是围绕论点与论据来设置问题。

如何快速地寻找到结论以及它的论据、论证方式，这对快速准确地解题来说是至关重要的。

（四）论证逻辑题的阅读技巧

我们一般把题干概括为：证据（x）——结论（j）。

一般来说，其结构可以为如下几种：

（1）题干为"事实、统计数据、现象"等，结论为解释这些现象的原因。

（2）题干为"目的（效果、问题）"，结论为达到此目的而提出的方法、建议、计划。

（3）为了达到某个目的，认为某个方法是必需的。

在上述三种结构中，其论证的证据往往都是发生了。所以，其论证的核心关键往往在解释原因、方法建议的上面（j 上）。

（4）类推与引申：由 a 类推至 b。a 是已经发生的事实，b 是在此基础上的推测，b 还没有发生。所以，重心往往在 b 上。

以上都是归纳和类比推理论证得出的结论。评估主要围绕证据与结论的关系做文章，或者直接根据选项评估结论正确与否。

还有一些论证采用演绎推理来得出结论，评估时必须根据前面几章所学的规则来进行评估。

因此，在解答逻辑题时，应带着目的去读题干所陈述的信息，这目的就是论据（前提）和结论。由于一个推理的结论可以出现在段落中的任何一个地方，所以，一般来讲，会有一些标志词的。

下面这些词可能会帮助你快速找到结论：因此、这样、所以、于是、结果、推出、得出、作为一个结果、显示出、相应的等。

有一个总的原则：你一定要问一下自己"作者到底想要证明什么"，一般来说，作者设法要证明的便是结论。由于段落经常围绕着结论来展开，因此，在分析论点时找到结论是非常重要的一步。

然后问自己：他的证据何在？他为何能得出上述结论？

尽可能地问自己：他用的是什么论证方法？

例如：

1980 年，年龄在 18～24 岁之间，与父母生活在一起的人占该年龄段人口的比例为 48%，而 1986 年，这一比例上升至 53%。可以说，在 1986 年，这一年龄段的人更加难于负担独立生活。

证据：分析"与父母共住的 18～24 岁的人的比例上升"这个已经发生的现象，得出解释性结论："这一年龄段的人比过去的孩子更加难于负担独立生活"。

论证方法：归纳现象找出原因。求异法。

评价：

1）看看证据与结论之间有没有直接联系？

如果能找到证据与结论之间有直接密切的关系，则能加强上述论证的有效性；反之，则削弱了上述论证。比如现在这个年龄段的孩子确实更加难以负担独立生活的成本，只能与父母住在一起，这样就建立了证据与结论之间的关系，加强了论证。

2）有没有其他原因导致这个现象？

如果有其他的原因让越来越多的孩子和父母生活在一起，比如独生子女增加，父母都希望孩子能和自己住到一起，则削弱了上述论证，表明引起这个现象的原因是父母而非孩子；如果没有其他的原因导致上述现象的产生，则加强了上述的解释。

二、假设、预设题型

（一）假设与预设

1. 什么是假设

我们可以通俗地理解，假设就是为题干的论证寻找一个必要性的前提。一般来说，假设题的题干为一个论证，但其证据无法直接得出结论，需要补充一个必要性的前提，才能得出结论。即，寻找这样一个选项：

这个选项是上面题干推论成立的必要条件。即，如果这个选项不成立（对选项取非），则题干中的推理被严重削弱或推翻。

通俗地说，假设题的解题思路就是寻找一个能使题干论证的证据与证据建立联系的选项。

2. 什么是预设

预设通常指交际过程中双方共同接受的东西。

命题的预设是一个命题预先设定的东西，是命题得以成立的先决条件，在交际中则表现为交际双方共同接受的东西。

例如：

1）那座白色的建筑物是体育馆。

2）那座白色的建筑物不是体育馆。

这是两个互相否定的命题，两者都预设了：那座建筑物是白色的。

问句也有预设，例如："你怎么又迟到了？"预设着"你曾经迟到过。"

在解题时，基本上可以把预设等同于假设。都是寻找使论证成立的前提。

（二）假设题型分析

假设题型有如下的解题技巧：

首先，快速找到题干的论证结构，寻找到题干推论的理由和结论。然后，阅读选项，只要选项符合下面的任何一种类型的，就是假设。

（1）选项建立了题干推论中的理由和结论之间关系，认为"理由"和"结论"之间有联系的（有因有果，因果有内在联系）。

（2）选项认为题干中所提出的解释、方法是可行的、有意义的、与目的有关系的（方法可行，方法能达到目的）。

（3）选项认为没有题干所说的原因，就没有题干所说的结果的（无因无果）。

（4）选项认为，除了题干所认为的原因之外，没有别的原因会产生同样的结果的（排除其他原因导致这个结果）。

(5) 除了题干所陈述的原因外，认为大家在其他的方面差不多、没什么差异的（没有其他差异）等。

(三) 假设题型解题方法精讲

(1) 国家教育主管部门的有关负责人说：总的来说，现在的大学生的家庭困难情况比起以前有了大幅度的改观。这种情况十分明显，因为现在课余要求学校安排勤工俭学的人越来越少了。

上面的结论是由下列哪个假设得出的？
A. 现在大学生父母亲的收入随着改革开放的深入发展而增加，使得大学生不再需要勤工俭学来自己养活自己了
B. 尽管家境有了改善，也应当参加勤工俭学来锻炼自己的全面能力
C. 课余要求学校安排勤工俭学是学生家庭是否困难的一个重要标志
D. 大学生把更多的时间用在学业上，勤工俭学的人就少起来了
E. 学校安排的勤工俭学报酬相对越来越低，不能满足学生的要求

解析：

题干认为，现在的大学生家庭困难的少了很多，其理由是，现在课余要求学校安排勤工俭学的人越来越少了。我们发现，其理由无法直接得出结论，"课余要求学校安排勤工俭学的人减少"与"大学生家庭困难的人比过去少"两者并无直接联系。要想得出结论，必须补充的前提是，其前提和结论之间有联系。即：课余要求学校安排勤工俭学与学生家庭困难之间有联系。所以，选项C对于论证的成立是不可缺少的。正确答案为C。

提醒：

假设的题干都可以概括为"证据—结论"。只要是建立其论证的证据和结论之间的关系的，就很可能是假设。

当然，在做假设类试题时，也可以采取对选项取非的方法来解题。其步骤是这样的：如果否定某个选项，则题干的论证就会被严重削弱或推翻，则这个选项对于题干的论证来说就是不可缺少的，是不能被否定的，这样的选项就是假设。

(2) 研究显示，大多数有创造性的工程师，都有在纸上乱涂乱画、并记下一些看来稀奇古怪想法的习惯。他们的大多数最有价值的设计，都直接与这种习惯有关。而现在的许多工程师都用电脑工作，在纸上乱涂乱画不再是一种普遍的习惯。一些专家担心，这会影响工程师的创造性思维，建议在用于工程设计的计算机程序中匹配模拟的便条纸，能让使用者在上面涂鸦。

以下哪项最可能是上述建议所假设的？（　　）
A. 在纸上乱涂乱画，只可能产生工程设计方面的灵感
B. 计算机程序中匹配的模拟便条纸，只能用于乱涂乱画，或记录看来稀奇古怪的想法
C. 所有用计算机工作的工程师都不会备有纸笔以随时记下有意思的想法
D. 工程师在纸上乱涂乱画所记下的看来稀奇古怪的想法，大多数都有应用价值
E. 乱涂乱画所产生的灵感并不一定通过在纸上的操作获得

解析：

题干论证结构为，大多数有创造性的工程师有在纸上乱涂乱画的习惯，而这些和有价

值的设计有关。而现在的共同用电脑工作，没有了这种习惯。所以，专家建议：用计算机模拟便条纸，让工程师在上面涂鸦，以保留工程师们的创造性思维。本题题干属于典型的"为了达到某个目的，而提出一个方法或建议"类的试题。其假设多为方法是可行的。要保证"用计算机模拟便条纸"这个方法可行，必须保证"工程师的创造性思维习惯的培养不一定非要通过在纸质的便条纸上涂鸦才行"，即：除了纸质媒介外，也可以通过其他的媒介来达到才行。所以正确答案为 E。

如果对选项 E 进行否定，则意味着工程师乱涂乱画塑封的灵感一定要通过在纸上的操作才能获得，则通过计算机来进行模拟便条纸的方法就不可行。

（3）宏达山钢铁公司由 5 个子公司组成。去年，其子公司火龙公司试行与利润挂钩的工资制度，其他子公司则维持原有的工资制度。结果，火龙公司的劳动生产率比其他子公司的平均劳动生产率高出 13％。因此，在宏达山钢铁公司实行与利润挂钩的工资制度有利于提高该公司的劳动生产率。

以下哪项最可能是上述论证所假设的？（　　）
A. 火龙公司与其他各子公司分别相比，原来的劳动生产率基本相同
B. 火龙公司与其他各子公司分别相比，原来的利润率基本相同
C. 火龙公司的职工数量与其他子公司的平均职工数量基本相同
D. 火龙公司原来的劳动生产率，与其他子公司相比不是最高的
E. 火龙公司原来的劳动生产率，和其他各子公司原来的平均劳动生产率基本相同

解析：

题干论证的证据为一个统计数据——"火龙公司的劳动生产率比其他子公司的平均劳动生产率高出 13％"，其结论则是对这个数据进行解释——其原因是它实行了与利润挂钩的工资制度提高了劳动生产率。这是一个标准的"现象——解释"类题型。其假设一般为"除了题干的解释外，没有其他原因会产生这个现象"，即：在其他方面基本相同。要是题干的推论成立，必须首先要保证原来的生产率和其他各子公司原来的平均劳动生产率基本相同。所以，选项 E 为正确答案。假如选项 E 被否定，则证明是原来的基础不同导致了其生产率高出了 13％，则题干的论证被严重削弱。正确答案为 E。

（4）心脏的搏动引起血液循环。对同一个人，心率越快，单位时间进入循环的血液量越多。血液中的红细胞运输氧气。一般地说，一个人单位时间通过血液循环获得的氧气越多，他的体能及其发挥就越佳。因此，为了提高运动员在体育比赛中的竞技水平，应该加强他们在高海拔地区的训练，因为在高海拔地区，人体内每单位体积血液中含有的红细胞数量，要高于在低海拔地区。

以下哪项是题干的论证必须假设的？（　　）
A. 海拔的高低对运动员的心率不发生影响
B. 不同运动员的心率基本相同
C. 运动员的心率比普通人慢
D. 在高海拔地区训练能使运动员的心率加快
E. 运动员在高海拔地区的心率不低于在低海拔地区

解析：

题干认为，单位时间通过血液循环获得的氧气越多，体能发挥就越好。而影响单位时间通过血液循环获得的氧气由两个因素：一是心率要快，二是训练地区海拔高。所以，为了提高运动员的竞技水平，应在高海拔地区训练。要是这个论证成立，必须假设另外的因素是不变的，这假定了运动员在高海拔地区的心率至少不低于在低海拔地区，这是最低限度的要求。选项A、D相对于选项E来说，都不是必须假设的。正确答案为E。

(5) 类人猿和其后的史前人类所使用的工具很相似。最近在东部非洲考古所发现的古代工具，就属于史前人类和类人猿都使用过的类型。但是，发现这些工具的地方是热带大草原，热带大草原有史前人类居住过。而类人猿只生活在森林中。因此，这些被发现的古代工具是史前人类而不是类人猿使用过的。

为使上述论证有说服力，以下哪项是必须假设的？（　　）

A. 即使在相当长的环境生态变化过程中，森林也不会演变为草原
B. 史前人类从未在森林中生活过
C. 史前人类比类人猿更能熟练地使用工具
D. 史前人类在迁移时并不携带工具
E. 类人猿只能使用工具，并不能制造工具

解析：

题干论证结构为，由于发现这些工具的地方是热带大草原，而热带大草原有史前人类居住，而类人猿只生活在森林中，所以，这些发现的工具是史前人类而不是类人猿使用过的。题干的推论假定了热带大草原与森林之间是没有联系的，即：选项A。如果A项不假设，则意味着森林会演变为草原，那么，即使这些工具是在草原上发现的，也有可能是类人猿使用过的。正确答案为A。

(6) 面试是招聘的一个不可取代的环节，因为通过面试，可以了解应聘者的个性。那些个性不适合的应聘者将被淘汰。

以下哪项是上述论证最可能假设的？（　　）

A. 应聘者的个性很难通过招聘的其他环节展示
B. 个性是确定录用应聘者的最主要因素
C. 只有经验丰富的招聘者才能通过面试准确把握应聘者的个性
D. 在招聘各环节中，面试比其他环节更重要
E. 面试的唯一目的是了解应聘者的个性

解析：

题干的论证结构为，面试是不可取代的，因为，通过面试可以了解个性。这个论证假定了除了面试外，没有其他的方法可以了解个性。所以，正确答案为A。

如果A不假设，则意味着应聘者的个性可以通过其他的方法来了解，则面试就是可以取代的环节。其他的选项在话题范围和关键词方面和题干都不相关。

(7) 陈先生：北欧人具有一种特别明显的乐观精神。这种精神体现为日常生活态度，也体现为理解自然、社会和人生的哲学理念，北欧人的人均寿命历来是最高的，这正是导致他们具备乐观精神的重要原因。

贾女士：你的说法难以成立。因为你的理解最多只能说明，北欧的老年人为何具备乐观精神。

以下哪项最能是贾女士的反驳所假设的？（　　）

A. 北欧的中青年人并不知道北欧人的人均寿命历来是最高的
B. 只有已经长寿的人，才具备产生上述乐观精神的条件
C. 北欧国家都有完善的保护老年人利益的社会福利制度
D. 成熟的理解自然、社会和人生的哲学理念，只有老年人才可能具有
E. 北欧人实际上并不具有明显的乐观精神

解析：

贾女士的论证结构为，北欧人的人均寿命历来是最高的，这个证据只能证明被调查的老年人具有乐观精神。贾女士的论证认为"人均寿命高"和"老年人具有乐观精神"有联系。其假设为 B。选项 B 建立了"长寿"与"乐观精神"之间的联系。所以，正确答案为 B。

（8）香蕉叶斑病是一种严重影响香蕉树生长的传染病，它的危害范围遍及全球。这种疾病可由一种专门的杀菌剂有效控制，但喷洒这种杀菌剂会对周边人群的健康造成危害。因此，在人口集中的地区对小块香蕉林喷洒这种杀菌剂是不妥当的。幸亏规模香蕉种植园大都远离人口集中的地区，可以安全地使用这种杀菌剂。因此，全世界的香蕉产量，大部分不会受到香蕉叶斑病的影响。

以下哪项最可能是上述论证所假设的？（　　）

A. 人类最终可以培育出抗叶斑病的香蕉品种
B. 全世界生产的香蕉，大部分产自规模香蕉种植园
C. 和在小块香蕉林中相比，香蕉叶斑病在规模香蕉种植园中传播得较慢
D. 香蕉叶斑病是全球唯一危害香蕉生长的传染病
E. 香蕉叶斑病不危害其他植物

解析：

题干论证结构为，由于规模香蕉种植园可以安全使用这种杀菌剂，所以，全世界的香蕉产量大部分不会受到这种病的影响。这个论证首先假定了"规模香蕉种植园"与"全世界大部分香蕉产量"有关系。所以，正确答案为 B。

（9）生活成本与一个地区的主导行业支付的工资平均水平呈正相关。例如，某省雁南地区的主导行业是农业，而龙山地区的主导行业是汽车制造业，由此，我们可以得出结论，龙山地区的生活成本一定比雁南地区高。

以下哪项最可能是上述论证所做的假设？（　　）

A. 龙山地区的生活质量比雁南地区高
B. 雁南地区参与汽车制造业的人比龙山地区少
C. 汽车制造业支付的工资平均水平比农业高
D. 龙山地区的生活成本比其他地区都高
E. 龙山地区的居民希望离开龙山地区，到生活成本较低的地区生活

解析：

题干论证结构为，由于生活成本与主导行业的工资水平呈正相关，而雁南地区的主导行业是农业，龙山是汽车制造业，所以，龙山的生活成本高于雁南。在这个论证中，首先要假设的是：汽车制造业支付的工资水平高于农业，这样才能使题干的论证成立。正确答案为 C。

提醒：

假设题的题干为一个有缺陷的论证，其理由未必能推出其结论。解题之前首先要快速找到其论证结构，快速找到其理由与结论。一般来说，假设是要寻找其理由与结论之间的联系。即：这个选项是建立其理由与结论之间的关系的。如果这个选项不假设，则其推论会被严重削弱或被推翻。

(10) 水泥的原料是很便宜的，像石灰石和随处可见的泥土都可以用作水泥的原料。但水泥的价格会受石油价格的影响，因为在高温炉窑中把原料变为水泥要耗费大量的能源。

基于上述断定最可能得出以下哪项结论？（　　　）

A. 石油是水泥所含的原料之一
B. 石油是制水泥的一些高温炉窑的能源
C. 水泥的价格随着油价的上升而下跌
D. 水泥的价格越高，石灰石的价格也越高
E. 石油价格是决定水泥产量的主要因素

解析：

本题考点：语义理解，推出结论。题干本身是一个论证。题干结论："水泥的价格会受石油价格的影响"，理由："在高温炉窑中把原料变为水泥要耗费大量的能源"。这中间有一个预设：两者有联系。即：在高温炉窑中把原料变为水泥要耗费大量的能源就是石油。正确答案为 B。

(四) 假设题型训练

(1) 较长的不合季节的霜冻会在生长在温带的落叶树上产生霜冻年轮。在南极洲发现的落叶树的化石中没有一个有霜冻年轮。因此，在南极洲，当这些已形成化石的树木生长的时候，不大可能发生这种霜冻的现象。

以上论述依据下面哪个假设？（　　　）

A. 南极洲的一些形成化石的非落叶性树木上有霜冻年轮
B. 落叶树比其他树种更容易产生霜冻年轮
C. 形成化石的过程不会使落叶树中的霜冻年轮完全模糊
D. 现在的落叶树比古代南极洲的落叶树对温度的变化更敏感
E. 在现已成为化石的树木还生存着的时期，在南极洲发生的延长的不合季节的霜冻不总是在落叶树上产生霜冻年轮

(2) 有一次班级活动王颖没有参加，事后班长问王颖："这次班级活动你怎么又没来？"

班长的提问必须预设以下哪一项？（　　　）

A. 王颖这次缺席班级活动没有预先请假　B. 王颖没有缺席过学校活动

C. 王颖从来没有缺席过班级活动　　　D. 王颖缺席过过去的班级活动

E. 没有其他同学缺席这次班级活动

(3) 老师批评小王说："你怎么上逻辑课又迟到了？"

以下各项除哪项外，都可以从老师的话中得到？（　　）

A. 小王曾经迟到过　　　　　　　　B. 有人没遵守课堂纪律

C. 上课的时间是既定而明确的　　　D. 小王不喜欢上逻辑课

E. 小王已不止一次违犯课堂纪律

(4) 赵科长又戒烟了。

由这句话不可能得出的结论是（　　）。

A. 赵科长一直抽烟，且烟瘾很大　　B. 赵科长过去戒过次数可能不止一次

C. 赵科长过去的戒烟都没有成功　　D. 赵科长这次戒烟很难成功

E. 赵科长这戒烟一定能成功

(5) "打猎不仅无害于动物，反而对其有一定的保护作用"。

以上观点最有可能基于以下哪个前提？（　　）

A. 许多人除非自卫不会杀死野生动物

B. 对经济困难的家庭来说，打猎也是一种经济来源

C. 当其他食物缺乏时，野生动物会偷吃庄稼

D. 当野生动物过多时，减少其数量有利于种群的生存和发展

E. 被猎获的动物大部分是弱小动物

(6) 林教授患有支气管炎。为了取得疗效，张医生要求林教授立即戒烟。

以下哪项是张医生的要求所预设的？（　　）

A. 林教授抽烟　　　　　　　　　　B. 林教授的支气管炎非常严重

C. 林教授以前戒过烟，但失败了　　D. 林教授抽的都是劣质烟

E. 林教授有支气管炎家族史

(7)、(8) 基于以下题干：

因为照片的影像是通过光线与胶片的接触形成的，所以每张照片都具有一定的真实性。但是，从不同角度拍摄的照片总是反映了物体某个侧面的真实而不是全部的真实，在这个意义上，照片又是不真实的。因此，在目前的技术条件下，以照片作为证据是不恰当的，特别是在法庭上。

(7) 以下哪项是上述论证所假设的？（　　）

A. 不完全反映全部真实的东西不能成为恰当的证据

B. 全部的真实性是不可把握的

C. 目前的法庭审理都把照片作为重要物证

D. 如果从不同角度拍摄一个物体，就可以把握它的全部真实性

E. 法庭具有判定任一证据真伪的能力

(8) 以下哪项如果为真，最能削弱上述论证？（　　）

A. 摄影技术是不断发展的，理论上说，全景照片可以从外观上反映物体的全部真实

B. 任何证据只需要反映事实的某个侧面

C. 在法庭审理中，有些照片虽然不能成为证据，但有重要的参考价值

D. 有些照片是通过技术手段合成或伪造的

E. 就反映真实性而言，照片的质量有很大的差别

（9）林教授患有支气管炎。为了取得疗效，张医生要求林教授立即戒烟。

为使张医生的要求有说服力，以下哪项是必须假设的？（　　）

A. 张医生是经验丰富的治疗支气管炎的专家

B. 抽烟是引起支气管炎的主要原因

C. 支气管炎患者抽烟，将严重影响治疗效果

D. 严重支气管炎将导致肺气肿

E. 张医生本人并不抽烟

（10）肖群一周工作5天，除非这周内有法定休假日。除了周五在志愿者协会，其余4天肖群都在大平保险公司上班。上周没有法定休假日。因此，上周的周一、周二、周三和周四肖群一定在大平保险公司上班。

以下哪项是上述论证所假设的？（　　）

A. 一周内不可能出现两天以上的法定休假日

B. 大平保险公司实行每周4天工作日制度

C. 上周的周六和周日肖群没有上班

D. 肖群在志愿者协会的工作与保险业有关

E. 肖群是个称职的雇员

（11）绿叶幼儿园家长委员会建议幼儿园把管理费降低5%～10%，这一建议如果实行是有风险的。尽管家长可以因此减少每月的托儿费，但是为应付幼儿园服务质量下降引发的问题而付出的费用可能会更多。

以下哪项最可能是上述论证的假设？（　　）

A. 现在有许多幼儿园的管理费并不算高

B. 管理费降低很可能使幼儿园降低服务质量

C. 绿叶幼儿园的管理费本来就低于同行业的平均水平

D. 对于幼儿园来说，减少管理费必然会使工作人员收入降低

E. 现在有许多幼儿园的管理费标准过高

（12）在植物实验中，植物学家利用植物标本间的差别把长叶草分为9类。但是这种划分是错误的，因为在用来区分的样本中，有6类标本都同时取自同一区域。

以下哪项假设最可能是以上推理的前提？（　　）

A. 长叶草的每个种类，至少会有一个被制作成标本保存下来

B. 没有一个区域同时会有超过4种以上的植物种类

C. 并非每一种长叶草都会被制作成标本

D. 许多植物在生长过程中会产生变异，而标本只反映它被制作时的状态

E. 生活在同一地区同一时代的许多植物种类也有可能很相似

（13）逻辑老师将上逻辑课的一部分学生组成一个学习小组，学习小组的成员获得的平均分要比没有参加学习小组的学生高许多，所以参加学习小组能够提高学习成绩。

上述推理基于以下哪项假设？（　　）

A. 学生学逻辑比较困难

B. 参加学习小组的学生中很少有人打算学习比逻辑更简单的其他课程

C. 参加学习小组没有影响学生其他课程的成绩

D. 参加学习小组的学生与没有参加学习小组的学生起点相同

E. 参加学习小组的学生比没参加学习小组的学生更能获得老师的好感

（14）赵明的学习成绩优秀，但他从不参加体育活动，不是大学生的榜样，因此他不应该获得甲等奖学金。

以上的说法运用了下面的哪些命题作为前提：

Ⅰ. 有些成绩优秀者不参加体育活动。

Ⅱ. 所有不参加体育活动的都不是大学生的榜样。

Ⅲ. 所有获得甲等奖学金的都是大学生的榜样。

A. 只有Ⅰ   B. 只有Ⅱ

C. 只有Ⅲ   D. 只有Ⅱ和Ⅲ

E. Ⅰ、Ⅱ和Ⅲ

（15）交通部科研所最近研制了一种自动照相机，这种照相机对速度有敏锐的反映，当违规超速汽车经过镜头时，它就自动按下快门。在某条单向行驶的公路上，在1个小时内，这样一架照相机摄下了50辆超速汽车的照片。在这条公路前方，距这家照相机约1公里处，一批交通警察于隐蔽处正在进行目测超速汽车的能力测试。在这同1个小时内，某个警察测定，共有25辆汽车超速通过。由于经过那架自动照相机的汽车一定经过目测处，可以推定，该警察对超速汽车的目测准确率不高于50％。

要使以上推断成立，以下哪项是必须假设的？（　　）

A. 在警察测定为超速的汽车中，包括在照相机处不超速而到目测处超速的汽车

B. 在上述1个小时中，在照相机前超速的汽车，都一定超速通过目测处

C. 在上述1个小时中，在照相机前不超速的汽车，到目测处不超速

D. 在该警察测定为超速的汽车中，包括在照相机处超速而到目测处不超速的汽车

E. 在上述1个小时中，通过目测处的非超速汽车一定超过25辆

（16）在100万年前的河姆渡氏族公社遗址发现烧焦的羚羊骨残片，证明人类在很早的时候就掌握了取火煮食肉类的方法。

上述推论中隐含着下列哪项假设？（　　）

A. 从河姆渡公社以来的所有人都掌握了取火的技术

B. 河姆渡人不生食羚羊肉

C. 只要发现烧焦的羚羊骨就能证明早期人类曾聚居于此

D. 河姆渡人以羚羊肉为主食

E. 羚羊骨是被人类取火烧焦的

（17）既然某种树根中的提取物有可能治愈癌症，那么政府应该提供充足的资金来支持测试这种可能性的研究。

上述陈述假设了以下哪项？（　　）

A. 从某种树根的提取物可能治愈癌症
B. 找到一种治疗可能性是支持此种研究的理由
C. 治愈癌症的方法对社会有很大的好处
D. 政府是上述研究资金的唯一来源
E. 政府有充足的资金支持这项研究

(18) 最近，北大、清华的学生发出倡议，号召在校大学生抵制不健康的网络游戏。

以下哪一项是这个倡议必须预设的？（　　）

A. 在校大学生不应该玩不健康的网络游戏
B. 有许多在校大学生在玩网络游戏
C. 有不健康的网络游戏存在
D. 在校大学生应该以学习为主
E. 网络游戏开发商应该开发健康的网络游戏

(19) 某地区过去 3 年日常生活必需品平均价格增长了 30％。在同一时期，购买日常生活必需品的开支占家庭平均月收入的比例并未发生变化。因此，过去三年中家庭平均收入一定也增长了 30％。

以下哪项最可能是上述论证所假设的？（　　）

A. 在过去 3 年中，平均每个家庭购买的日常生活必需品数量和质量没有变化
B. 在过去 3 年中，除生活必需品外，其他商品平均价格的增长低于 30％
C. 在过去 3 年中，该地区家庭的数量增加了 30％
D. 在过去 3 年中，家庭用于购买高档消费品的平均开支明显减少
E. 在过去 3 年中，家庭平均生活水平下降了

(20) 根据一种心理学理论，一个人要想快乐就必须和周围的人保持亲密的关系。但是，世界上伟大的画家往往是在孤独中度过了他们的大部分时光，并且没有亲密的人际关系。所以，这种心理学理论的上述结论是不成立的。

以下哪项最可能是上述论证所假设的？（　　）

A. 该心理学理论是为了揭示内心体验与艺术成就的关系
B. 有亲密人际关系的人几乎没有孤独的时候
C. 孤独对伟大的绘画艺术家来说是必需的
D. 有些著名画家有亲密的人际关系
E. 获得伟大成就的艺术家不可能不快乐

(21) 在高速公路上行驶时，许多司机都会超速。因此，如果规定所有汽车都必须安装一种装置，这种装置在汽车超速时会发出声音提醒司机减速，那么，高速公路上的交通事故将会明显减少。

上述论证依赖于以下哪项假设？（　　）

Ⅰ. 在高速公路上超速行驶的司机，大都没有意识到自己超速。
Ⅱ. 高速公路上发生交通事故的重要原因，是司机超速行驶。
Ⅲ. 上述装置的价格十分昂贵。

A. 只有Ⅰ　　　　　　　　　　　　B. 只有Ⅱ

C. 只有Ⅲ   D. 只有Ⅰ和Ⅱ
E. Ⅰ、Ⅱ和Ⅲ

(22) 张珊：不同于"刀""枪""箭""戟"，"之""乎""者""也"这些字无确定所指。

李思：我同意。因为"之""乎""者""也"这些字无意义，因此，应当在现代汉语中废止。

以下哪项最可能是李思认为张珊的断定所蕴涵的意思？（　　）

A. 除非一个字无意义，否则一定有确定所指

B. 如果一个字有确定所指，则它一定有意义

C. 如果一个字无确定所指，则应当在现代汉语中废止

D. 只有无确定所指的字，才应当在现代汉语中废止

E. 大多数的字都有确定所指

(23) W公司制作的正版音乐光盘每张售价25元，赢利10元。而这样的光盘的盗版制品每张仅售价5元。因此，这样的盗版光盘如果销售10万张，就会给W公司造成100万元的利润损失。

为使上述论证成立，以下哪项是必须假设的？（　　）

A. 每个已购买各种盗版制品的人，若没有盗版制品可买，都仍会购买相应的正版制品

B. 如果没有盗版光盘，W公司的上述正版音乐光盘的销售量不会少于10万张

C. 上述盗版光盘的单价不可能低于5元

D. 与上述正版光盘相比，盗版光盘的质量无实质性的缺陷

E. W公司制作的上述正版光盘价格偏高是造成盗版光盘充斥市场的原因

参考答案：

(1) C　(2) D　(3) D　(4) E　(5) D　(6) A　(7) A　(8) B　(9) C
(10) C　(11) B　(12) B　(13) D　(14) C　(15) B　(16) E　(17) B
(18) C　(19) A　(20) E　(21) D　(22) A　(23) B

三、支持题型

（一）支持题型分析

1. 支持题型的特点

支持题型的题干一般来说都有一个较为完整的论证，一般来说，有证据、结论。在题干的段落当中，给出一个推理或者论证，有理由，也有结论。但其理由和结论之间的关系并不充分，前提并不足以推出结论，或者其前提和结论之间存在缺陷，或者其论据不足。这样，需要补充一个前提或论据，来加强论证的可接受性。

根据前面假设题的分析，我们知道，所有的"假设"题型本身就是支持，只不过"假设"是一种必要性的支持。所以，做支持题可以先按照假设题思路进行。找不到答案的情况下，考虑以下：

充分条件支持也是支持。

只要说论证的合理性的都是支持。

直接支持结论也是支持。

不管怎么说，只要选项是建立在加强题干的理由和结论之间联系的，或者是直接支持结论的，都是支持。当然，选项如果是题干推论成立的充分条件，这样的支持力度最强；如果选项不是题干推论成立的充分条件，但只要是对推理成立或对结论正确起到支持作用的，或者使结论成立的可能性程度增大，这样的选项都是支持。

所以，支持题型的答案可以是题干推论成立的充分条件，也可以是其中一个必要条件，也可以是既不充分也不必要的支持。

2. 支持题型的做题技巧

首先，快速找到题干的论证结构，寻找到题干推论的理由和结论。然后，阅读选项，只要选项符合下面的任何一种类型，就是支持：

（1）选项加强题干推论中的理由和结论之间的关系，认为"理由"和"结论"之间是有联系的（有因有果，因果有联系）。

（2）选项认为题干中所提出的解释、方法是可行的、有意义的（方法可行，方法能达到目的）。

（3）选项认为没有题干所说的原因，就没有题干所说的结果的（无因无果）。

（4）选项认为，除了题干所认为的原因之外，没有别的原因会产生同样的结果的（排除他因）。

（5）除了题干所陈述的原因外，认为大家在其他的方面差不多、没什么差异的（其他方面差不多）。

（6）选项直接支持结论的（直接支持）。

3. 经典母题解析

威尔和埃克斯这两家公司，对使用它们的字处理软件的顾客，提供24小时的热线电话服务。既然顾客仅在使用软件有困难时才打电话，并且威尔收到的热线电话比埃克斯收到的热线电话多4倍，因此，威尔的字处理软件一定是比埃克斯的字处理软件难用。

下列哪项如果为真，则最能够有效地支持上述论证？（　　）

A. 平均每个埃克斯热线电话比威尔热线电话时间长两倍

B. 拥有埃克斯字处理软件的顾客数比拥有威尔字处理软件的顾客数多3倍

C. 埃克斯收到的关于字处理软件的投诉信比威尔多两倍

D. 这两家公司收到的热线电话数量逐渐上升

E. 威尔热线电话的号码比埃克斯的号码更公开

解析：

题干认为，顾客仅在使用软件有困难时才打电话，而实际上威尔公司收到的电话比埃克斯公司的多4倍，由此说明，威尔公司的软件难用。要使题干的推论成立，必须保证"除了难用这个因素外，没有别的因素使其收到的电话比埃克斯多"，比如，各自的用户数方面的差别。选项B为真，则说明，埃克斯公司的用户数比威尔公司的用户数还要多，但接收到的求助电话要少得多，非常有利地支持了上面的结论：威尔的软件难用得多。答案为B。

(二) 支持题型解题方法精讲

(1) 据世界卫生组织 1995 年的调查报告显示，70％的肺癌患者有吸烟史，其中有 80％的人吸烟的历史多于 10 年。这说明吸烟会增加人们患肺癌的危险。

以下哪项最能支持上述论断？（　　）

A. 1950—1970 年期间男性吸烟者人数增加较快，女性吸烟者也有增加

B. 虽然各国对吸烟有害进行大力宣传，但自 20 世纪 50 年代以来，吸烟者所占的比例还是呈明显的逐年上升的趋势。到 20 世纪 90 年代，成人吸烟者达到成人数的 50％

C. 没有吸烟史或戒烟时间超过 5 年的人数在 1995 年超过了人口总数的 40％

D. 1995 年未成年吸烟者的人数也在增加，成为一个令人挠头的社会问题

E. 医学科研工作者已经用动物实验发现了尼古丁的致癌作用，并从事开发预防药物的研究

解析：

题干的论证结构为：1995 年的调查数字显示，70％的肺癌病人有吸烟历史，其中 80％的人吸烟历史多于 10 年，由此得出，吸烟增加患肺癌的危险。

要支持这个论证，必须保证不是别的原因导致统计数字中有 70％的肺癌患者有吸烟历史，必须加强吸烟与患肺癌之间的联系。选项 A 无关，并没有提到世界人口中 20 世纪 90 年代有多少比例的人吸烟；选项 C 提出了一个新概念"戒烟"，戒烟者，也是有吸烟历史的人；选项 D 和 A 一样，只是说吸烟者人数在增加，并未说明 1995 年时吸烟人口所占的比例；选项 E 为类比推理，能够支持题干的论证，但不如选项 B。因为选项 B 如果为真，则说明，20 世纪 50 年代以来，吸烟者的比例在逐年上升，即使这样，到 20 世纪 90 年代，吸烟者也只占成人数的 50％，远远低于肺癌患者中的吸烟者比例，这就说明：70％的肺癌患者有吸烟历史，这个数字并不是由于总体人口中有 70％的人吸烟所导致的，说明，吸烟会增加患肺癌的危险。

(2) 在司法审判中，所谓肯定性误判是指把无罪者判为有罪，否定性误判是把有罪者判为无罪。肯定性误判就是所谓的错判，否定性误判就是所谓的错放。而司法公正的根本原则是"不放过一个坏人，不冤枉一个好人"。

某法学家认为：目前，衡量一个法院在办案中是否对司法公正的原则贯彻得足够好，就看它的肯定性误判率是否足够低。

以下哪项，如果为真，能最有力地支持上述法学家的观点？（　　）

A. 错放只是放过了坏人；错判则是既放过了坏人，又冤枉了好人

B. 宁可错判，不可错放，是"左"的思想在司法界的反映

C. 错放造成的损失，大多是可弥补的；错判对被害人造成的伤害，是不可弥补的

D. 各个法院的办案正确率普遍明显提高

E. 各个法院的否定性误判率基本相同

解析：

题干认为，影响司法公正的因素有两个：肯定性误判与否定性误判。法学家认为，衡量一个法院对司法公正的原则贯彻得怎么样，就看肯定性误判率。当然，法学家必须先假定在否定性误判方面大家都差不多；否则，如果各个法院的否定性误判不一样，

则衡量是否公正就不能只看肯定性误判了。这是支持的一种类型：除了题干论证所说的因素外，没有其他的因素会影响结果，至少，在某些方面大家都差不太多。所以，正确答案为 E。

（3）帕金森氏病是一种严重危害大脑的疾病。那些在体内不能生成细胞色素 P405 的人，和那些体内能生成这种细胞色素的人相比，在他们进入中老年后，患帕金森氏病的可能性要大 3 倍。因为细胞色素 P405 具有使大脑免受有毒化学物质侵害的功能，所以有害化学物质很可能是造成帕金森病的重要原因。

以下哪项如果为真，最能加强上述论证？（　　）

A. 人类很快就能人工合成细胞色素 P405，并把它用于治疗因体内不能生成这种细胞色素而导致的疾病

B. 那些体内无法生成细胞色素 P405 的人，往往同时无法生成其他多种对人体有用的物质

C. 细胞色素 P405 除了能使大脑免受有毒化学物质侵害之外，对大脑没有其他影响

D. 多巴胺是一种在大脑中自然生成的化学物质，当对帕金森氏病患者使用多巴胺进行治疗时，他们的症状大都明显缓解

E. 许多帕金森氏病患者具有在体内自然产生细胞色素 P405 的能力

解析：

题干认为，P405 具有使大脑免受有毒化学物质侵害的功能，而体内没有 P405 物质的人，患帕金森病的可能性大 3 倍，所以，题干认为，有毒化学物质可能是造成帕金森病的重要原因。题干假设，P405 除了能使大脑免受有毒化学物质侵害外，不会产生别的功能。这就等于在说，P405 能使大脑免受有毒化学物质的侵害，这是使帕金森病发病率低的唯一原因。直接加强了题干论证的理由与结论之间的关系。如果选项 C 为假，则意味着 P405 对大脑还有别的影响，而很可能，正是这个影响，才导致了上面的现象，就严重削弱了上述论证。所以，答案为 C。

（4）一般认为，一个人 80 岁和他在 30 岁时相比，理解能力和记忆能力都显著减退。最近的一项调查显示，80 岁的老人和 30 岁的年轻人在玩麻将时所表现出的理解能力和记忆能力没有明显差别。因此，认为一个人到了 80 岁理解能力和记忆能力会显著减退的看法是站不住脚的。

以下哪项如果为真，最能加强上述论证？（　　）

A. 目前 30 岁的年轻人的理解能力和记忆能力高于 50 年前的同龄人

B. 上述调查的对象都是退休或在职的大学教师

C. 上述调查由权威部门策划和实施

D. 记忆能力的减退不必然导致理解能力的减退

E. 科学研究证明，人的平均寿命可以达到 120 岁

解析：

题干认为，由于 80 岁的老人与 30 岁的年轻人在玩麻将时所表现出来的理解能力和记忆能力没什么差别，所以，一个人老了，理解能力和记忆能力会显著减退的说法是错误的。如果选项 A 为真，则意味着，现在的 30 岁的年轻人比 50 年前的 30 岁的年轻人理解

能力与记忆能力高。而现在，80 岁的人与现在的 30 岁的人没什么区别，得出结论：现在 80 岁的人，其理解能力与记忆能力，高于他们自己 30 岁的时候。这就支持了结论：人越老，理解能力与记忆能力越好。这是假设题型中的一种：直接支持结论。正确答案为 A。

(5) 市政府计划对全市的地铁进行全面改造，通过较大幅度地提高客运量，缓解沿线包括高速公路上机动车的拥堵，市政府同时又计划增收沿线两条主要高速公路的机动车过路费，用以弥补上述改造的费用。这样的理由是，机动车主是上述改造的直接受益者，应当承担部分开支。

以下哪项相关断定为真，最有助于论证上述计划的合理性？（　　）

A. 上述计划通过了市民听证会的审议
B. 在相邻的大、中城市中，该市的交通拥堵状况最为严重
C. 增收过路费的数额，经过专家的严格论证
D. 市政府有足够的财力完成上述改造
E. 改造后的地铁中，相当数量的乘客都有私人机动车

解析：

题干论证的目标是：通过地铁改造与增收高速公路过路费，以增加地铁的客运量，以缓解沿线公路的交通压力。如果选项 E 为真，则说明，通过上述计划后，相当数量原来乘坐私人汽车上班的人，改乘地铁了。说明方法有效果，达到了目的。所以，答案为 E。本题题干为：为了达到某个目的，而提出一个建议或方法或计划。一般来说，支持就是：方法可行、方法有意义、有效果、方法能够达到目的。

(6) 对常兴市 23 家老人院的一项评估显示，爱慈老人院在疾病治疗水平方面受到的评价相当低，而在其他不少方面评价不错。虽然各老人院的规模大致相当，但爱慈老人院医生与住院老人的比率在常兴市的老人院中几乎是最小的。因此，医生数量不足是造成爱慈老人院在疾病治疗水平方面偏低的原因。

以下哪些如果为真，最能加强上述论证？（　　）

A. 和祥老人院也在常兴市，对其疾病治疗水平的评价比爱慈老人院还要低
B. 爱慈老人院的医务护理人员比常兴市其他老人院都要多
C. 爱慈老人院的医生发表的相关学术文章很少
D. 爱慈老人院位于常兴市的市郊
E. 爱慈老人院某些医生的医术一般

解析：

题干属于典型的"对已知的现象进行解释"类的论证结构。已知现象是"爱慈老人院在疾病治疗方面的水平偏低"，题干认为其原因是"医生数量不足"。一般来说，要支持题干的论证，必须要保证不是因为别的原因（或者没有别的原因）导致"爱慈医院疾病治疗水平偏低"。选项 B 的意思是说，在医务护理人员方面，爱慈老人院不仅不比别的老人院低，反而比别的老人院多，如果 B 为真，则进一步说明，医生数量不足导致了其在疾病治疗水平方面偏低。其他选项均为无关选项。

(7) 1989 年以前，我国文物被盗情况严重，国家主要的博物馆中也发生了多起文物被盗案件，丢失珍贵文物多件。1989 年以后，国家主要的博物馆安装了技术先进的多功

能防范系统，结果，此类重大盗窃案显著下降，这说明多功能防范系统对于保护文物安全起到了重要作用。

以下哪项如果为真，最能加强上述结论？（　　）

A. 20世纪90年代被窃的文物中包括一件珍贵的传世工艺品
B. 从20世纪90年代早期开始，私人收藏和小展馆中发生的文物失盗案件明显上升
C. 上述多功能防范系统经过国家级的技术鉴定
D. 1989—1999年，主要博物馆为馆内重要的珍贵文物所付的保险金有了较大幅度的增加
E. 在20世纪90年代初，文物失盗案件北方比南方严重，因为南方经济较发达，保护文物方法较先进

解析：

题干论证结构为，安装了多功能防范系统后重大盗窃案显著下降，这说明多功能系统起到了保护作用。只要是建立这两者之间关系的就是支持。选项B的意思为，没有安装这种多功能系统的私人收藏馆和小展馆盗窃案件上升，即在相同的时间段，没有安装这种多功能系统的，则失窃案件没有下降反而上升，说明，多功能防范系统对于保护文物安全起到了重要作用。

（8）某校的一项抽样调查显示：该校经常泡网吧的学生中家庭经济条件优越的占80%；学习成绩下降的也占80%，因此家庭条件优越是学生泡网吧的重要原因，泡网吧是学习成绩下降的重要原因。

以下哪项为真最能加强上述论证？（　　）

A. 该校是市重点学校，学生的成绩高于普通学校
B. 该校狠抓教学质量，上学期半数以上学生的成绩都有明显提高
C. 被抽样调查的学生多数能如实填写问卷
D. 该校经常做这种形式的问卷调查
E. 该项调查的结果已报，受到了教育局的重视

解析：

题干的论证结构为，经常泡网吧的学生中学习成绩下降的占80%，所以，学生泡网吧是成绩下降的重要原因。要使题干的论证成立，必须保证没有其他的因素导致同样的统计结果。如果整个学校的80%以上的学生成绩都在下降，则意味着，大多数学生成绩都在下降，泡网吧也只是同样比例的学生成绩在下降，并不能说明泡网吧会影响学习成绩，严重削弱题干的论证。所以，如果选项B为真，半数以上学生的成绩都在提高，则意味着，不是因为大多数人成绩下降才使得统计结果如是（泡网吧的学生学习成绩下降的也占80%），有力地支持了题干的论证。

本题有点难度，关键在于是否理解了"不是其他的因素导致了统计结果"。即并不是这个学校的学生成绩都在下降。

（9）有些人若有某一次厌食，就会对这次膳食中有特殊味道的食物持续产生强烈厌恶，不管这种食物是否会对身体有益。这种现象可以解释为什么小孩更易于对某些食物产生强烈的厌食。

以下哪项如果为真，最能加强上述解释？（   ）
A. 小孩的膳食配搭中含有特殊味道的食物比成年人多
B. 对未尝过的食物，成年人比小孩更容易产生抗拒心理
C. 小孩的嗅觉和味觉比成年人敏锐
D. 和成年人相比，小孩较为缺乏食物与健康的相关知识
E. 如果讨厌某种食物，小孩厌食的持续时间同成年人更长

解析：
题干已知的现象，若某一次厌食，会对这次膳食中有特殊味道的食物持续产生强烈厌恶。这说明，对特殊味道容易产生强烈厌恶。题干认为，这种现象可以解释小孩更易于对某些食物产生强烈厌食。这说明，小孩子更容易感觉到特殊味道。如果 C 为真，则意味着小孩的嗅觉与味觉都比成年人敏锐，所以，更容易闻到味道。有力地支持了上述解释。

（10）爱尔兰有大片泥煤蕴藏量丰富的湿地。环境保护主义者一直反对在湿地区域采煤。他们的理由是开采泥煤会破坏爱尔兰湿地的生态平衡，其直接严重后果是会污染水源。然而，这一担心是站不住脚的。据近 50 年的相关统计，从未发现过因采煤而污染水源的报告。以下哪项如果为真，最能加强题干的论证？（   ）
A. 在爱尔兰的湿地采煤已有 200 年的历史，其间从未因此造成水源污染
B. 在爱尔兰，采煤湿地的生态环境和未采煤湿地没有实质性的不同
C. 在爱尔兰，采煤湿地的生态环境和未开采前没有实质性的不同
D. 爱尔兰具备足够的科技水平和财政支持来治理污染，保护生态
E. 爱尔兰是世界上生态环境最佳的国家之一

解析：
题干认为，环境保护主义者关于"开采泥煤会破坏爱尔兰湿地的生态平衡，会污染水源"的观点是站不住脚的，因为，50 年来的统计，从未发现过因采煤而污染水源的报告。如果选项 C 为真，则意味着，同一块湿地，开采前开采后其生态环境没有实质性的不同，这就说明采煤不会破坏生态环境，有力地支持了题干的论证。其他的选项的话题范围太大，不如选项 C 这样扣紧题干的论证。同一块地的比较，总比不同的湿地之间的比较更加有说服力。答案为 C。

（11）近年来，我国南北方都出现了酸雨，一项相关的研究报告得出结论：酸雨并没有对我国的绝大多数森林造成危害。专家建设将此修改为：我国的绝大多数森林没有出现受酸雨危害的显著特征，如非正常落叶、高枯死率等。
以下哪项如果为真，最有助于说明专家所作修改是必要的？（   ）
A. 酸雨对森林造成的危害结果有些是不显著的
B. 我国有些森林出现了非正常落叶、高枯死的现象
C. 非正常落叶、高枯死率是森林受酸雨危害的典型特征，如果不出现这种特征，说明森林未受酸雨危害
D. 酸雨是工业污染，特别是燃煤污染的直接结果
E. 我国并不是酸雨危害最严重的国家

解析：

专家建议将"酸雨没有对我国的绝大多数森林造成危害"，修改成"我国的绝大多数森林没有出现酸雨危害的显著特征"。注意两者的区别，后者关键之处在于"没有出现酸雨危害的显著特征"。如果选项 A 为真，则说明有些危害是不显著的，但仍然有危害，则说明：没有明显的危害特征，并不意味着没有出现危害。有力地支持了专家的修改意见。这是直接支持题干的结论。

（12）刘建是乐进足球队的主力左后卫，有很强的助攻能力，有时甚至能破门得分。但是，新主教练上任后，刘建却降为替补，鲜有上场机会。该教练的理由是刘建虽然助攻能力强，但他把守在左路经常在比赛中被对手突破，使本队陷入被动。

以下哪项如果为真，最有助于解释该教练决定的合理性？（　　）

A. 对队员的调整拥有决定权能树立新教练的权威
B. 刘建曾公开为前教练辩护，反对更换主教练
C. 该教练崇尚进攻，主张进攻是最好的防守
D. 足球队后位最主要的职责是防守
E. 刘建喜欢喝酒的习惯影响教练和比赛的状态

解析：

教练把刘建降为替补，理由是，刘建主功能力虽然强，但作为左后卫，其防守的左路经常被突破。如果选项 D 为真，则说明刘建没有完成后卫的职责，说明教练的决定是合理。

综上所述，支持题型有很多种样式，比如，或者是直接建立题干论证的前提和结论之间关系的；或者是直接支持结论的；或者是说没有其他的因素导致这个结果的；无论如何，建立或者强化证据与结论之间联系的选项，就是支持。

（三）支持题型训练

（1）几年来，我国许多餐厅使用一次性筷子，这种现象受到越来越多的批评。许多资源环境工作者在报刊上呼吁：为了保护森林环境，让山变绿、水变清，是采取坚决措施，禁用一次性筷子的时候了。

以下除了哪项外，从不同方面给上述呼吁者的观点提供了支持？（　　）

A. 我国森林资源十分匮乏，把大好的木材用来做一次性筷子，实在是莫大的浪费
B. 1998 年的特大水灾造成的损失既与天气有关，也与多年的滥砍滥伐有很大的关系
C. 森林和各种绿色植被对涵养水分、调节气候、防止水土流失具有不可替代的作用
D. 禁用一次性筷子既需要大张旗鼓的宣传，又需要制定相应的法规，建立完善的监督机制
E. 保护森林不能只保不用。合理使用，适量采伐，既能发展林区经济，还能促进保护

（2）、（3）题基于以下题干：

一般认为，一个职业运动员在 45 岁时和他在 30 岁时相比，运动水平和耐力都会明显降低，但是在已退役与正在服役的职业足球运动员中举行的一场马拉松比赛结果却是：45 岁的退役足球运动员和 30 岁的正在服役的运动员在比赛中的成绩没有什么差别。据此，

认为一个职业球员到了 45 岁时运动水平和耐力都会明显降低的观点是错误的。

（2）以下哪项为真，最能削弱上述论证？（　　）

A. 马拉松运动不能充分反映足球运动员的耐力和运动水平
B. 退役的职业球员有更多的时间锻炼身体
C. 现役职业球员有很多人是有伤病在身的
D. 退役球员为了证明自己的实力在比赛中不惜冒超出自己体能的风险
E. 仅以年龄为衡量职业球员运动水平和耐力的标准是不全面的

（3）以下哪项为真，最能加强上述论证？（　　）

A. 以上调查分析是由专门研究足球运动员体能的科研机构进行的
B. 30 岁左右的现役职业足球运动员的运动水平和耐力高于上一代职业足球运动员
C. 以上调查中的退役职业球员都是长期担任足球教练的人
D. 年龄在一定限度内的增加并不必然导致运动水平和耐力的下降
E. 科学研究证明，人的青年时期可以延续到 45 岁，因此运动水平和耐力应该能够保持

（4）一般人认为，广告商为了吸引顾客不择手段。但广告商并不都是这样。最近，为了扩大销路，一家名为《港湾》的家庭类杂志改名为《炼狱》，主要刊登暴力与色情内容。结果，原先《港湾》杂志的一些常年广告用户拒绝续签合同，转向其他刊物。这说明这些广告不只考虑经济效益，而且顾及道德责任。

以下哪项如果为真，最能加强题干的论证？（　　）

A.《炼狱》的成本与售价都低于《港湾》
B. 上述拒绝续签合同的广告商在转向其他刊物后效益未受影响
C. 家庭类杂志的读者一般对暴力和色情内容不感兴趣
D. 改名后《炼狱》杂志的广告客户并无明显增加
E. 一些在其他家庭杂志做广告的客户转向《炼狱》杂志

（5）陈先生：昨天我驾车时被警察出具罚单，理由是我超速。警察这样做是不公正的。我肯定，当时我看到很多车都超速，为什么受罚的只有我一个？

贾女士：你并没有受到不公正的对待，因为警察当时不可能制止所有的超速汽车。事实上，当时每个超速驾驶的人都同样可能被出具罚单。

确定以下哪项原则，最能支持贾女士的观点？（　　）

A. 任何处罚的公正性，只能是相对的，不是绝对的。绝对公正的处罚，是一种理想化的标准，不具有可操作性
B. 对违反交通规则的处罚不是一种目的，而是一种手段
C. 违反交通规则的处罚对象，应当是所有违反交通规则的人
D. 任何处罚，只要有法规依据，就是公正的
E. 如果每个违反交通规则的人被处罚的可能性均等，那么，对其中任何一个人的处罚都是公正的

（6）老李说："虽然高等学校入学人数已经逐年下降，但是小学入学人数却增长了很多。所以，地区教育部门建议建一所新的小学。"

老刘说:"另一个解决办法是把一些高校的教室用作小学教室。"

下列哪项最好地支持了老刘的方案?（　　）

A. 一些高校的教室不适合用作小学教室

B. 建一所高校的费用远高于建一所小学

C. 虽然出生率并未提高,但是有孩子在高校读书的家庭数量却增加了很多

D. 高校的环境会破坏小学生的安全和自信

E. 即使在高校人数减少之前,就有许多高校的教室很少被使用

（7）美国黑人患高血压的比美国白人高两倍。把西方化的非洲黑人和非洲白人相比,情况也是如此。研究者们假设,西方化的黑人之所以会患高血压,是两个原因相互作用的结果,一个原因是西方食品含盐量高,另一个原因是黑人遗传基因中对于缺盐环境的适应机制。

以下哪项对当代西方化非洲黑人的断定如果是真的,最能支持研究者的假设?（　　）

A. 塞内加尔人和冈比亚人后裔的血压通常不高,塞内加尔和冈比亚历史上一直不缺盐

B. 非洲某些地区的不同寻常的高盐摄入是危害居民健康的严重问题

C. 考虑到保健,大多数非洲白人也注意控制盐的摄入量

D. 西非约鲁巴人的血压不高,约鲁巴人有史以来一直居住在远离海盐的内陆,并远离非洲撒哈拉盐矿

E. 缺盐和不缺盐对于人的新陈代谢过程没发现有什么实质性的不同影响

（8）某校的一项抽样调查显示:该校经常泡网吧的学生中家庭经济条件优越的占80%;学习成绩下降的也占80%,因此家庭条件优越是学生泡网吧的重要原因,泡网吧是学习成绩下降的重要原因。

以下哪项为真最能加强上述论证?（　　）

A. 该校是市重点学校,学生的成绩高于普通学校

B. 该校狠抓教学质量,上学期半数以上学生的成绩都有明显提高

C. 被抽样调查的学生多数能如实填写问卷

D. 该校经常做这种形式的问卷调查

E. 该项调查的结果已报,受到了教育局的重视

（9）热河大坝建成20年后,热河土产的8种鱼中没有一种仍能在大坝的下游充分繁殖。由于该坝将大坝下游的河水温度每年的变化范围由50℃降到了6℃,科学家们提出一个假想,认为迅速升高的河水温度在提示土产鱼开始繁殖周期方面起到了一定的作用。

以下哪一项论述,如果是正确的,将最有力地加强科学家们的假想?（　　）

A. 土产的8种鱼仍能但只能在大坝下游的支流中繁殖,在那里每年温度的变化范围保持在大约50℃

B. 在大坝修建以前,热河每年要漫出河岸,从而产生出土产鱼类最主要繁殖区域的回流水

C. 该坝修建以前热河有记录的最低温度是34℃,而大坝建成之后的有记录的最低温度是43℃

D. 非土产的鱼类,在大坝建成之后引入热河,开始同日益减少的土产鱼类争夺食物和空间

E. 热河土产的五种鱼在北美其他任何河流中都不算是土产的

(10) 最近一次战争中,在重战区中执行任务的医疗人员,即使是那些身体未受伤害的,现在比在该战争不太激烈的战斗中执行任务的医疗人员收入低而离婚率高,在衡量整体幸福程度的心理状况测验中得分也较低。这一证据表明即使是那些激烈的战争环境下没有受到身体创伤的人,也会受到负面影响。

下面哪项如果正确,最强有力地支持了以上得出的结论?(　　)

A. 重战区的医疗人员和其他战区的医疗人员相比,服役前所接受的学校教育明显比较少

B. 重战区的医疗人员比其他战区的医疗人员刚入伍时年轻

C. 重战区的医疗人员的父母和其他战区医疗人员的父母,在收入、离婚率和整体幸福程度方面没有什么显著差别

D. 那些在重战区服务的医疗人员和建筑工人在收入、离婚率和整体幸福程度等方面非常相似

E. 早期的战争中重战区服务的医疗人员在收入、离婚率和整体幸福程度等方面,和其他在该战争中服役的医疗人员没有表现出太大差别

参考答案:

(1) E　(2) A　(3) B　(4) E　(5) E　(6) E　(7) A　(8) B　(9) A
(10) C

四、削弱题型

(一) 削弱题型分析

削弱题型的解题思路与假设支持题型基本一样,只不过是假设支持强调的是题干论证的证据与结论之间要有关系,而削弱则正好相反,强调的是割裂题干证据与结论之间的关系。只要将某选项放入题干的证据与结论之间,从而降低或断开题干推理成立或结论正确的可能性,这个选项就是削弱。

一般来说,削弱题的解题思路与假设支持等题型正好相反,有以下几种形式:

(1) 题干论证的证据与结论之间没有联系(有因无果,无因有果,因果无关)。
(2) 其证据与结论之间有重大差异(有重大差异)。
(3) 方法不可行或方法没有意义或方法与目的之间南辕北辙(方法不可行,方法达不到目的)。
(4) 除了题干所说的理由之外还有别的因素影响其结论(有确定它因)。
(5) 直接否定题干的结论。
(6) 题干的推论犯了以偏概全的错误(以偏概全)。
(7) 题干的论证犯了因果倒置的错误(因果倒置)。
(8) 类比不当错误等。

无论如何，只要选项是割裂其证据和结论之间关系的，或者推翻题干结论的，就是削弱。

(二) 削弱题型解题方法精讲

(1) 一项关于婚姻状况的调查显示，那些起居时间明显不同的夫妻之间，虽然每天相处的时间相对较少，但每月爆发激烈争吵的次数，比起那些起居时间基本相同的夫妻明显要多。因此，为了维护良好的夫妻关系，夫妻之间应当注意尽量保持基本相同的起居规律。

以下哪项如果为真，最能削弱上述论证？（　　）

A. 夫妻间不发生激烈争吵，不一定关系就好
B. 夫妻闹矛盾时，一方往往用不同时起居的方式以示不满
C. 个人的起居时间一般随季节变化
D. 起居时间的明显变化会影响人的情绪和健康
E. 起居时间的不同很少是夫妻间争吵的直接原因

解析：

题干论证结构为，夫妻之间争吵次数多、感情不和，其原因是起居时间不同导致的。选项B如果为真，则说明，不是起居时间不同导致夫妻争吵，而是夫妻之间已经吵架，才导致起居规律不同。选项B如果为真，则说明题干犯了"因果倒置"的错误，这种削弱为最有力量的削弱。所以，正确答案为B。

(2) 市政府计划对全市的地铁进行全面改造，通过较大幅度地提高客运量，缓解沿线包括高速公路上机动车的拥堵，市政府同时又计划增收沿线两条主要高速公路的机动车过路费，用以弥补上述改造的费用，这样的理由是，机动车主是上述改造的直接受益者，应当承担部分开支。

以下哪项相关断定如果为真，最能质疑上述计划？（　　）

A. 市政府无权支配全部高速公路机动车过路费收入
B. 地铁乘客同样是上述改造的直接受益者，但并不承担开支
C. 机动车有不同的档次，但收取的过路费区别不大
D. 为躲避多交过路费，机动车会绕开收费站，增加普通公路的流量
E. 高速公路上机动车的拥堵现象不如普通公路严重

解析：

题干论证结构为，其目的是缓解沿线公路包括高速公路上机动车的拥堵，方法是地铁改造和增收高速公路的费用。削弱当然是割裂方法和目的之间的关系。如果选项D为真，则说明，虽然实施了方法，虽然能够减少高速公路上的机动车辆，但同时增加了普通公路的流量，并没有从总体上真正缓解地铁沿线公路上机动车的拥堵问题。这就非常有力地削弱了题干的论证。所以，正确答案为D。

(3) 也许令许多经常不刷牙的人感到意外的是，这种不良习惯已使他们成为易患口腔癌的高危人群。为了帮助这部分人早期发现口腔癌，市卫生部门发行了一个小册子、教人们如何使用一些简单的家用照明工具，如台灯、手电等，进行每周一次的口腔自检查。

以下哪项如果为真，最能对上述小册子的效果提出质疑？（　　）

A. 有些口腔疾病的病症靠自检难以发现
B. 预防口腔癌的方案因人而异
C. 经常刷牙的人也可能患口腔癌
D. 口腔自检的可靠性不如在医院所作的专门检查
E. 经常不刷牙的人不大可能做每周一次的口腔自检

解析：
题干的论证为"目的-方法"类型。上述小册子的目的是帮助经常不刷牙的人进行口腔自检，以期早期发现口腔癌。而选项 E 为真，则说明这个方法根本无效，因为不刷牙的人不大可能去做每周一次的口腔自检，当然就达不到目的。所以，正确答案为 E。

A 项中的"有些口腔疾病"不一定包括"口腔癌"；B、C 项说的都是预防口腔癌，与题干"发现口腔癌"话题不一致。

(4) 从国外引进的波尔山羊具有生长速度快、耐粗饲、肉质鲜嫩等特点，养羊效益高。我国北方某地计划鼓励当地农民把波尔山羊与当地的山羊进行杂交，以提高农民养羊的经济效益，满足发展高效优质肉羊的生产需要。

以下哪项如果为真，最能对上述计划的可行性提出质疑？（　　）
A. 波尔山羊耐高温不耐低温，杂交羊不能适应当地的气候条件
B. 并非所有的波尔山羊都可以与当地的山羊成功杂交
C. 当地许多年轻人认为饲养羊是低等的工作，因为养羊的利润比其他工作的利润低
D. 当地许多人不喜欢波尔山羊
E. 当地一些山羊也具有生长快、耐粗饲、屠宰率高、肉质鲜嫩的优点

解析：
题干的论证结构为"目的-方法"型。为了提高农民养羊的经济效益，计划把波尔山羊与当地的山羊进行杂交。选项 A 如果为真，则说明杂交羊不能适应当地气候，上述题干所说的方法不可行。其他选项或多或少也能对上述题干构成质疑，但不如 A 有力量，因为 A 为真则说明方法不可行。选项 B 的意思为"有些波尔山羊不可以与当地的山羊成功杂交"，质疑的力量弱于 A。所以，正确答案为 A。

(5) 当航空事故发生后，乘客必须尽快地撤离飞机，因为在事故中泄漏的瓦斯对人体有毒，并且随时可能发生爆炸。为了避免因吸入瓦斯造成死亡，安全专家建议在飞机上为乘客提供防毒面罩，用以防止瓦斯的吸入。

以下哪项如果为真，将对上述建议提出最有力的质疑？（　　）
A. 防毒面罩只能阻止瓦斯的吸入，但不能防止瓦斯的爆炸
B. 防毒面罩的价格相当昂贵
C. 使用防毒面罩并不是阻止吸入瓦斯的唯一方式
D. 在大多数航空事故中，乘客是死于瓦斯中毒而不是瓦斯的爆炸
E. 使用防毒面罩延长了乘客离开机舱的时间

解析：
题干认为，事故发生后乘客必须尽快撤离飞机，因为瓦斯有毒，且会发生爆炸。为了解决问题，专家提出发防毒面罩。如果选项 E 为真，则说明防毒面罩虽然可以防止瓦斯

的吸入，但延长了撤离飞机的时间，从而增加了受爆炸伤害的危险，所以，专家的建议不可行。所以，正确答案为E。

（6）大湾公司实施工间操制度的经验揭示：一个雇员，每周参加工间操的次数越多，全年病假的天数就越少。即使那些每周只参加一次工间操的雇员全年的病假天数，也比那些从不参加工间操作的要少。因此，如果大湾公司把每工作日一次的工间操改为上、下午各一次，则能进一步降低雇员的病假率。

以下哪项如果为真，最能削弱上述论证？（　　）

A. 经常休病假的雇员，大多不参加体育锻炼，包括工间操
B. 每工作日两次工间操，使有些雇员产生怠倦，影响工作效率
C. 有的雇员坚持业余体育锻炼
D. 工间操运动量小，不是一种最佳的体育锻炼方式
E. 一般地说，参加工间操的雇员的工作效率，并不比参加工间操的雇员高

解析：

题干认为，一个雇员参加工间操的次数越多，相对病假越少，因此建议增加每工作日工间操的次数，从而达到进一步降低雇员的病假率。如果选项A为真，则说明方法没有效果，因为那些休病假的人，大多不参加工间操，无论如何增加工间操的次数，都已经无法进一步降低雇员的病假率。所以，正确答案为A。

（7）长盛公司的管理者发现：和同行业其他企业相比，该公司产品的总成本远远高于其他企业，因而在市场上只能以偏高的价格出售，导致竞争力较弱。通过研究，公司决定降低工人的工资，使之和同行业企业差不多。

以下哪项如果为真，将使公司的决定见效不大？（　　）

A. 长盛公司的产品质量和其他公司的相比，相差无几
B. 长盛公司的销售费用比其他公司大
C. 长盛公司员工工资总额只占产品成本的一小部分
D. 长盛公司的设备比较落后
E. 长盛公司交货速度不是特别快

解析：

公司的目的是降低总成本，方法是降低工人工资。如果选项C为真，即工人工资总额只占产品成本的一小部分，则说明，降低工资来大幅降低总成本这个方法达不到目的，所以，正确答案为C。

（8）宏达山钢铁公司由5个子公司组成。去年，其子公司火龙公司试行与利润挂钩的工资制度，其他子公司则维持原有的工资制度。结果，火龙公司的劳动生产率比其他子公司的平均劳动生产率高出13%。因此，在宏达山钢铁公司实行与利润挂钩的工资制度有利于提高该公司的劳动生产率。

以下哪项如果为真，最能削弱上述论证？（　　）

A. 实行了与利润挂钩的分配制度后，火龙公司从其他子公司挖走了不少人才
B. 宏达山钢铁公司去年从国外购进的先进技术装备，主要用于火龙公司
C. 火龙公司是3年前组建的，而其他子公司都有10年以上的历史

D. 红塔钢铁公司去年也实行了与利润挂钩的工资制度，但劳动生产率没有明显提高

E. 宏达山公司的子公司金龙公司去年没有实行与利润挂钩的工资制度，但它的劳动生产率比火龙公司略高

解析：

题干论证结构：火龙公司的劳动生产率比其他子公司的平均劳动生产率高出13%，其原因是其实行了与利润挂钩的工资制度。这属于典型的对已知现象进行解释的题型。削弱的思路一般会去寻找另外的确定的原因去解释已知的现象。如果选项 B 为真，则说明导致生产率提高的原因是火龙公司使用了先进的生产设备，而其他的公司则没有使用。这就是它因式削弱。选项 D 讲述的是红塔钢铁公司，和题干论证的话题不一致，为无关选项。选项 E 有一定程度的削弱，但讲述的是金龙公司，不如选项 B 的削弱力度。所以，正确答案为 B。

（9）番茄红素、谷胱甘肽、谷氨酰胺是有效的抗氧化剂，这些抗氧化剂可以中和体内新陈代谢所产生的自由基。体内自由基过量会加速细胞的损伤从而加速人的衰老。因而为了延缓衰老，人们必须在每天的饮食中添加这些抗氧化剂。

以下哪项如果为真，最能削弱上述论证？（　　）

A. 体内自由基不是造成人衰老的唯一原因

B. 每天参加运动可有效中和甚至清除体内的自由基

C. 抗氧化剂的价格普通偏高，大部分消费者难以承受

D. 缺乏锻炼的超重者在体内极易出现自由基过量

E. 吸烟是导致体内细胞损伤的主要原因之一

解析：

题干认为为了延缓衰老，必须添加抗氧化剂，因为抗氧化剂能够清除加速人的衰老的自由基。题干认为添加抗氧化剂是必需的，削弱这个论证很简单，只需说明有别的替代方法，则可证明其不必须。如果选项 B 为真，则说明，每天运动即可同样清除自由基，既然由别的方法可以清除自由基，则证明添加抗氧化剂并不是必须的。所以，正确答案为 B。

（10）某校的一项抽样调查显示：该校经常泡网吧的学生中家庭经济条件优越的占80%；学习成绩下降的也占80%，因此家庭条件优越是学生泡网吧的重要原因，泡网吧是学习成绩下降的重要原因。

以下哪项如果为真，最能削弱上述论证？（　　）

A. 该校位于高档住宅区，学生90%以上家庭条件优越

B. 经过清理整顿，该校周边网吧管理规范

C. 有的家庭条件优越的学生并不泡网吧

D. 家庭条件优越的家长并不赞成学生泡网吧

E. 被抽样调查的学生占全校学生的30%

解析：

由于经常泡网吧的学生中家庭条件优越的占80%，所以，题干认为，家庭条件优越是学生泡网吧的重要原因。这个论证假设了经常泡网吧的学生家庭条件优越占80%这个

比例是远高于一般不泡网吧的学生的，作为削弱，应当割裂其证据与结论之间的关系，即：80%的比例并不高。如果选项A为真，则说明这个学校学生当中90%是家庭条件优越的。因此，不管是泡网吧的还是没泡网吧的学生中，其家庭条件优越的都应该超过80%以上的。所以，正确答案为A。

这类题目应当引起重视。作为统计推理，其样本中的百分比数值必须和总体中的百分比进行比较才能得出比较可靠的结论。比如，98%的生男孩的父母都有使用移动电话的历史，能否得出"移动电话增加生男孩的可能性"这个结论？如果全世界成年男女中有98%的人都有移动电话的历史呢？请认真思考。

（11）过去，大多数航空公司都尽量减轻飞机的重量，从而达到节省燃油的目的。那时最安全的飞机座椅是非常重的，因此只安装很少的这类座椅。今年，最安全的座椅卖得最好。这非常明显地证明，现在的航空公司在安全和省油这两方面更倾向重视安全了。

以下哪项如果为真，能够最有力地削弱上述结论？（　　）
    A. 去年销售量最大的飞机座椅并不是最安全的座椅
    B. 所有航空公司宣称他们比其他公司更加重视安全
    C. 与安全座椅销售不好的年份比，今年的油价有提高
    D. 由于原材料成本提高，今年的座椅价格比以往都贵
    E. 技术创新使今年最安全的座椅反而比一般座椅重量轻

解析：

题干认为，今年最安全的座椅卖得最好，由此可以说明，现在的航空公司在安全和省油方面更重视安全了。毫无疑问，题干假设"安全的座椅卖得好"与"航空公司重视安全"是有关系的。削弱，就是割裂两者的联系。如果选项E为真，则说明，安全的座椅卖得好的原因很可能是出于省油的目的。这是对题干的论证的最有力的削弱。所以，正确答案为E。

（12）自1940年以来，全世界的离婚率不断上升。因此，目前世界上的单亲儿童，即只与生身父母中的某一位一起生活的儿童，在整个儿童中所占的比例，一定高于1940年。

以下哪项关于世界范围内相关情况的断定，如果为真，最能对上述推断提出质疑？（　　）
    A. 1940年以来，特别是20世纪70年代以来，相对和平环境的医疗技术的发展，使中青年已婚男女的死亡率极大地降低
    B. 1980年以来，离婚男女中的再婚率逐年提高，但其中的复婚率却极低
    C. 目前全世界儿童的总数，是1940年的两倍以上
    D. 1970年以来，初婚夫妇的平均年龄在逐年上升
    E. 目前每对夫妇所生子女的平均数，要低于1940年

解析：

题干认为，由于全世界的离婚率不断上升，所以，目前单亲儿童的比例一定也在上升。在这个论证中，作者假定导致单亲儿童比例变化的唯一因素是离婚率。但是，导致儿童成为单亲儿童的因素还有已婚男女的死亡率。选项A指出了这一点，假如选项A为真，则说明1940年的离婚率虽然比现在低，但中青年已婚男女的死亡率却大大高于目前，即：

虽然由于父母离异导致的单亲儿童比例比目前低，但由于生身父母的死亡导致的单亲儿童比例一定比目前高，所以，仅仅由于离婚率的上升就得出单亲儿童的比例一定在上升是片面的，严重地削弱了题干的论证。所以，正确答案为A。

（13）张教授：在我国大陆架外围海域建设新油井的计划不足取，因为由此带来的收益不足以补偿由此带来生态破坏的风险。目前我国每年海底石油的产量，还不能满足我国一天石油的需求量，而上述拟建中的新油井，最多只能使这个数量增加0.1%。

李研究员：你的论证不能成立。你能因为新建的防护林不能在一夜之间消灭北京的沙尘暴、而反对实施防护林计划吗？

以下哪项如果为真，最能削弱李研究员的反驳？（　　）

A. 在北京周边建防护林，只能防阻沙尘暴，不能根治沙尘暴
B. 我国在治理沙尘暴方面还缺乏成功的经验
C. 建防护林不像建海上油井那样能产生直接的经济效益
D. 建防护林只会保护生态不会破坏生态
E. 建防护林不会产生类似于建海上油井所带来的风险

解析：

分析一下张教授的论证结构。结论：目前在我国大陆架外围海域建设新油井不可行，理由是受益不足以补偿由此带来的生态风险。李研究员反驳则用了一个类比论证，认为，你不能因为新建的防护林不能一夜之间消灭北京的沙尘暴就反对实施防护林计划，所以，你不能因为新油井的收益不足以补充生态风险就反对架设新油井的计划。李研究员的反驳假设了一个前提，即：建设防护林与架设新油井是类似的。削弱则是寻找这两者之间的差异。选项E如果为真，则说明建设防护林与建海上油井是不同的，不会产生类似的风险，这与题干的话题最接近。选项D也有一定的削弱作用，但其话题关键词不如选项E这样贴近话题，所以，正确答案为E。

（14）马医生发现，在进行手术前喝高浓度加蜂蜜的热参茶可以使他手术时主刀更稳，时间更短，效果更好。因此，他认为，要么是参，要么是蜂蜜，含有的某些化学成分能帮助他更快更好地进行手术。

以下哪项如果为真，能削弱马医生的上述结论？（　　）

Ⅰ. 马医生在喝含高浓度加蜂蜜的热柠檬茶后的手术效果同喝高浓度加蜂蜜的热参茶一样好。
Ⅱ. 马医生在喝白开水之后的手术效果与喝高浓度加蜂蜜的热参茶一样好。
Ⅲ. 洪医生主刀的手术效果比马医生好，而前者没有术前喝高浓度的蜂蜜热参茶的习惯。

A. 只有Ⅰ　　　B. 只有Ⅱ　　　C. 只有Ⅲ　　　D. 只有Ⅰ和Ⅱ
E. Ⅰ、Ⅱ和Ⅲ

解析：

马医生根据手术前喝"高浓度加蜂蜜的热参茶"使其手术更加成功，得出，"要么是参，要么是蜂蜜"中的化学成果起作用。选项Ⅰ不能削弱其结论，因为其为真不能说明蜂蜜没有效果；选项Ⅱ如果为真，则喝白开水的效果与蜂蜜热参茶的效果一样，即：没有蜂

蜜、没有参茶，也照样能够取得同样的结果，则割裂了蜂蜜、参茶与手术效果好这两者之间的联系，能够削弱题干的论证；选项Ⅲ讲的是洪医生，与马医生的论证与结论没有关系，话题不相关。所以，正确答案为 B。

(15) 今年上半年，即从 1—6 月，全国大约有 300 万台录像机售出。这个数字仅是去年全部录像机销售量的 35%。由此可知，今年的录像机销售量一定会比去年少。

以下哪项如果为真，最能削弱以上的结论？（　　）

A. 去年的录像机销售量比前年要少
B. 大多数对录像机感兴趣的家庭已至少备有 1 台
C. 录像机的销售价格今年比去年便宜
D. 去年销售的录像机中有 6 成是在 1 月售出的
E. 一般说来，录像机的全年销售量 70% 以上是在年末两个月中完成的

解析：

题干论证结构为，由于 1—6 月今年的销售量仅是去年的 35%，由此可知，今年的录像机销售量一定比去年少。题干论证假设了"每个月的销量基本一致"，如果选项 E 为真，则说明，年末两个月的销售量占全年的 70%，所以，虽然今年上半年的销量仅是去年全年的 35%，但全年的销售量却很有可能超过去年。这就削弱了题干的论证。所以，正确答案为 E。E 真，说明 1—6 月的销售量不具有代表性，不能类推至全年的销售量。

(16) 市场上推出了一种新型的电脑键盘。新型键盘具有传统键盘所没有的"三最"特点，即最常用的键盘设计在最靠近最灵活手指的部位。新型键盘能大大提高键入速度，并减少错误率。因此，用新型键盘替换传统键盘能迅速地提高相关部门的工作效率。

以下哪项如果为真，最能削弱上述论证？（　　）

A. 有的键盘使用者最灵活的手指和平常人不同
B. 传统键盘中最常用的键并非设计在离最灵活手指最远的部位
C. 越能高效率地使用传统键盘，短期内越不易熟练地使用新型键盘
D. 新型键盘的价格高于传统键盘的价格
E. 无论使用何种键盘，键入速度和错误率都因人而异

解析：

题干的结论为"用新型键盘替换传统键盘能迅速地提高相关部门的工作效率"，理由是"新型键盘能够大大提高键入速度"。如果选项 C 为真，"越能高效使用传统键盘，短期内越不易熟练使用新型键盘"，则说明，实用新型键盘在短期内不会有利于效率的提高，新型键盘的优点不能迅速转化为工作效率，有力地削弱了题干的结论。其他选项均为无关选项。本题的削弱为直接削弱结论。正确答案为 C。

(17) 近年来，立氏化妆品的销量有了明显的增长，同时，该品牌用于广告的费用也有同样明显的增长。业内人士人为，立氏化妆品销量的增长，得益于其广告的促销作用。

以下哪项如果为真，最能削弱上述结论？（　　）

A. 立氏化妆品的广告费用，并不多于其他化妆品
B. 立氏化妆品的购买者中，很少有人注意到该品牌的广告
C. 注意到立氏化妆品广告的人中，很少有人购买该产品

D. 消协收到的对立氏化妆品的质量投诉，多于其他化妆品

E. 近年来，化妆品的销售总量有明显增长

解析：

题干认为，立氏化妆品销量的增长，得益于广告的促销作用。削弱，就是割裂两者之间的关联。如果选项C为真，则说明看到广告的人基本上不买其产品，这就说明广告不仅没有促销作用，反而有反作用。选项B的削弱力度不如C，如果B为真，则说明买东西的人并不是受到广告的影响，说明广告没什么作用，有削弱但力度不如C。选项D为无关选项，和销量的增长没有什么关系。所以，正确答案为C。

（18）讯通驾校希望减少中老年学员的数量。因为一般而言，中老年人的培训难度较大。但统计数据表明，该校中老年学员的比例在逐渐增加。很显然，讯通驾校的上述希望落空了。

以下哪项如果为真，最能削弱上述论证？（　　）

A. 讯通驾校关于年龄阶段的划分不准确

B. 国家关于汽车驾驶者的年龄限制放宽了

C. 培训合格的中老年驾驶员是驾校不可推卸的责任

D. 中老年人学习驾车是汽车进入家庭后的必然趋势

E. 讯通驾校附近另一家驾校开设了专招青年学员的低价速成培训班

解析：

题干的论证结构为，由于该校中老年学员的比例在逐渐增加，所以，该校中老年学员的数量（注意：不是比例）也在增加（减少中老年学员的数量希望落空了）。比例在增加，是否绝对数量也在增加？关键看同一个集合中其他的相关类的比例有没有变化。如果选项E为真，则说明很可能其整个成员中的青年学员的比例在减少，所以，就算其学员当中中老年学员的比例增加，也不一定意味其数量在增加。其他选项都不相关，对论证没有削弱作用。所以，正确答案为E。

（19）一般认为，一个人80岁和他在30岁时相比，理解能力和记忆能力都显著减退。最近的一项调查显示，80岁的老人和30岁的年轻人在玩麻将时所表现出的理解能力和记忆能力没有明显差别。因此，认为一个人到了80岁理解能力和记忆能力会显著减退的看法是站不住脚的。

以下哪项如果为真，最能削弱上述论证？（　　）

A. 玩麻将需要的主要不是理解能力和记忆能力

B. 玩麻将只需要较低的理解能力和记忆能力

C. 80岁的老人比30岁的年轻人有更多的时间玩麻将

D. 玩麻将有利于提高一个人的理解能力和记忆能力

E. 一个人到了80岁理解能力和记忆能力会显著减退的看法是对老年人的偏见

解析：

题干论证结构为，由于"80岁的老人和30岁的年轻人在玩麻将时所表现出的理解能力和记忆能力没有明显差别"，所以，一个人到了80岁，其理解能力和记忆能力并不会显著衰退。如果选项B为真，则说明"80岁的老人和30岁的年轻人在玩麻将时所表现出的

理解能力和记忆能力没有明显差别"的原因是玩麻将只需要较低的理解能力和记忆能力,既然只需要较低的理解能力和记忆能力,则意味着不能由"80岁的老人和30岁的年轻人在玩麻将时所表现出的理解能力和记忆能力没有明显差别"。所以,正确答案为B。

(20)某中学发现有学生课余用扑克玩带有赌博性质的游戏,因此规定学生不得带扑克进入学校,不过即使是硬币,也可以用作赌具,但禁止学生带硬币进入学校是不可思议的,因此,禁止学生带扑克进学校是荒谬的。

以下哪项如果为真,最能削弱上述论证?(　　)

A. 禁止带扑克进学校不能阻止学生在校外赌博
B. 硬币作为赌具远不如扑克方便
C. 很难查明学生是否带扑克进学校
D. 赌博不但败坏校风,而且影响学生学习成绩
E. 有的学生玩扑克不涉及赌博

解析:

首先分析题干的论证结构。题干为一个类比推论,由于硬币可以做赌具,但禁止学生带硬币进学校是不可思议的,而扑克和硬币一样,所以,禁止学生带扑克进校也是荒谬的。作为削弱,只要割裂其证据与结论的关系即可,即:硬币与扑克是有差异的。所以,正确答案为B。

(三)削弱题型训练

(1)王教授说:"我的学生交给我的论文有不少错别字,很多句子不通顺,所以现在大学生的语文水平比较差。"

以下哪项最能削弱王教授的论证?(　　)

A. 大学生的语文水平比较差的原因是中学教学的问题
B. 没有考虑到论文中有不少句子是通顺的
C. 有些错别字实际不是错别字,是王教授自己看错了
D. 没有证据表明王教授的学生能够代表一般学生
E. 大学生的综合素质比较高

(2)目前的大学生普遍缺乏中国的传统文化的学习和积累。根据国家教委有关部门及部分高等院校最近做的一次调查表明,大学生中喜欢和比较喜欢京剧艺术的只占到被调查人数的14%。

下列陈述中的哪一个最能削弱上述观点?(　　)

A. 大学生缺少对京剧艺术欣赏方面的指导,不懂得怎样去欣赏
B. 喜欢京剧艺术与学习中国传统文化不是一回事,不要以偏概全
C. 14%的比例正说明培养大学生对传统文化的学习大有潜力可挖
D. 一些大学生既喜欢京剧,又对中国传统文化的其他方面有兴趣
E. 调查的比例太小,恐怕不能反映当代大学生的真实情况

(3)某城市考上大学的学生中,女生的比例比男生高。根据这个事实,王老师认为本市女生学习比男生好。

以下哪项最能削弱王老师的结论?(　　)

A. 全国考上大学的学生中，男女生比例基本持平
B. 第一中学考上大学的学生中，男生的比例比女生高
C. 考生中男生的比例比女生低
D. 大多数考上大学的女生是文科班的
E. 男生比女生更多地参加体育活动

（4）在村庄东西两块玉米地中，东面的地施过磷酸钙单质肥料，西面的地则没有。结果，东面的地亩产玉米 300 公斤，西面的地亩产仅 150 公斤。因此，东面的地比西面的地产量高的原因是由于使用了过磷酸钙单质肥料。

以下哪项为真，最能削弱上述论证？（　　）
A. 给东面的地使用的是过磷酸钙的过期肥料
B. 北面的地使用过硫酸钾单质化肥，亩产玉米 220 公斤
C. 每块地种植了不同种类的四种玉米
D. 两块地的田间管理无明显不同
E. 东面和西面两块地的土质不同

（5）北大西洋海域的鳕鱼数量锐减，但几乎同时海豹的数量却明显增加。有人说是海豹导致了鳕鱼的减少。这种说法难以成立，因为海豹很少以鳕鱼为食。

以下哪项如果为真，最能削弱上述论证？（　　）
A. 海水污染对鳕鱼造成的伤害比对海豹造成的伤害严重
B. 尽管鳕鱼数量锐减，海豹数量明显增加，但在北大西洋海域，海豹的数量仍少于鳕鱼
C. 在海豹的数量增加以前，北大西洋海域的鳕鱼数量就已经减少了
D. 海豹生活在鳕鱼无法生存的冰冷海域
E. 鳕鱼只吃毛鳞鱼，而毛鳞鱼也是海豹的主要食物

（6）S 市持有驾驶证的人员数量较 5 年前增加了数十万，但交通死亡事故却较 5 年前有明显地减少。由此可以得出结论：目前 S 市驾驶员的驾驶技术的熟练程度较 5 年前有明显的提高。以下各项如果为真，都能削弱上述论证，除了（　　）。
A. 交通事故的主要原因是驾驶员违反交通规则
B. 目前 S 市的交通管理力度较五年前有明显加强
C. S 市加强对驾校的管理，提高了对新驾驶员的培训标准
D. 由于油价上涨，许多车主改乘公交车或地铁上下班
E. S 市目前的道路状况及安全设施较五年前有明显改善

（7）有人认为，在体力劳动者中，女工比男工一般更容易受伤。这是一种偏见。实际上，建筑工地上的受伤者绝大多数是男性。

以下哪项最为恰当地概括了上述论述中的漏洞？（　　）
A. 犯了"以偏概全"的逻辑错误
B. 没有考虑受伤建筑工人在所有受伤工人中所占的比例
C. 没有考虑女工在全体建筑工人中所占的比例
D. 忽视了这样的一个事实：建筑工人的安全保障相对较差

E. 对两类没有可比性对象进行了比较

（8）H 国赤道雨林的面积每年以惊人的比例减少，引起了全球的关注。但是，卫星照片的数据显示，去年 H 国赤道雨林面积的缩小比例明显低于往年。去年，H 国政府支出数百万美元用以制止滥砍滥伐和防止森林火灾。H 国政府宣称，以上卫星照片的数据说明，本国政府保护赤道雨林的努力取得了显著成效。

以下哪项如果为真，最能削弱 H 国政府的上述结论？（　　）

A. 去年 H 国用以保护赤道雨林的财政投入明显低于往年

B. 与 H 国相邻的 G 国的赤道雨林的面积并未缩小

C. 去年 H 国的旱季出现了异乎寻常的大面积持续降雨

D. H 国用于雨林保护的费用只占年度财政支出的很小比例

E. 森林面积的萎缩是全球性的环保问题

（9）针对脑部胶质瘤在全球范围内的高发病率，美国的罗斯公司研制出一种专门用于术后化疗的新药 X，在临床试验中与传统的化疗药物 Y 加以比较，分别在同类 70 个脑部胶质瘤晚期术后患者中分两组使用，每组 35 人，第一组用药物 Y，第二组用药物 X。但是两年后的统计结果却是每组都有 20 人死亡。因此，新药 X 并没有更好的疗效。

以下哪项如果为真，最能削弱上述论证？（　　）

A. 在死亡的 20 人中，第一组的平均死亡月份比第二组早 3 个月

B. 在活着的人中，第一组比第二组的病情更严重

C. 在活着的人中，第一组比第二组的更年长

D. 在活着的人中，第一组比第二组的病情要轻一些

E. 在死亡的 20 人中，第一组平均寿命比第二组小 3 岁

（10）为了了解高校学生对《知识产权法》基本知识的掌握程度，某教育咨询公司在一所高校选取了相同年级的两组学生进行了有奖测试。经阅卷分析发现：第一组学生的优秀率达到了 60%，而第二组的优秀率只有 20%。咨询公司据此得出结论：该校大学生在对《知识产权法》的了解和掌握程度上存在很大的差异。

以下哪项最能削弱以上结论？（　　）

A. 对《知识产权法》的掌握程度的测量不能仅凭一次测试来决定

B. 第一组学生来自法律系

C. 这次调查所采用的测试题不能涵盖《知识产权法》的全部内容

D. 任何一门知识的掌握和运用都不完全一样

E. 这次参与调查的学生只占该高校学生的很小一部分

（11）由于工业废水的污染，淮河中下游水质恶化，有害物质的含量大幅度提高，这引起了多种鱼类的死亡。但由于蟹具有适应污染水质的生存能力，因此，上述沿岸的捕蟹业和蟹类加工业将不会像渔业同行那样受到严重影响。

以下哪项如果是真的，将严重削弱上述论证？（　　）

A. 许多鱼类已向淮河上游及其他水域迁移

B. 上述地区渔业的资金向蟹业转移，激化了蟹业的竞争

C. 作为蟹类主要食物来源的水生物蓝藻无法在污染的水质中继续存活

D. 蟹类适应污染水质的生理机制尚未得到科学的揭示

E. 在鱼群分布稀少的水域中蟹类繁殖较快

(12) 一位长期从事醉酒及酒精中毒研究的医生发现，一般情况下，醉酒者的暴力倾向远远高于未饮酒者或适度饮酒者。据此，该医生断定，具有暴力倾向的人容易喝醉酒。

以下哪项最严重地削弱了这位医生的断定？（　　）

A. 一些从未喝过酒的人也具有很强的暴力倾向

B. 当人们喝醉酒时经常会采用暴力行为发泄心中的不满

C. 该医生研究的对象除了暴力倾向外，还有一些其他的不良嗜好

D. 在喝酒上瘾并醉酒时，人们往往会行为失控并出现暴力行为

E. 当一个人醉酒程度很高时，已经无法控制自己的行为，即使有暴力行为发生，也不会造成严重后果

(13) "高考冲刺一对一"是目前"南江教育咨询公司"正在积极开展的一项培训活动。他们在市场分析员的建议下选择了育才和新世纪这两所最著名的重点高中作为主要分析对象。市场分析报告认为：这两所重点高中聚集了很多优秀的高三学生，提供"一对一"的个性化服务能够在课余帮助学生实现进一步提高各科成绩的愿望，从而考上更好的大学。

以下哪项能够最为有力地削弱上述推论？（　　）

A. "高考冲刺一对一"的培训收费只比一般高考辅导班的收费略高一点

B. "高考冲刺一对一"的教学质量还没有经过市场检验，效果还很难断定

C. 育才和新世纪这两所重点高中的大部分学生都在课余聘请了有经验的家庭教师，付给他们的报酬比"高考冲刺一对一"的收费还少一点

D. "南江教育咨询公司"的培训师资还不是很充裕，恐怕很难满足育才和新世纪选两所高中这么多学生的不同需求

E. 通过社会上的咨询公司寻求高考辅导的资源对于育才和新世纪学生家长来说还是一件新鲜事，要有一个适应过程

(14) 环保人士批评海滨浴场用网将泳区与鲨鱼隔开的做法。因为，每年这种网无谓地杀死了数以千计的海洋生物。最近环保人士发现将电缆埋在泳区四周的下面，鲨鱼就会自动游开，这样既不伤人又不会伤害海洋动物。所以，安装上这种电缆后，泳区既能维持旅游业，同时又能满足环保人士的要求。

以下哪项最能削弱上面的论述？（　　）

A. 许多从未出现鲨鱼的海滨浴场也计划安装电缆

B. 尽管许多人声称害怕鲨鱼，但有鲨鱼出没地区的旅游业所受影响并不大

C. 在环保主义者认可的能成功驱除鲨鱼，同时又不伤害他们的办法中，在下面埋电缆并非唯一的办法

D. 一些游泳的人看不到将他们与鲨鱼隔开的障碍，以后就不再光顾这些海滩了

E. 埋在下面的电缆产生的电流吓跑了许多鱼，但并没有吓走吸引游客的海洋哺乳动物

(15) 书最早是以昂贵的手稿复制出售的，印刷机问世后，就便宜多了。在印刷机问

世的最初几年里,市场上对书的需求量成倍增长。这说明,印刷图书的出现刺激了人们的阅读兴趣,大大增加了购书者的数量。

以下哪项如果为真,最能构成对上述论证的质疑?(　　)

A. 书的手稿复制品比印刷品更有收藏价值

B. 在印刷机问世的最初几年里,手稿复制品书籍的原先购买者,大都以原先只能买一本书的钱,买了多本印刷品书籍

C. 在印刷机问世的最初几年里,印刷品的质量远不如现代印刷品

D. 在印刷机问世的最初几年里,印刷书籍都没有插图

E. 在印刷机问世的最初几年里,读者的主要阅读兴趣从小说转到了科普读物

(16) 周总说:"我认识了200个人,在我所认识的人中月工资都在6000以上。所以中国的月工资平均水平是比较高的"。

以下哪项最能反驳周总的推理?(　　)

A. 周总认识的人不只200个

B. 因为行业太多,月工资的平均水平很难计算

C. 周总所在城市的月工资的平均水平和其他城市不一样

D. 周总本人的月工资是10000元

E. 周总认识的大多数人是白领

(17) 莫大伟到吉安公司上班的第一天,就被公司职工自由散漫的表现所震惊,莫大伟由此得出结论,吉安公司是一个管理失效的公司。吉安公司的员工都缺乏工作积极性和责任心。

以下哪项为真,最能削弱上述论证?(　　)

A. 当领导不在时,公司的员工会表现出自由散漫

B. 吉安公司的员工超过2万,遍布该省的十多个城市

C. 莫大伟刚大学毕业就到吉安公司,对校门外的生活不适应

D. 吉安公司的员工和领导表现完全不一样

E. 莫大伟上班这一天,正好是节假日后的第一个工作日

(18) 学生视力普遍下降,家长们认为这是由于学校布置的书面作业负担太重。校方辩解说,学生视力下降和书面作业负担没有关系,而是因为学生做作业时的姿势不正确。

以下哪项如果是真的,最能削弱校方的辩解?(　　)

A. 过多的书面作业容易使学生感到疲劳,当感到疲劳时,学生就不容易保持正确的书写姿势

B. 该校学生的书面作业负担并不比其他学校重

C. 校方在纠正学生书写姿势以保护视力方面做了一些工作,但力度不够

D. 学生视力下降是普遍的社会问题,不是该校独有的

E. 该校学生的书面作业负担比以前的确有所加重

(19) 维护个人利益是个人行为的唯一动机。因此,维护个人利益是影响个人行为的主要因素。

以下哪项如果为真,最能削弱题干的论证?(　　)

A. 维护个人利益是否是个人行为的唯一动机，值得讨论
B. 有时动机不能成为影响个人行为的主要因素
C. 个人利益之间有冲突，也有一致
D. 维护个人利益的行为也能有利于公共利益
E. 个人行为不能完全脱离群体行为

（20）去年的通货膨胀率为17%，而今年到目前为止平均为11%，由此可以得出这样的结论：通货膨胀率正呈下降趋势，明年的通货膨胀率将会更低。
以下哪项如果为真，将严重削弱上述结论？（　　）
A. 去年通货膨胀率大幅度上升的主要原因是因为遭受了历史上罕见的严重自然灾害
B. 通货膨胀率比较高是正常现象
C. 人们对于高通货膨胀率越来越适应了
D. 政府开始把抑制通货膨胀看成是宏观控制的主要目的之一
E. 由于抑制通货膨胀，现在失业人数和居民平均收入都有所下降

参考答案：
(1) D　(2) B　(3) C　(4) E　(5) E　(6) C　(7) C　(8) C　(9) A　(10) B　(11) C　(12) B　(13) C　(14) B　(15) B　(16) E　(17) B　(18) A　(19) B　(20) A

五、评价题型

（一）评价题型分析与解题方法精讲

评价题一般有3种题型：评价结论可靠性题型，指出论证方法与论证漏洞题型，论证方法、论证结构、论证错误类似题型。

1. 评价结论可靠性题型解题方法精讲

评价结论可靠性试题是评价题中的一种，考查我们评价论证的证据与结论之间关系的能力，评价结论是否可靠。这种题型的题干有明显的证据与结论，要求我们从5个选项中找到1个选项，这个选项能够对证据与结论起到考查作用。一般来说，如果我们对这个选项做出肯定方面的假设或回答，对论证起到正面的支持作用；如果我们对这个选项做出否定方面的假设或回答，则对论证起到反面的削弱作用，或者与此相反，那么，这个选项就是评价上述论证的最好的标准。对这种评价类的试题，可以先把它当作假设或削弱题来做。首先，要快速浏览题干，找到题干论证的证据与结论，只不过假设题是加强题干的证据与结论之间的关系，削弱是断开两者之间的关系，而评价则是看两者之间有没有关系或者是看哪个选项与题干论证最有关系。

经典母题解析

（1）许多孕妇都出现了维生素缺乏的症状，但这通常不是由于孕妇的饮食中缺乏维生素，而是由于腹内婴儿的生长使她们比其他人对维生素有更高的需求。

为了评价上述结论的确切程度，以下哪项操作最为重要？（　　）
A. 对某位缺乏维生素的孕妇的日常饮食进行检测，确定其中维生素的含量

B. 对某位不缺乏维生素的孕妇的日常饮食进行检测，确定其中维生素的含量

C. 对孕妇的科学食谱进行研究，以确定有利于孕妇摄入足量维生素的最佳食谱

D. 对日常饮食中维生素足量的一位孕妇和一位非孕妇进行检测，并分别确定她们是否缺乏维生素

E. 对日常饮食中维生素不足量的一位孕妇和另一位非孕妇进行检测，并分别确定她们是否缺乏维生素

解析：

题干的结论为，孕妇出现维生素缺乏的症状，不是由于饮食中缺乏维生素，而是由于腹内婴儿的生长使得其比其他人有更高要求。要评价这个论证，首先要找一个"其他人"来进行比较，还要设置条件来满足上述论证的条件要求。即：同样为女性，一位孕妇，一位为非孕妇，饮食中维生素足量，在此条件下进行检测。我们可以来试着回答选项 D。如果孕妇缺乏维生素而非孕妇不缺乏，则支持题干的论证；如果孕妇和非孕妇都缺乏维生素，则削弱了题干的论证。

如果我们对一个选项做出肯定或者否定的回答，分别能支持或削弱论证，则这个选项被称为最好的评价标准。如果只能单方面的评价，不是最好的评价。所以，正确答案为 D。

(2) 吉他的琴弦在经过了几个星期的频繁使用后，往往会走调。一个研究者（他的儿子是古典吉他手）对此提出了一个假设："琴弦出现上述毛病的原因在于它的上面沾上污物和油腻而不是其质地发生了变化"。以下哪项检验最有利于评价该研究者的假设？（   ）

A. 任取一个走调的吉他，擦净它的琴弦，看看走调是否改变

B. 任取一个新的吉他，在它的琴弦上涂抹适量的污物和油腻，看看是否引起走调

C. 观察古典吉他是否更易沾染污物和油腻

D. 观察该研究者的儿子的吉他是否走调并且是否沾有污物和油腻

E. 任取一个小提琴，在它的琴弦上涂抹适量的污物和油腻，看看是否引起走调

解析：

题干的论证结构非常清楚。吉他的琴弦频繁使用几个星期后会出现走调，原因是上面沾上了污物和油腻而不是质地发生变化。根据话题范围，要评价的是吉他琴弦的走调与污物和油腻的关系，可供选择的选项有 A 与 B。如果选 A，作肯定的回答，擦净琴弦，不走调了，支持上述的论证；但如果作否定的回答，擦净琴弦，仍然走调，却不能削弱论证，因为原本已经走调了，有可能是质地的原因。如果对选项 B 分别作肯定或否定的回答，则能分别支持或削弱上述的论证，所以，正确答案为 B。

(3) 通常人们不认为美国是一个有很多长尾鹦鹉爱好者的国家，然而在对一批挑选出来进行比较的国家中养长尾鹦鹉的人做的一项人口调查中，美国以每百人中 11 人养长尾鹦鹉而排名第二。由此可得出结论，美国人比大多数其他国家的人更喜欢养长尾鹦鹉。

知道下列哪一项将最有助于判断以上结论的正确性？（   ）

A. 美国拥有的长尾鹦鹉的数量

B. 美国养长尾鹦鹉的人的数量

C. 普查中排名第一的国家里每 100 个人中养长尾鹦鹉的人的数量

D. 美国养长尾鹦鹉的人数和美国养有其他鸟类作为宠物的人数的比较

E. 该普查中未包括的国家每百人中养有长尾鹦鹉的人的数量

解析：

题干基于对于一批挑选出来的国家的调查，美国以每百人中11人养长尾鹦鹉排名第二，得出结论，美国人比大多数其他国家的人更喜欢养长尾鹦鹉。这是归纳推理，以样本代表全体，分析证据与结论，我们发现，关键在于"一批挑选出来的国家"能否完全代表"那些没有挑选出来的国家"。选项E与此最为相关。如果对选项E作出回答，该普查中未包括的国家每百人养长尾鹦鹉的数量大多低于美国，则支持题干的论证；反之，则削弱题干的论证。所以，正确答案为E。

2. 指出论证方法与论证漏洞题型解题方法精讲

评价题型还有另外一种题型，要求考生指出题干的论证方法或者对题干的论证缺陷进行评价与分析，主要考查的是考生对论证的理解能力。

本类型题的解题关键是：快速找到论证的结构、明确论证的证据与结论、明确论证所使用的方法。

经典母题解析

（1）李工程师：一项权威的调查数据显示，在医疗技术和设施最先进的美国，婴儿的死亡率在世界上却仅仅只排在第17位。这使我得出结论，先进的医疗技术和设施，对于人类生命和健康所起的作用，对成人要比对婴儿显著得多。

张研究员：我不能同意您的论证。事实上，一个国家所具有的先进的医疗技术和设施，并不是每个人都能均等地享受的。较之医疗技术和设施而言，较高的婴儿死亡率更可能是低收入的结果。

以下哪项最为恰当地概括了张研究员反驳李工程师所使用的方法？（　　）

A. 对他的论据的真实性提出质疑

B. 对他的结论的真实性提出质疑

C. 对他援引的数据提出另一种解释

D. 暗示他的数据会导致产生一个相反的结论

E. 指出他偷换了一个关键性的概念

解析：

李工程师的结论是：先进的医疗技术和设施，对于人类生命和健康所起的作用，对成人的效果比对婴儿的效果好得多。理由是：医疗技术和设施最先进的美国，其婴儿的死亡率却排在世界的第17位。

张研究员说，医疗技术和设施先进，并不意味着大家都能享受，美国婴儿死亡率较高，原因可能是贫富差距的结果。

张研究员并没有否定李工程师的论据，但对他的论据提出了一个新的解释。所以选项A不正确，正确答案为C。

（2）小陈：目前1996D3彗星的部分轨道远离太阳，最近却可以通过太空望远镜发现其发出闪烁光。过去人们从来没有观察到远离太阳的彗星出现这样的闪烁光，所以这种闪烁必然是不寻常的现象。

小王：通常人们都不会去观察那些远离太阳的彗星，这次发现的1996D3彗星闪烁光是有人通过持续而细心的追踪观测而获得的。

以下哪项最为准确地概括了小王反驳小陈的观点所使用的方法？（　　）

A. 指出小陈使用的关键概念含义模糊

B. 指出小陈的论据明显缺乏说服力

C. 指出小陈的论据自相矛盾

D. 不同意小陈的结论，并且对小陈的论据提出了另一种解释

E. 同意小陈的结论，但对小陈的论据提出了另一种解释

解析：

本题的命题思路与上题是基本一致的。小陈的论证结构为：由于过去人们从来没有观察到院里太阳的彗星出现这样的闪烁光，所以，最近观察到的闪烁光必然是不寻常的现象。小王则认为：最近观察到的闪烁光是有人通过持续而细心的追踪观测而获得的。可以看出，对"闪烁光"这个现象，小王认为并不是不寻常的现象，认为只是"有人持续观察得到的"，对同一个现象提出了不同的解释。所以，正确答案为D。

（3）临近本科毕业，黎明所有已修课程的成绩均是优秀。按照学校规定，如果最后一学期他的课程成绩也都是优秀，就一定可以免试就读研究生。黎明最后一学期有一门功课成绩未获得优秀，因此，他不能免试就读研究生了。

以下哪项对上述论证的评价最为恰当？（　　）

A. 上述论证是成立的

B. 上述论证有漏洞，因为它忽视了：课程成绩只是衡量学生素质的一个方面

C. 上述论证有漏洞，因为它忽视了：所陈述的规定有漏洞，会导致理解的歧义

D. 上述论证有漏洞，因为他把题干所陈述的规定错误地理解为：只要所有学期课程成绩均是优秀，就一定可以免试就读研究生

E. 上述论证有漏洞，因为他把题干所陈述的规定错误地理解为了：只有所有学期课程成绩均是优秀，才可以免试就读研究生

解析：

本题为评价一个演绎推理的试题。题干论证结构为：如果最后一学期都是优秀，则一定可以免试就读研究生（这是一个充分条件的假言命题）；黎明有一门功课不是优秀，则：不能面试就读研究生。"最后一个学期都是优秀"是"免试就读研究生"的充分条件，根据充分条件的性质，否定充分条件的前件，不能必然得到否定后件的结论。所以，这个推理是错误的。"否定前件，则必然否定后件"这个推理只有针对必要条件的命题进行推理才是有效的。所以，题干的论证误把"充分条件"当成了"必要条件"，即：误把"最后一个学期的成绩都是优秀"当成了"免试就读研究生"的必要条件。所以，正确答案为E。选项D说的是"只要……就"，仍然是把"最后一个学期的成绩都是优秀"理解为充分条件，这个题干是一致的。

评价题，不仅有评价归纳、类比、统计等推理形式的，也有评价演绎推理的有效性等问题的。

（4）去年经纬汽车专卖店调高了营销人员的营销业绩奖励比例，专卖店李经理打算新

的一年继续执行该奖励比例，因为去年该店的汽车销售数量较前年增加了16%。陈副经理对此持怀疑态度。她指出，他们的竞争对手并没有调整营销人员的奖励比例，但在过去的一年也出现了类似的增长。

以下哪项最为恰当地概括了陈副经理的质疑方法？（　　）

A. 运用一个反例，否定李经理的一般性结论
B. 运用一个反例，说明李经理的论据不符合事实
C. 运用一个反例，说明李经理的论据虽然成立，但不足以推出结论
D. 指出李经理的论证对一个关键概念的理解和运用有误
E. 指出李经理的论证中包含自相矛盾的假设

解析：

题目要求指出最为恰当地概括陈副经理的质疑方法的选项，必须先要了解原论证李经理的结构。李经理认为，去年汽车销售量增加16%是因为提高了营销业绩奖励比例，所以打算今年继续执行。这属于典型的对"已知现象进行寻找原因进行解释类"的题干，陈经理则对这个因果关系表示怀疑，认为，竞争对手没有这个奖励比例，但照样有类似结果。说明，陈副经理认为去年汽车销量增加是事实，但不认为是奖励比例提高的缘故，举了一个相反的例子来说明。所以，正确答案为C。

李经理并没有得出什么一般性的结论，所以选项A不恰当；陈副经理也没有否认去年销量的增长，所以选项B不正确；选项D属于概念的界定有误，但陈副经理并没有指出概念不符，也不正确；陈副经理也没有指出李经理的论证有什么自相矛盾的错误，选项E也不正确。

（5）张教授：在南美洲发现的史前木质工具存在于13000年以前。有的考古学家认为，这些工具是其祖先从西伯利亚迁徙到阿拉斯加的人群使用的。这一观点难以成立。因为要到达南美洲，这些人群必须在13000年前经历长途跋涉，而在从阿拉斯加到南美洲之间，从未发现13000年前的木质工具。

李研究员：您恐怕忽视了这些木质工具是在泥煤沼泽中发现的，北美洲很少有泥煤沼泽。而木质工具在普通的泥土中几年内就会腐烂化解。

以下哪项最为准确地概括了李研究员的应对方法？（　　）

A. 指出张教授的论据违背事实
B. 引用与张教授的结论相左的权威性研究成果
C. 指出张教授曲解了考古学家的观点
D. 质疑张教授的隐含假设
E. 指出张教授的论据实际上否定其结论

解析：

张教授认为，南美洲发现的史前木制工具并不是其祖先从西伯利亚迁徙阿拉斯加的人使用的，因为，从阿拉斯加到南美洲之间，从未发现这些类似的木质工具。在张教授的论证中，假设了"这些木制工具不会腐烂"。李研究员则认为，木制工具在普通的泥土里会腐烂。这就有力地质疑了张教授隐含的假设。所以，正确答案为D。

李研究员并没有否定张教授的论据，所以选项A不对；也没有引用权威的观点，也

没有从张教授的论据中得出否定张教授结论的东西，仅仅是对张教授的论据做了一种新的解释。

3. 论证方法、论证结构、论证错误类似题型解题方法精讲

这是一种较为特殊的评价题型。这种题型要求考生能够准确分析题干的论证方式，明确题干的论证结构或其中所包含的错误，然后在 5 个选项中找到与其最为相似的论证。题干的论证涉及几乎所有的逻辑知识点，如三段论、性质命题、选言命题、联言命题、假言命题、归纳、类比、概念的界定等。

经典母题解析

（1）在印度发现了一群不平常的陨石，它们的构成元素表明它们只可能来自水星、金星和火星。由于水星靠太阳最近，它们的物质只可能被太阳吸引而不可能落到地球上；这些陨石也不可能来自金星，因为金星表面的人和物质都不可能摆脱它和太阳的引力而落到地球上。因此，这些陨石很可能是某次巨大的碰撞后从火星落到地球上的。

上述论证方式和以下哪项最为类似？（　　）

A. 这起谋杀或是劫杀，或是仇杀，或是情杀。但作案现场并无财物丢失；死者家庭和睦，夫妻恩爱，并无情人。因此，最大的可能是仇杀

B. 如果张甲是作案者，那必有作案动机和作案时间。张甲确有作案动机，但没有作案时间。因此，张甲不可能是作案者

C. 此次飞机失事的原因，或是人为破坏，或是设备故障，或是操作失误。被发现的黑匣子显示，事故原因确实是设备故障。因此可以排除人为破坏和操作失误

D. 所有的自然数或是奇数，或是偶数。有的自然数不是奇数。因此，有的自然数是偶数

E. 任一三角形或是直角三角形，或是钝角三角形，或是锐角三角形。这个三角形有两个内角之和小于 90°。因此，这个三角形是钝角三角形

解析：

题型：结构类似；考点：选言命题。

题干的推理形式为相容选言命题的否定肯定式，即：陨石的出现或者是来自火星，或者是金星，或者是水星；不是来自水星，也不是来自金星，因此，很可能是来自火星的。形式化为：导致 w 结果的原因是 p 或者 q 或者 r，p 不成立，q 不成立，则 r 成立。

选项 A 具有完全相同的类似结构，所以正确答案为 A。

选项 C 具有一定的迷惑性。但是其推理形式为选言命题的肯定否定式，与题干并不一致。

（2）如果在鱼缸里装有电动通风器，鱼缸的水中就有适度的氧气。因此，由于张文的鱼缸中没有安装电动通风器，他的鱼缸的水中一定没有适度的氧气。没有适度的氧气，鱼就不能生存，因此，张文鱼缸中的鱼不能生存。

上述推理中存在的错误也类似地出现在以下哪项中？（　　）

A. 如果把明矾放进泡菜的卤水中，就能去掉泡菜中多余的水分。因此，由于余涌没有把明矾放进泡菜的卤水中，他腌制的泡菜一定有多余的水分。除非去掉多余的水分，否则泡菜就不能保持鲜脆。因此，余涌腌制的泡菜不能保持鲜脆

173

B. 如果把胶质放进果酱，就能制成果冻。果酱中如果没有胶质成分，就不能制成果冻。因此，为了制成果冻，王宜必须在果酱中加大胶质成分

C. 如果贮藏的土豆不接触乙烯，就不会发芽。甜菜不会散发乙烯。因此，如果方宁把土豆和甜菜一起贮藏，他的土豆就不会发芽

D. 如果存放胡萝卜的地窖做好覆盖，胡萝卜就能在地窖安全过冬；否则，地窖里的胡萝卜就会被冻坏。因此，因为朱勇过冬前在胡萝卜地窖做好了覆盖，所以他的胡萝卜能安全过冬

E. 如果西红柿不放入冰箱就可能腐烂，腐烂的西红柿不能食用。因此，因为陈波没有把西红柿放入冰箱，他的一些西红柿可能没法食用

解析：

题型：结构类似；考点：充分条件必要条件假言命题。

题干的推理为充分条件假言命题的推理，其中所犯的错误为"否定充分条件的前件以此来否定充分条件的后件"，根据充分条件的性质，"否定前件未必能否定后件"，所以，这是一个无效的推理。下面5个选项中，只有选项A具有相同的推理错误，所以，正确答案为A。其他几个选项虽然在表面上有一定的干扰作用，但其表达方式均不是充分条件的"否定前件否定后件"。

（3）有些好货不便宜，因此，便宜不都是好货。

与以下哪项推理作类比说明以上推理不成立？（　　）

A. 湖南人不都爱吃辣椒，因此，有些爱吃辣椒的不是湖南人

B. 有些人不自私，因此，人并不自私

C. 好的动机不一定有好的效果，因此，好的效果不一定都产生于好的动机

D. 金属都导电，因此，导电的都是金属

E. 有些南方人不是广东人，因此，广东人不都是南方人

解析：

题干的推论为性质命题的换位推理，只要我们看清楚结构，依葫芦画瓢即可。题干为"有些s不是p，所以，p不都是s"，具有完全一样推理结构的只有选项E，所以正确答案为E。

（二）评价论证题型训练

（1）戴伟吃过奶制食品后几乎没有患过胃病。仅仅因为他吃过奶制食品后偶尔出现胃疼，就断定他对奶制食品过敏是没有道理的。

上述论证与以下哪一个论证的推理最为类似？（　　）

A. 狗和猫在地震前有时焦躁不安，据此就断定狗和猫有事先感知地震的能力是没有理由的，因为在多数场合，狗和猫焦躁不安之后并没有发生地震

B. 尽管许多人通过短期节食得以减肥，但是相信这种节食对减肥有效是没有道理的

C. 大多数假说在成为科学理论之前都有大量的支持事例，仅仅因为一个假说成功运用于少数几个案例就认为它是科学理论是没有道理的

D. 尽管许多连锁经营店盈利较多，但是把这种商业模式的成功仅仅归功于这种经营模式是没有道理的，因为只是资金雄厚的商家才能这样做

E. 南口镇仅有一中和二中两所中学。一中学生的学习成绩一般比二中的学生好。由于来自南口镇的李明在大学一年级的学习成绩是全面最好的，因此，他一定是南口镇一中毕业的

（2）我不在犯罪现场。如果我在，那么，我没有犯罪。如果我犯了罪，那么，一定是我神志不清。

以下哪项与上述论证最为相似？（　　）

A. 我只吃鸡或鱼或鸭。如果我没吃鸡，那么，一定吃鱼或鸭。如果我没吃鸭，那么，一定吃鱼

B. 我从不说谎，如果我说了谎，那么，一定是被迫的，如果我被迫说了谎，那么，责任不在我

C. 我没借你的书。如果我借了，我不会把书弄破。如果我把书弄破了，那是我不小心

D. 他每天按时完成作业。如果他没完成作业，那么，他不会睡觉。如果他睡觉了，那一定是他完成了作业

E. 他不可能高兴。如果他高兴，那一定是装的。装着高兴比不高兴还难受

（3）甲：己所不欲，勿施于人。乙：己所欲，则施于人。

以下哪项与上述对话方式最为相似？（　　）

A. 甲：人非草木，孰能无情？

乙：我反对，草木无情，但人有情。

B. 甲：人无远虑，必有近忧。

乙：我反对，人有远虑，亦有近忧。

C. 甲：不入虎穴，焉得虎子。

乙：我反对，如得虎子，必入虎穴。

D. 甲：人不犯我，我不犯人。

乙：我反对，人若犯我，我就犯人。

E. 甲：不在其位，不谋其政。

乙：我反对，在其位，则行其政。

（4）使用枪支的犯罪比其他类型的犯罪更容易导致命案。但是，大多数使用枪支的犯罪并没有导致命案。因此，没有必要在刑法中把非法使用的枪支作为一种严重刑事犯罪，同其他刑事犯罪区分开来。

上述论证中的逻辑漏洞，与以下哪项中出现的最为类似？（　　）

A. 肥胖者比体重正常的人更容易患心脏病。但是肥胖者在我国人口中只占很小的比例。因此，在我国，医疗卫生界没有必要强调肥胖导致心脏病的危险

B. 不检点的性行为比检点的性行为更容易感染艾滋病。但是，在有不检点性行为的人群中，感染艾滋病的只占很小的比例。因此，没有必要在防止艾滋病的宣传中，强调不检点性行为的危害

C. 流行的看法是，吸烟比不吸烟更容易导致癌症。但是，在有的国家，肺癌患者中有吸烟的人所占比例，并不高于总人口中的吸烟史的比例。因此，上述流行看法很可能是

一种偏见

D. 高收入者比低收入者更有能力享受生活。但是不乏高收入者宣称自己不幸福，因此幸福生活的追求者不必关注收入的高低

E. 高分考生比低分考生更有资格进入重点大学。但是，不少重点大学学生的实际水平不如某些非重点大学的学生。因此目前的高考制度不是一种选拔人才的理想制度

（5）科学离不开测量，测量离不开长度单位。公里、米、分米、厘米等基本长度单位的确立完全是一种人为约定，因此，科学的结论完全是一种人的主观约定，谈不上客观的标准。

以下哪项与题干的论证最为类似？（   ）

A. 建立良好的社会保障体系离不开强大的综合国力，强大的综合国力离不开一流的国民教育。因此，要建立良好的社会保障体系，必须有一流的国民教育

B. 做规模生意离不开做广告。做广告就要有大额资金投入。不是所有人都能有大额资金投入。因此，不是所有人都能做规模生意

C. 游人允许坐公园的长椅。要坐公园长椅就要靠近它们。靠近长椅的一条路径要踩踏草地。因此，允许游人踩踏草地

D. 具备扎实的舞蹈基本功必须经过长年不懈的艰苦训练。在春节晚会上演出的舞蹈演员必须具备扎实的基本功。长年不懈的艰苦训练是乏味的。因此，在春节晚会上演出是乏味的

E. 家庭离不开爱情，爱情离不开信任。信任是建立在真诚基础上的。因此，对真诚的背离是家庭危机的开始

（6）主持人：有网友称你为国学巫师，也有网友称你为国学大师。你认为哪个名称更适合你？

上述提问中的不当也存在于以下各项中，除了（   ）。

A. 你要社会主义的低速度，还是资本主义的高速度

B. 你主张为了发展可以牺牲环境，还是主张宁可不发展也不能破坏环境

C. 你认为人都自私，还是认为人都不自私

D. 你认为"9·11"恐怖袭击必然发生，还是认为有可能避免

E. 你认为中国队必然夺冠，还是认为不可能夺冠

（7）英国的一项实验发现，把母狗和它们的幼小子女分开后，将这些子女混入一群同类的成年狗和幼狗中去，然后再把母狗放入狗群。母狗很快就和自己的子女会合到一起。研究表明，狗身上的体味是它们互相辨认的依据。而幼狗无法区分自己母亲和其他母狗身上的味道。因此每个母狗都能分辨出自己子女的体味。

上述论证采用了下列哪种论述方法？（   ）

A. 在对某种现象的两种可供选择的解释中，通过排除其中的一种，来确定另一种

B. 通过对发生现象的客观描述，支持关于某个可能发生现象的假说

C. 说明某一特殊情况，以论证一个规律

D. 运用类比的方法，根据两组对象有某些类似的特征，得出它们具有另一个相同的特征

E. 运用反例推翻一个一般性结论

（8）雌性斑马和他们的幼小子女离散后，可以在相貌体型相近的成群斑马中很快又聚集到一起。研究表明，斑马身上的黑白条纹是他们互相辨认的标志，而幼小斑马不能将自己母亲的条纹与其他成年斑马的条纹区分开来。显而易见，每个母斑马都可以辨别出自己后代的条纹。

上述论证采用了一下哪种论证方法？（　　）

A. 通过对发生机制的适当描述，支持关于某个可能发生现象的假说

B. 在对某种现象的两种可供选择的解释中，通过排除其中的一种，来确定另一种

C. 论证一个普遍规律，并用来说明某一种特殊情况

D. 根据两组对象有某些类似的特性，得出他们具有另一个相同特性

E. 通过反例推翻一个一般性结论

（9）张教授：20世纪80年代以来，斑纹猫头鹰的数量急剧下降，目前已有濒临灭绝的危险。木材采伐公司应对此负有责任，它们大量采伐的陈年林区是猫头鹰的栖息地。

李研究员：斑纹猫头鹰数量的下降不能归咎于木材采伐公司。近30年来，一种繁殖力更强的条纹猫头鹰进入陈年林区，和斑纹猫头鹰争夺生存资源。

以下哪项最为准确地概括了李研究员对张教授观点的反驳？（　　）

A. 否定张教授的前提，这一前提是：木材采伐公司一直在陈年林区采伐

B. 质疑张教授的假设，这一假设是：猫头鹰只能在陈年林区生存

C. 对斑纹猫头鹰数量下降的原因提出另一种解释

D. 指出张教授夸大了对陈年林区采伐的负面影响

E. 指出张教授把斑纹猫头鹰濒临灭绝偷换为猫头鹰濒临灭绝

（10）去年经纬汽车专卖店调高了营销人员的营销业绩奖励比例，专卖店李经理打算新的一年继续执行该奖励比例，因为去年该店的汽车销售数量较前年增加了16%。陈副经理对此持怀疑态度。她指出，他们的竞争对手并没有调整营销人员的奖励比例，但在过去的一年也出现了类似的增长。

以下哪项最为恰当地概括了陈副经理的质疑方法？（　　）

A. 运用一个反例，否定李经理的一般性结论

B. 运用一个类比论证，说明李经理的论据不符合事实

C. 运用一个反例，说明李经理的论据虽然成立，但不足以推出结论

D. 指出李经理的论证对一个关键概念的理解和运用有误

E. 指出李经理的论证中包含自相矛盾的假设

（11）王鸿的这段话不大会错，因为他是听他爸爸说的。而他爸爸是一个治学严谨、受人尊敬、造诣很深、世界著名的数学家。

如果以下哪项是真的，则最能反驳上述结论？（　　）

A. 王鸿谈的不是关于数学的问题

B. 王鸿平时曾说过错话

C. 王鸿的爸爸并不认为他的每句话都是对的

D. 王鸿的爸爸已经老了

E. 王鸿很听他爸爸的话

（12）记者："您是央视《百家讲坛》最受欢迎的演讲者之一，人们称您为国学大师、学术超男，对这两个称呼，您更喜欢哪一个？"

教授："我不是国学大师，也不是学术超男，只是一个文化传播者。"

教授在回答记者的问题时使用了以下哪项陈述所表达的策略？（　　）

A. 将一个多重问题拆成单一问题，分而答之

B. 通过重述问题的预设来回避对问题的回答

C. 通过回答另一个有趣的问题而答非所同

D. 摆脱非此即彼的困境而选择另一种恰当的回答

E. 故意设置两难

（13）经济学家：最近，W同志的报告建议将住房预售制度改为现房销售，这引发了激烈的争论。有人认为中国的住房预售制度早就应该废止，另一些人则说取消这项制度会推高房价。那么这个制度不用政府来取消，房地产开发商早就会千方百计地规避该制度了。

上述论证使用了以下哪一种论证技巧？（　　）

A. 通过指明一个观点与另一个已确定为真的陈述相矛盾，来论证这个观点为假

B. 通过指明接受某个观点为真会导致令人难以置信的结果，来论证这个观点为假

C. 通过表明对一个观点缺乏事实的支持，来论证这个观点不能成立

D. 通过指明一个观点违反某个一般原则，来论证这个观点是错误的

E. 答非所问

（14）统计显示，在汽车事故中，装有安全气囊的汽车比例高于未安装气囊的汽车，因此，在统计中安装安全气囊，并不能使车主更安全。

以下哪项最为恰当地指出了上述论证漏洞？（　　）

A. 不加以说明就予以假设，任何安装气囊的汽车都有可能遭遇汽车事故

B. 忽视了这种可能：未安装安全气囊的车主更注意谨慎驾驶

C. 不当的假设：在任何汽车事故中，安全气囊都会自动打开

D. 不当地把汽车事故的可能程度，等同于车主在事故中受伤害的严重程度

E. 忽视了这种可能性：装有安全气囊的汽车所占的比例越来越大

（15）"人多力量大""众人拾柴火焰高"，这些名言证明了人口的增加是有利于社会发展的。

上述推断的主要缺陷在于（　　）。

A. "人多力量大"肯定了人力资源的作用，是重视人才的表现

B. 不同的人对社会的贡献是不一样的，应当指明主要应增加哪一类人口

C. 名言并非真理，不能由名言简单地证明上述结论

D. 人口越少，消耗掉的社会资源就越少

E. 人口越多，带来的社会问题越多

（16）除非像给违反交通规则的机动车一样出具罚单，否则在交通法规中禁止自行车闯红灯是没有意义的。因为一项法规要有意义，必须能有效制止它所禁止的行为。但是上

述法规对于那些经常闯红灯的骑车者来说显然没有约束力，而对那些习惯于遵守交通法规的骑车者来说，即使没有这样的法规，他们也不会闯红灯。

以下哪项最为恰当地指出了上述论证的漏洞？（   ）

A. 不当地假设大多数机动车驾驶员都遵守禁止闯红灯的交通法规

B. 在前提和结论中对"法规"这一概念的含义没有保持同一

C. 忽视了这种可能性：一个法规若运用过于严厉的惩戒手段，即使有效地制止了它所禁止的行为，也不能认为是有意义的

D. 没有考虑上述法规对于有时但并不经常闯红灯的骑车者所产生的影响

E. 没有论证闯红灯对于公共交通的危害

（17）服用深海鱼油胶囊能降低胆固醇。一项对 6403 名深海鱼油胶囊定期服用者的调查显示，他们患心脏病的风险降低了三分之一。这项结果完全符合另一个研究结论：心脏病患者的胆固醇通常高于正常标准。因此，上述调查说明，降低胆固醇减少了患心脏病的风险。

以下哪项最为恰当地指出了上述论证的漏洞？（   ）

A. 没有考虑到这种情况：深海鱼油胶囊减少了服用者患心脏病的风险，但并不是降低胆固醇的结果

B. 忽视了这种可能性：深海鱼油胶囊有副作用

C. 由"心脏病患者的胆固醇通常高于正常标准"，可直接得出"降低胆固醇能减少患心脏病的风险"。因此，以上述调查结论作为论据是没有意义的

D. 上述调查的结论有关降低胆固醇对患心脏病的影响，但应该揭示的是深海鱼油胶囊对胆固醇的作用

E. 没有考虑普通人群服用深海鱼油胶囊的百分比

（18）舞蹈学院张教授批评本市芭蕾舞团最近的演出没能充分表现古典芭蕾舞的特色。他的同事林教授认为这一批评是个人偏见。作为芭蕾舞技巧专家，林教授考察过芭蕾舞团的表演者，结论是每一位表演者都拥有足够的技巧和才能来表现古典芭蕾的特色。

以下哪项最恰当地概括了林教授反驳中的漏洞？（   ）

A. 他对张教授的评论风格进行攻击而不是对其观点加以批驳

B. 他无视张教授的批评意见是与实际相符的

C. 他仅从维护自己的权威地位的角度加以反驳

D. 他依据一个特殊事例轻率概括出一个普遍结论

E. 他不当的假设，如果一个团体每个成员具有某种特征，那么这个团体就总能体现这种特征

（19）郑兵的孩子即将升高中，郑兵发现，在当地中学，学生与老师的比例低的学校，学生的高考成绩普遍都比较好。郑兵因此决定，让他的孩子选择学生总人数最少的学校就读。

以下哪项最为恰当地指出了郑兵上述决定的漏洞？（   ）

A. 忽略了学校教学质量既和学生与老师的比例有关，也和生源质量有关

B. 仅注重高考成绩，忽略了孩子的全面发展

C. 不当的假设，学生总人数少就意味着学生与老师的比例低

D. 在考虑孩子的教育时忽略了孩子本人的愿望

E. 忽略了学校教学质量主要与教师的素质而不是数量有关

参考答案：

(1) A　(2) C　(3) D　(4) B　(5) D　(6) D　(7) A　(8) B　(9) C
(10) C　(11) A　(12) D　(13) B　(14) D　(15) C　(16) D　(17) A
(18) E　(19) C

六、解释题型

（一）解释题型的解题思路

解释题往往给出一段关于某些事实或现象的客观描述，这段描述可能是一个现象，也可能是两个看上去矛盾的现象，要求考生对这些事实、现象或图表或表面上的矛盾作出合理的解释。

从题型上看，一般分为"最能解释"和"最不能解释"题型。

解题技巧：一定要看清题干所给的现象是什么，然后在假定选项为真的情况下看能不能合理解释题干所给的现象，在做题的过程中，不需要对选项进行过度发挥和联想，也不需要能够完美地解释现象。

如果要求解释矛盾现象，则要求能够解释看似矛盾的两个现象，不能只解释一个方面。要求通过选项合理解释。

（二）解释题型解题方法精讲

(1) 某城市的房地产开发商只能通过向银行直接贷款或者通过预售商品房来筹集更多的开发资金。政府不允许银行增加对房地产业的直接贷款，结果使得该市的房地产开发商无法筹集到更多的开发资金，因为_____。

以下哪个选项能够合逻辑地完成上述论证？（　　）

A. 有的房地产开发商预售商品房后携款潜逃，使得工程竣工遥遥无期

B. 中央银行取消了商品房预售制度

C. 建筑施工企业不愿意垫资施工

D. 部分开发商销售期房后延期交房，使得很多购房者对开发商心存疑惑

E. 没有人对开发商进行投资

解析：

根据已知条件，开发商只有两个途径获得资金，现在其中一个途径被堵塞，就得出结果：无法筹集更多资金。这就意味着，另一个途径也被堵塞了。所以，根据上下文，根据题干的条件，很容易找到最好的解释，正确答案为B。

本类题目如果做题时丢开了上下文，进行了过多的、无谓的联想，极容易出错。

(2) 按照餐饮业卫生管理条例，对宴席，特别是规模宴席（例如婚宴）的卫生检查程序要比普通散座餐饮更为严格。S市的绝大多数餐馆事实上都执行了上述规定。但是，近年来在S市对餐饮业的食物中毒投诉大多数是针对宴席的。

以下哪项如果为真，有助于解释上述矛盾？（　　）

Ⅰ．S市餐饮业的主要利润来自宴席，特别是规模宴席。

Ⅱ．人们一般不会把吃一顿饭与之后出现的疾病联系起来，除非一群相关的人都出现了同样的疾病。

Ⅲ．S市的卫生执法足够严格。

A. 只有Ⅰ　　　　B. 只有Ⅱ　　　　C. 只有Ⅲ　　　　D. 只有Ⅰ和Ⅱ

E. Ⅰ、Ⅱ和Ⅲ

解析：

题干的矛盾现象为"规模宴席的卫生检查更为严格，但近年来餐饮业的食物中毒投诉却是针对宴席的"。如果Ⅰ为真，则说明，实用规模宴席的人数远远多于普通散座餐饮，基数大了，所以，受到的投诉多也就能理解了。如果Ⅱ为真，则说明，就算散座餐饮也出现了食物中毒问题，但由于只是一个人，一般不会和吃一顿饭联系起来，也就不会投诉，而参加宴席的人，一般都相关，如果大家都出现食物中毒的症状，则容易和宴席联系起来，所以，能够解释为什么食物中毒投诉大多是针对宴席的。Ⅲ和上述现象无关，不能解释这两个看来矛盾的现象。正确答案为D。

作为解释题，还有一种变化，即以下哪个选项不能解释上述现象？一般来说，5个选项中有4个选项能够解释题干所列举的现象，只有一个为无关选项。

（3）西双版纳植物园种有两种樱草，一种自花授粉，另一种非自花授粉，即须依靠昆虫授粉。近几年来，授粉昆虫的数量显著减少。另外，一株非自花授粉的樱草所结的种子比自花授粉的要少。显然，非自花授粉樱草的繁殖条件比自花授粉的要差。但是游人在植物园多见的是非自花授粉樱草而不是自花授粉樱草。

以上哪项判定最无助于解释上述现象？（　　）

A. 和自花授粉樱草相比，非自花授粉的种子发芽率较高

B. 非自花授粉樱草是本地植物，而自花授粉樱草是几年前从国外引进的

C. 前几年，上述植物园种非自花授粉樱草和自花授粉樱草的数量比大约是5∶1

D. 当两种樱草杂生时，土壤中的养分更易被非自花授粉吸收，这又往往导致自花授粉樱草的枯萎

E. 在上述植物园中，为保护授粉昆虫免受游客伤害，非自花授粉樱草多植于园林深处

解析：

题干中较为矛盾的现象是，一方面，非自花授粉樱草的繁殖条件比自花授粉的要差；另一方面，游人在植物园多见的是非自花授粉樱草而不是自花授粉樱草。

如果选项A为真，则说明非自花授粉的樱草种子发芽率高，能够解释上述现象；选项B如果为真，则说明，本地植物一般多于几年前从国外引进的植物，也能够解释；选项C为真，说明在上述植物园中，非自花授粉的樱草远远多于自花授粉的樱草，所以较为多见，能够解释；选项D如果为真，则说明，非自花授粉樱草虽然繁殖条件差，但更容易吸收养分，而自花授粉樱草相对容易死亡，也能够解释。而选项E为真，非自花授粉樱草多植于园林深处，应该更不容易见到，不但不能解释上述现象，反而加重了上述矛盾的现象。所以，选项E最无助于解释上述现象。所以，正确答案为E。

(4) 某市一项对健身爱好者的调查表明,那些称自己每周固定进行 2～3 次健身锻炼的人近两年来由 28% 增加到 35%,而对该市大多数健身房的调查则显示,近两年来到健身房的人数明显下降。

以下各项,如果为真,都有助于解释上述看来矛盾的断定,除了(　　)。

A. 进行健身锻炼没什么规律的人在数量上明显减少
B. 健身房出于非正常的考虑,往往少报顾客的人数
C. 由于简易健身器的出现,家庭健身活动成为可能并逐渐流行
D. 为了吸引更多的顾客,该市健身房普遍调低了营业价格
E. 受调查的健身锻炼爱好者只占全市健身锻炼爱好者的 10%

解析:

本题属于解释题型中的特殊类,本题的陷阱主要在问题中的"除了"上,亦即下面 5 个选项中,有 4 个选项能够解释上述看来矛盾的现象,只有一个选项无助于解释上述两个矛盾的现象。对于这种"除了"题型,解题思路一般有两个:一种为排除法,将能够有助于解释上述矛盾的现象的选项先进行排除,那么最无法排除、最无关的选项就很可能是正确答案;一种为直接去寻找最无关的选项。

本题的矛盾现象是"一方面每周固定进行 2～3 次锻炼的人增加了",另一方面,"近两年来到健身房的人数下降了"。如果 A 项为真,则说明去健身房的人数的减少是因为"锻炼没什么规律"的人减少的原因导致的,能够解释题干矛盾的现象;如果 B 项为真,也能解释矛盾,因为少报了人数;如果 C 项为真,也能解释矛盾现象,因为,虽然锻炼的人多了,但大家有可能不去健身房只在家里锻炼了;如果 E 项为真,10% 的样本虽然不多,但对于统计推理来说,样本也不少了,不一定能解释矛盾现象,也有可能无助于解释矛盾现象;但如果 D 项为真,健身房调低了营业价格,逻辑上的推论应该是去健身房的人数应当增加,但事实上确是减少,选项 D 为真,不但不能解释矛盾,反而加重了题干的现存的逻辑矛盾,属于最无助于解释的选项,所以,正确答案为 D。

(三) 解释题型训练

(1) 多数专家认为:设置安全生产专职岗位确实能降低煤矿的事故发生率。但事实上没有设置安全生产专职岗位的煤矿和那些没有设置安全生产专职岗位的煤矿相比,事故发生率差不多。

以下哪项陈述对解释这种不一致最有帮助?(　　)

A. 小煤矿比大的煤矿更容易发生事故
B. 设置安全生产专职岗位的煤矿,因地质条件恶劣更容易发生事故
C. 降低事故发生率主要靠安全生产教育
D. 设置安全生产专职岗位的煤矿越来越多了
E. 设置安全生产专职岗位会降低劳动生产率

(2) 在对反复重感冒患者的治疗过程中,有的医生经常会连续使用一种抗生素,这会产生两种副作用:一是常常会破坏患者体内的菌群平衡;二是使患者产生抗药性。因为没被抗生素杀死的细菌开始具有抗药性,而且它们还有可能不断繁殖。

以下哪种方法最有可能解决上述问题?(　　)

A. 只使用消炎效果好的抗生素

B. 研究更好的抗生素来减少其副作用

C. 逐渐增加抗生素的使用量使没被杀死的细菌尽可能地减少

D. 用中药来代替抗生素

E. 根据患者的病症，周期性地使用不同种类的抗生素

（3）某公司为了扩大其网上商店的销售收入，采取了各种各样的广告宣传和促销手段，但是效果并不明显。该公司重金聘请了专业人士进行市场分析，专业人士认为开通了网上银行的人群才是真正潜在的网上商店的顾客群。于是该公司决定与商业银行合作，在新开通网上银行业务的人群中开展宣传和促销活动。但是3个月后，效果并不理想。

以下哪项为真，最能解释上述结果？（　　）

A. 开通网上银行在中国还是一件新鲜事，一般来说，消费对此的态度比较谨慎

B. 最近网上银行用户被盗的案件频发，开通网上银行的人因此有所减少

C. 一般来说，刚刚开通网上银行的人需要经过一段时间后才有可能进行网上消费

D. 网上金融服务在知识分子中已经比较普及，他们更希望网上商店能够提供一些特色服务

E. 目前网上商店数量增长很快，广告宣传和推广促销要想有成效，必须有鲜明的特色，才能够打动消费者的心

（4）防疫站的统计数据显示给狗注射疫苗可以减少狂犬病发生的危险性，但是医疗保险业对此进行的统计研究则得出了相反的结论。即被注射了狂犬疫苗的狗咬伤的人比那些被没注射狂犬疫苗的狗咬伤的人更有可能得狂犬病。

下列哪项正确，最能解释题干的明显矛盾？（　　）

A. 被狗咬了的人会立即到防疫站寻求帮助，但是却不一定及时跟自己的保险公司联系

B. 大多数咬人的狗都没有注射狂犬疫苗

C. 被狗咬过的每个人都必须接受狂犬疫苗的注射

D. 人们往往是在自己的宠物狗已经表现出明显的狂犬病特征后才去给自己的狗注射狂犬疫苗，而且他们都是居住在狂犬病发病率最高的地方

E. 大多数被狗咬的事件的发生都是因为狗主人失职，因此，预防狂犬病仅仅靠给狗注射狂犬疫苗是远远不够的

（5）以优惠价出售日常家用小商品的零售商通常有上千雇员，其中大多数只能领取最低工资，随着国家法定的最低工资额的提高，零售商的人力成本也随之大幅度提高。但是，零售商的利润非但没有降低，反而提高了。

以下哪项如果为真，最有助于解释上述看来矛盾的现象？（　　）

A. 上述零售商的基本顾客，是领取最低工资的人

B. 人力成本只占零售商经营成本的一半

C. 在国家提高最低工资额的法令实施后，除了人力成本以外，其他零售商经营成本也有所提高

D. 零售商的雇员有一部分来自农村，他们都拿最低工资

E. 在国家提高最低工资额的法令实施后，零售商降低了某些高薪雇员的工资

（6）新华大学在北戴河设有疗养院，每年夏季接待该校的教职工。去年夏季该疗养院的入住率，即全部床位的使用率为87％，来此疗养的教职工占全校教职工的比例为10％。今年夏季来此疗养的教职工占全校教职工的比例下降至8％，但入住率却上升至92％。

以下各项如果为真，都将有助于解释上述看来矛盾的数据，除了（　　）。

A. 今年该校新成立了理学院，教职工总数比去年有较大增长

B. 今年该疗养院打破了历年的惯例，第一次有限制地对外开放

C. 今年该疗养院的客房总数不变，但单人间的比例由原来的5％提高至10％；双人间由原来的40％提高到60％

D. 该疗养院去年的部分客房，今年改为足疗保健室或棋牌娱乐室

E. 经过去年冬季的改建，该疗养院的各项设施的质量明显提高，大大增加了对疗养者的吸引力

（7）1970年，U国汽车保险业的赔付总额中，只有10％用于赔付汽车事故造成的人身伤害。而2000年，这部分赔付金所占的比例上升到50％，尽管这30年来U国的汽车事故呈逐年下降的趋势。

以下哪项如果为真，最有助于解释上述看来矛盾的现象？（　　）

A. 这30年来，U国汽车的总量呈逐年上升的趋势

B. 这30年来，U国的医疗费用显著上升

C. 2000年U国的交通事故数量明显多于1970年

D. 2000年U国实施的新交通法规比1970年的更为严格

E. 这30年来U国汽车保险金的上涨率明显高于此期间的通货膨胀率

（8）一月份出售的新房子数量大幅下降了，因为按揭贷款的利率正在降低，许多消费者在等待着看利率会低到什么程度，销售的大幅下降伴随着所售新房子平均价格的激增。

下面哪项如果正确，最好地解释了新房子平均价格的激增？（　　）

A. 价格较高的房子的销售没有受销量下降的影响，因为它们的买主较少有制约他们支付的总额的限制

B. 建筑商和建筑工会的劳动协议到明年一月才到期

C. 过去3年中，新房子的价格一直在缓慢上涨，因为住房不足的严重程度增加了

D. 一月份比先前的3个月中有更多的房屋所有者再次出售他们的中等价位的房子

E. 如果总体商业活动增加的预测被证明是准确的，今年晚些时候的房屋按揭贷款利率预计会大幅上升

（9）过去所有企业的问题都是这样一个问题："我应该干什么，干什么我能赚钱？"加入WTO之后，这个问题则变成："干什么我能成为最好的？"

以下哪项陈述对上述问题的转变给出了最合理的解释？（　　）

A. 问题的转变意味着从企业的竞争过渡到了行业的竞争

B. 企业只有成为最好的，才能赚大钱

C. 只有从事赚钱的行业，才能把企业做到最好

D. 过去有行业的好坏之分，现在只有企业的好坏之分

E. 过去的企业家不知道自己应该干什么，现在的企业家不知道自己如何去做

（10）近年来，购车者中买新车而不买二手车的人的比例下降了。一些消费者将该变化归因于新车价格的上升。作为价格上升的证据，他们引用了一些数字来表明，即使经过对通货膨胀因素的调整之后，现在消费者购买新车的平均价格也比几年前高得多，然而，这一证据并没有说服力，因为_____。

下列哪一项能最合逻辑地完成以下论述？（   ）

A. 新车的价值比二手车的价值要贬值得更快

B. 某人买了一辆车以后，可能要过好几年才再买一辆

C. 买新车的人的比例减少必然意味着买二手车的人的比例增加了

D. 二手车销量的相对增加，可能仅由所有买车者中的一小部分人的决定来解释

E. 每辆新车平均价格的变化可能仅仅归因于有更多的人因喜欢更廉价的二手车而拒绝便宜的新车

（11）传闻中的汽车工业收入的下降是言过其实的。汽车制造商在整个行业收入中的份额实际已从两年前的65％降到了今天的50％，但是在同一段时间内汽车零部件供应商的收入份额却从15％增加到20％，服务公司（例如，分配商、销售商和修理工）的收入份额也从20％上升到30％。

下面哪一条能最好地揭示为什么上面给出的统计数字自身不能提供它们要支持的结论的证据？（   ）

A. 这样的可能性是显而易见的，即制造商的收入份额与其他统计数字具有不同的出处

B. 不管汽车工业总的收入经历什么样的变化，所有这些收入份额的总和必须是100％

C. 没有给出解释为什么这个行业不同部门的收入份额会发生改变

D. 制造商和零部件公司的收入依赖于销售商成功地销售汽车

E. 收入是决定利润的重要因素，但并不是唯一的因素

（12）烟草业仍然是有利可图的。在中国，尽管今年吸烟者中成人的人数减少，烟草生产商销售的烟草总量还是增加了。

以下哪项不能用来解释烟草销售量的增长和吸烟者中成人人数的减少？（   ）

A. 今年，开始吸烟的妇女数量多于戒烟的男子数量

B. 今年，开始吸烟的少年数量多于同期戒烟的成人数量

C. 今年，非吸烟者中咀嚼烟草及嗅鼻烟的人多于戒烟者

D. 今年和往年相比，那些有长年吸烟史的人平均消费了更多的烟草

E. 今年中国生产的香烟中用于出口的数量高于往年

（13）警察局的统计数字显示汽车防盗装置降低了汽车被盗的危险性，但是汽车保险业对被盗汽车的统计研究则声称装备了防盗装置的汽车相反比那些没装防盗装置的汽车更有可能被偷。

下面哪一条，如果正确，最能解决上述的明显矛盾？（   ）

A. 被盗汽车的失主几乎总是在案发以后立即向警察局报告失窃事件，但是却倾向于

延缓通知他们的保险公司，他们希望他们丢失的车能被找回来

B. 大多数被盗的汽车都没装备汽车防盗装置，而大多数装备了汽车防盗装置的汽车都没被盗

C. 最常见的汽车防盗装置是可听得见的报警器，这些报警器对每一起实际的试图偷车事件通常发出 10 个虚假的警报

D. 那些最有可能给他们的汽车装备防盗系统的人都是汽车特别容易被盗的人，且都居住在汽车被盗事件发生率最高的地方

E. 大多数的汽车被盗事件都是职业窃贼所为，对他们的能力来说，防盗装置所提供的保护是不够的

（14）在所有生物中只有人类要经历青春期，即在完全成熟前的一段身体加速发育的时间，其他现已灭绝的只能从化石中研究的灵长目动物是否也有青春期就不得而知了，因为_____。

以下哪一项能最合乎逻辑地完成下段论述？（　　）

A. 身体发育的最低速度表明青春期可能因物种不同而不同

B. 化石记录虽然仍在不断增加，但总会是不完整的

C. 检测青春期迅速发育需要对同一个人的不同年龄段进行测量

D. 已绝迹的灵长目动物的完整骨架极其稀有

E. 人类可能是第一种在适者生存的环境中得益于青春期的生物

参考答案：

(1) B　(2) E　(3) C　(4) D　(5) A　(6) E　(7) B　(8) A　(9) D　(10) E　(11) B　(12) A　(13) D　(14) C

附录 管理类联考最重要的 4 年真题试卷及解析

为什么选这 4 年真题，是因为这 4 年真题涵盖了几乎所有考点、所有解题方法、所有解题思路和陷阱。

附录 A 2013 年全国硕士研究生入学统一考试管理类专业学位联考综合能力试题

三、逻辑推理：第 26~55 小题，每小题 2 分，共 60 分。下列每题给出的 A、B、C、D、E 5 个选项中，只有一项是符合试题要求的。请在答题卡上将所选项的字母涂黑。

26. 某公司去年初开始实施一项"办公用品节俭计划"，每位员工每月只能免费领用限量的纸笔等各类办公用品。年末统计时发现，公司用于办公用品的支出较上年度下降了 30%。在未实施该计划的过去 5 年间，公司年平均消耗办公用品 10 万元。公司总经理由此得出：该计划去年已经为公司节约了不少经费。

以下哪项如果为真，最能构成对总经理推论的质疑？（　　）

A. 另一家与该公司规模及其他基本情况均类似的公司，未实施类似的节俭计划，在过去的 5 年间办公用品消耗额年平均也为 10 万元

B. 在过去的 5 年间，该公司大力推广无纸化办公，并且取得很大成就

C. "办公用品节俭计划"是控制支出的重要手段，但说该计划为公司"一年内节约不少经费"，没有严谨的数据分析

D. 另一家与该公司规模及其他基本情况均类似的公司，未实施类似的节俭计划，但是在过去的 5 年间办公用品人均消耗额越来越低

E. 去年，该公司在员工困难补助、交通津贴等方面的开支增加了 3 万元

27. 公司经理：我们招聘人才时最看重的是综合素质和能力，而不是分数。人才招聘中，高分低能者并不鲜见，我们显然不希望招到这样的"人才"，从你的成绩单可以看出，你的学业分数很高，因此我们有点怀疑你的能力和综合素质。

以下哪项和经理得出结论的方式最为类似？（　　）

A. 公司管理者并非都是聪明人，陈然不是公司管理者，所以陈然可能是聪明人

B. 猫都爱吃鱼，没有猫患近视，所以吃鱼可以预防近视

C. 人的一生中健康开心最重要，名利都是浮云，张立名利双收，所以可能张立并不开心

D. 有些歌手是演员，所有的演员都很富有，所以有些歌手可能不富有

E. 闪光的物体并非都是金子，考古队挖到了闪闪发光的物体，所以考古队挖到的可能不是金子

28. 某省大力发展旅游产业，目前已经形成东湖、西岛、南山 3 个著名景点，每处景

点都有二日游、三日游、四日游3种路线。李明、王刚、张波拟赴上述三地进行九日游，每个人都设计了各自的旅游计划。后来发现，每处景点他们三人都选择了不同的路线：李明赴东湖的计划天数与王刚赴西岛的计划天数相同，李明赴南山的计划是三日游，王刚赴南山的计划是四日游。

根据以上陈述，可以得出以下哪项？（　　）
A. 李明计划东湖二日游，王刚计划西岛二日游
B. 王刚计划东湖三日游，张波计划西岛四日游
C. 张波计划东湖四日游，王刚计划西岛三日游
D. 张波计划东湖三日游，李明计划西岛四日游
E. 李明计划东湖二日游，王刚计划西岛三日游

29. 国际足联一直坚称，世界杯冠军队所获得的"大力神"杯是实心的纯金奖杯，某教授经过精密测量和计算认为，世界杯冠军奖杯——实心的"大力神"杯不可能是纯金制成的，否则球员根本不可能将它举过头顶并随意挥舞。

以下哪项与这位教授的意思最为接近？（　　）
A. 若球员能够将"大力神"杯举过头顶并自由挥舞，则它很可能是空心的纯金杯
B. 只有"大力神"杯是实心的，它可能是纯金的
C. 若"大力神"杯是实心的纯金杯，则球员不可能把它举过头顶并随意挥舞
D. 只有球员能够将"大力神"杯举过头顶并自由挥舞，它才由纯金制成，并且不是实心的
E. 若"大力神"杯是由纯金制成，则它肯定是空心的

30. 根据学习在动机形成和发展中所起的作用，人的动机可分原始动机和习得动机两种。原始动机是与生俱来的动机，它们是以人的本能需要为基础的，习得动机是指后天获得的各种动机，即经过学习产生和发展起来的各种动机。

根据以上陈述，以上哪项最可能属于原始动机？（　　）
A. 尊敬老人，孝敬父母　　　　　　B. 不入虎穴，焉得虎子
C. 宁可食无肉，不可居无竹　　　　D. 尊敬老人，孝敬父母
E. 窈窕淑女，君子好逑

31、32题基于以下题干：
互联网好比一个复杂多样的虚拟世界，每台联网主机上的信息又构成了一个微观虚拟世界，若在某主机上可以访问本主机的信息，则称该主机相通于自身；若主机x能通过互联网访问主机y的信息，则称x相通于y。已知代号分别为甲、乙、丙、丁的四台联网主机有如下信息：
Ⅰ. 甲主机相通于任一不相通于丙主机。
Ⅱ. 丁主机不相通于丙主机。
Ⅲ. 丙主机相通于任一相通于甲主机。

31. 若丙主机不相通于自身，则以下哪项一定为真？（　　）
A. 若丁主机相通于乙主机，则乙主机相通于甲主机
B. 甲主机相通于丁主机，也相通于丙主机

C. 甲主机相通于乙主机，乙主机相通于丙主机

D. 只有甲主机不相通于丙主机，丁主机才相通于乙主机

E. 丙主机不相通于丁主机，但相通于乙主机

32. 若丙主机不相通于任何主机，则以下哪项一定为假？（   ）

A. 乙主机相通于自身

B. 丁主机不相通于甲主机

C. 若丁主机不相通于甲主机，则乙主机相通于甲主机

D. 甲主机相通于乙主机

E. 若丁主机相通于甲主机，则乙主机相通于甲主机

33. 某科研机构对市民所反映的一种奇异现象进行研究，该现象无法用已有的科学理论进行解释。助理研究员小王有此断言：该现象是错觉。

以下哪项如果为真，最可能使小王的断言不成立？（   ）

A. 错觉都可以用已有的科学理论进行解释

B. 所有错觉都不能用已有的科学理论进行解释

C. 已有的科学理论尚不能完全解释错觉是如何形成的

D. 有些错觉不能用已有的科学理论进行解释

E. 有些错觉可以用已有的科学理论进行解释

34. 人们知道鸟类能感觉到地球磁场，并利用它们导航。最近某国科学家发现，鸟类其实是利用右眼"查看"地球磁场的。为检验该理论，当鸟类开始迁徙的时候，该国科学家把若干知更鸟放进一个漏斗形状的庞大的笼子里，并给其中部分知更鸟的一只眼睛戴上一种可屏蔽地球磁场的特殊金属眼罩。笼壁上涂着标记性物质，鸟要通过笼子口才能飞出去。如果鸟碰到笼壁，就会黏上标记性物质，以此判断鸟能否找到方向。

以下哪项如果为真，最能支持研究人员的上述发现？（   ）

A. 没戴眼罩的鸟顺利从笼中飞了出去；戴眼罩的鸟，不论左眼还是右眼，朝哪个方向飞的都有

B. 没戴眼罩的鸟和左眼戴眼罩的鸟顺利从笼中飞了出去，右眼戴眼罩的鸟朝哪个方向飞的都有

C. 没戴眼罩的鸟和左眼戴眼罩的鸟朝哪个方向飞的都有，右眼戴眼罩的鸟顺利从笼中飞了出去

D. 没戴眼罩的鸟和右眼戴眼罩的鸟顺利从笼中飞了出去，左眼戴眼罩的鸟朝哪个方向飞的都有

E. 戴眼罩的鸟，不论左眼还是右眼，顺利从笼中飞了出去，没戴眼罩的鸟朝哪个方向飞的都有

35、36题基于以下题干：

年初，为激励员工努力工作，某公司决定根据每月的工作绩效评选"月度之星"，王某在当年前10个月恰好只在连续的4个月中当选"月度之星"，另外3位同事郑某、吴某、周某也做到了这一点。关于这四人当选"月度之星"的月份，已知：

Ⅰ. 王某和郑某仅有3个月同时当选。

Ⅱ．郑某和吴某仅有 3 个月同时当选。

Ⅲ．王某和周某不曾在同一个月当选。

Ⅳ．仅有 2 人在 7 月同时当选。

Ⅴ．至少有 1 人在 1 月当选。

35．根据以上信息，有 3 人同时当选"月度之星"的月份是（　　）。

A．1—3 月　　B．2—4 月　　C．3—5 月　　D．4—6 月　　E．5—7 月

36．根据以上信息，王某当选"月度之星"的月份是（　　）。

A．1—4 月　　B．3—6 月　　C．4—7 月　　D．5—8 月　　E．7—10 月

37．若成为白领的可能性无性别差异，按正常男女出生率 102∶100 计算，当这批人中的白领谈婚论嫁时，女性和男性数量应当大致相等。但实际上，某市妇联近几年举办的历次大型白领相亲活动中，报名的男女比例约为 3∶7，有时甚至达到 2∶8，这说明文化程度越高的女性越难嫁，文化低的反而好嫁；男性则正好相反。

以下除哪项外，都有助于解释上述分析与实际情况不一致？（　　）

A．男性因长相身高、家庭条件等被女性淘汰者多于女性因长相身高、家庭条件等被男性淘汰者

B．与男性白领不同，女性白领要求高，往往只找比自己更优秀的男性

C．大学毕业后出国的精英分子中，男性多于女性

D．与本地女性竞争的外地优秀女性多于与本地男性竞争的外地优秀男性

E．一般来说，男性参加大型相亲会的积极性不如女性

38．张霞、李丽、陈露、邓强和王硕一起坐火车去旅游，他们正好在同一车厢相对两排的 5 个座位上，每人各坐一个位子。第一排的座位按顺序分别记作 1 号和 2 号。第二排的座位按序号记为 3 号、4 号、5 号。座位 1 和座位 3 直接相对，座位 2 和座位 4 直接相对，座位 5 不和上述任何座位直接相对。李丽坐在 4 号位置；陈露所坐的位置不与李丽相邻，也不与邓强相邻（相邻指同一排上紧挨着）；张霞不坐在与陈露直接相对的位置上。

根据以上信息，张霞所坐的位置有多少种可能的选择？（　　）

A．1 种　　B．2 种　　C．3 种　　D．4 种　　E．5 种

39．某大学的哲学学院和管理学院今年招聘新教师，招聘结束后受到了女权主义代表的批评，因为他们在 12 名女性应聘者中录用了 6 名，但在 12 名男性应聘者中却录用了 7 名。该大学对此解释说，今年招聘新教师的两个学院中，女性应聘者的录用率都高于男性应聘者的录用率。具体情况是：哲学学院在 8 名女性应聘者中录用了 3 名，而在 3 名男性应聘者中录用了 1 名；管理学院在 4 名女性应聘者中录用了 3 名，而在 9 名男性应聘者中录用了 6 名。

以下哪项最有助于解释女权主义代表和大学之间的分歧？（　　）

A．整体并不是局部的简单相加

B．有些数字规则不能解释社会现象

C．人们往往从整体角度考虑问题，不管局部

D．现代社会提倡男女平等，但实际执行中还有一定难度

E．各个局部都具有的性质，在整体上未必具有

40. 每个人在自己的一生中，都要不断努力，否则就会像龟兔赛跑的故事一样，一时跑得快并不能保证一直领先。如果你本来基础好又能不断努力，那你肯定能比别人更早取得成功。

如果李教授的陈述为真，以下哪项一定为假？（　　）

A. 小王本来基础好并且能不断努力，但也可能比别人更晚取得成功

B. 不论是谁，只有不断努力，才能取得成功

C. 只要不断努力，任何人都可能取得成功

D. 一时不成功并不意味着一直不成功

E. 人的成功是有衡量标准的

41. 新近一项研究发现，海水颜色能够让飓风改变方向，也就是说，如果海水变色，飓风的移动路径也会变向。这也就意味着科学家可以根据海水的"脸色"判断哪些地区将被飓风袭击，哪些地区会幸免于难。值得关注的是，全球气候变暖可能已经让海水变色。

以下哪项最可能是科学家做出判断所依赖的前提？（　　）

A. 海水温度升高会导致生成的飓风数量增加

B. 海水温度变化会导致海水改变颜色

C. 海水颜色与飓风移动路径之间存在某种相对确定的联系

D. 全球气候变暖是最近几年飓风频发的重要原因之一

E. 海水温度变化与海水颜色变化之间的联系尚不明朗

42. 某金库发生了失窃案。公安机关侦查确定，这是一起典型的内盗案，可以断定金库管理员甲、乙、丙、丁中至少有1人是作案者。办案人员对4人进行了询问，4人的回答如下：

甲："如果乙不是窃贼，我也不是窃贼。"

乙："我不是窃贼，丙是窃贼。"

丙："甲或者乙是窃贼。"

丁："乙或者丙是窃贼。"

后来事实表明，他们4人中只有1人说了真话。

根据以上陈述，以下哪项一定为假？（　　）

A. 丙说的是假话　　　　　　　　B. 丙不是窃贼

C. 乙不是窃贼　　　　　　　　　D. 丁说的是真话

E. 甲说的是真话

43. 所有参加此次运动会的选手都是身体强壮的运动员，所有身体强壮的运动员都是很少生病的，但是有一些身体不适的选手参加了此次运动会。

以下选项不能从上述前提中得出？（　　）

A. 有些身体不适的选手极少生病

B. 极少生病的选手都参加了此次运动会

C. 有些极少生病的选手感到身体不适

D. 有些身体强壮的运动员感到身体不适

E. 参加此次运动会的选手都是极少生病的

44. 足球是一项集体运动，若想不断取得胜利，每个强队都必须有一位核心队员。他总能在关键场次带领全队赢得比赛。友南是某国甲级联赛强队西海队队员。据某记者统计，在上赛季参加的所有比赛中，有友南参加的场次，西海队胜率高达 75.5%，只有 16.3% 的平局，8.2% 场次输球；而在友南缺阵的情况下，西海队胜率只有 58.9%，输球的比率高达 23.5%，该记者由此得出结论，友南是上赛季西海队的核心队员。

以下哪项如果为真，能质疑该记者的结论？（ ）

A. 上赛季友南上场且西海队输球的比赛，都是西海队与传统强队对阵的关键场次

B. 西海队队长表示："没有友南我们将失去很多东西，但我们会找到解决办法。"

C. 本赛季开始以来，在友南上阵的情况下，西海队胜率暴跌 20%

D. 上赛季友南缺席且西海队输球的比赛，都是小组赛中西海队已经确定出线后的比赛

E. 西海队教练表示："球队是一个整体，不存在有友南的西海队和没有友南的西海队。"

45. 只要每个司法环节都能坚守程序正义，切实履行监督制的职能，结案率就会大幅度提高。去年某国结案率比上一年提高了 70%，所以，该国去年每个司法环节都能坚守程序正义，切实履行监督制的职能。

以下哪项与上述论证方式最为相似？（ ）

A. 在校期间品学兼优，就可以获得奖学金。李明在校期间不是品学兼优，所以就不可能获得奖学金

B. 李明在校期间品学兼优，但是没有获得奖学金。所以，在校期间品学兼优，不一定可以获得奖学金

C. 在校期间品学兼优，就可以获得奖学金。李明获得了奖学金，所以在校期间一定品学兼优

D. 在校期间品学兼优，就可以获得奖学金。李明没有获得奖学金，所以在校期间一定不是品学兼优

E. 只有在校期间品学兼优，才能获得奖学金。李明获得了奖学金，所以在校期间一定品学兼优

46. 在东海大学研究生会举办的一次中国象棋比赛中，来自经济学院、管理学院、哲学学院、数学学院和化学学院的 5 名研究生（每学院 1 名）相遇在一起。有关甲、乙、丙、丁、戊 5 名研究生之间的比赛信息满足以下条件：

Ⅰ. 甲仅与 2 名选手比赛过。

Ⅱ. 化学学院的选手和 3 名选手比赛过。

Ⅲ. 乙不是管理学院的，也没有和管理学院的选手对阵过。

Ⅳ. 哲学学院的选手和丙比赛过。

Ⅴ. 管理学院、哲学学院、数学学院的选手相互都交过手。

Ⅵ. 丁仅与 1 名选手比赛过。

根据以上条件，请问丙来自哪个学院？（ ）

A. 经济学院   B. 管理学院   C. 哲学学院   D. 化学学院   E. 数学学院

47. 据统计，去年在某校参加高考的 385 名文科、理科考生中，女生 189 人，文科男生 41 人，非应届男生 28 人，应届理科考生 256 人。

由此可见，去年在该校参加高考的考生中（　　）。

A. 非应届文科男生多于 20 人
B. 应届理科女生少于 130 人
C. 应届理科男生多于 129 人
D. 应届理科女生多于 130 人
E. 非应届文科男生少于 120 人

48. 某公司人力资源管理部人士指出：由于本公司招聘职位有限，在本次招聘考试中不可能所有的应聘者都能被录取。

基于以下哪项可以得出该人士的上述结论？（　　）

A. 在本次招聘考试中，可能有应聘者被录用
B. 在本次招聘考试中，可能有应聘者不被录用
C. 在本次招聘考试中，必然有应聘者不被录用
D. 在本次招聘考试中，必然有应聘者被录用
E. 在本次招聘考试中，可能有应聘者被录用，也可能有应聘者不被录用

49. 在某次综合性年会上，物理学会作学术报告的人都来自高校；化学学会作学术报告的人有些来自高校，但是大部分来自中学；其他作学术报告者均来自科学院。来自高校的学术报告者都具有副教授以上职称，来自中学的学术报告者都具有中高级以上职称。李默、张嘉参加了这次综合性学术年会，李默并非来自中学，张嘉并非来自高校。

以上陈述如果为真，可以得出以下哪项结论？（　　）

A. 张嘉如果作了学术报告，那么他不是物理学会的
B. 李默不是化学学会的
C. 李默如果作了学术报告，那么他不是化学学会的
D. 张嘉不具有副教授以上的职称
E. 张嘉不是物理学会的

50. 根据某位国际问题专家的调查统计可知：有的国家希望与某些国家结盟，有 3 个以上的国家不希望与某些国家结盟；至少有两个国家希望与每个国家建交，有的国家不希望与任一国家结盟。

根据上述统计可以得出以下哪项？（　　）

A. 有些国家之间希望建交但是不希望结盟
B. 至少有 1 个国家，既有国家希望与之结盟，也有国家不希望与之结盟
C. 每个国家都有一些国家希望与之结盟
D. 至少有 1 个国家，既有国家希望与之建交，也有国家不希望与之建交
E. 每个国家都有一些国家希望与之建交

51. 翠竹的大学同学都在某德资企业工作，溪兰是翠竹的大学同学，洞松是该德资企业的部门经理。该德资企业的员工有些来自淮安。该德资企业的员工都曾到德国研修，他们都会说德语。

以下哪项可以从以上陈述中得出？（　　）

A. 洞松与溪兰是大学同学
B. 翠竹的大学同学有些是部门经理

C. 翠竹与洞松是大学同学　　　　　　　D. 溪兰会说德语

E. 洞松来自淮安

52. 某组研究人员报告说：与心跳速度每分钟低于 58 次的人相比，心跳速度每分钟超过 78 次者心脏病发作或者发生其他心血管问题的几率高出 39%，死于这类病的风险高出 77%，其整体死亡率高出 65%。研究人员指出，长期心跳过快导致了心血管疾病。

以下哪项如果为真，最能够对该研究人员的观点提出质疑？（　　）

A. 各种心血管疾病影响身体的血液循环机能，导致心跳过快

B. 在老年人中，长期心跳过快的不到 19%

C. 在老年人中，长期心跳过快的超过 39%

D. 野外奔跑的兔子心跳很快，但是很少发现它们患心血管疾病

E. 相对老年人，年轻人生命力旺盛，心跳较快

53. 专业人士预测：如果粮食价格稳定，那么蔬菜价格也保持稳定；如果食用油价格不稳定，那么蔬菜价格也将出现波动。老李由此断定：粮食价格将保持稳定，但是肉类食品价格将上涨。

根据上述专业人士的预测，以下哪项为真，最能对老李的观点提出质疑？（　　）

A. 如果食用油价格稳定，那么肉类食品价格将会上涨

B. 如果食用油价格稳定，那么肉类食品价格不会上涨

C. 如果肉类食品价格不上涨，那么食用油价格将会上涨

D. 如果食用油价格出现波动，那么肉类食品价格不会上涨

E. 只有食用油价格稳定，肉类食品价格才不会上涨

54、55 题基于以下题干：

晨曦公园拟在园内东南西北 4 个区域种植 4 种不同的特色树木，每个区域只种植一种。选定的特色树种为：水松、银杏、乌桕和龙柏。布局和基本要求如下：

Ⅰ. 如果在东区或者南区种植银杏，那么在北区不能种植龙柏或乌桕。

Ⅱ. 北区或东区要种植水松或者银杏。

54. 根据上述种植要求，如果北区种植龙柏，以下哪项一定为真？（　　）

A. 西区种植水松　　　　　　　　　　　B. 南区种植乌桕

C. 南区种植水松　　　　　　　　　　　D. 西区种植乌桕

E. 东区种植乌桕

55. 根据上述种植要求，如果水松必须种植于西区或南区，以下哪项一定为真？（　　）

A. 南区种植水松　　　　　　　　　　　B. 西区种植水松

C. 东区种植银杏　　　　　　　　　　　D. 北区种植银杏

E. 南区种植乌桕

2013 年管理类联考逻辑考试真题试卷解析

26. 答案：D

解析：论证评价削弱题型。

技巧：评价类试题解题的关键是快速找到题干论证的结构，然后寻找关键词。注意保持题干与选项的证据结论关键概念的尽可能一致性。削弱一般是割裂证据与结论之间的关系。题干证据为一求异法实验：去年实施计划，公司用于办公用品的支出较上年度下降了30%。在未实施该计划的过去5年间，公司年平均消耗办公用品10万元。结论：该计划去年已经为公司节约了不少经费。论证建立了"公司用于办公用品的支出较上年度下降了30%"与"去年实施的办公节俭计划"有关系。D项如果为真，则通过情况完全类似的一家公司来类比说明，没有节俭计划，也有不断降低。由于题干只涉及一家公司，所以，类比进行无因有果削弱也是比较有力的。但需要注意，类比进行评估，必须保证两个事物之间的情况高度一致，没有重大的或者影响结果的差异。

27．答案：D

解析：结构类似题型。

题干推理模式：高分的并非都是高能（有些高分者是低能的），你的分数很高，所以你可能不是高能（可能是低能）。三段论的推理。只有E项高度类似：闪光的物体并非都是金子（有些闪光的不是金子），考古队发现了闪光的东西，所以，可能不是金子。注意本题中的语言表达形式。

A项是否前推理，题干是肯前推理，A项排除；B项中项都在两个命题的前面位置，结论肯定，题干结论否定，中项位置不一样，排除B项；C项不是三段论。D项语言形式与逻辑形式不同。

28．答案：A

解析：组合关系题型。

一般采取列表法与排除法比较好。根据已知条件，李明、王刚、张波拟赴上述三地进行九日游，每处景点他们3人都选择了不同的路线。由于李明赴南山的计划是三日游，则可以推出其他人不可能三日游南山。根据王刚赴南山的计划是四日游，则推出张博南山二日游。

列表如下：

地点\姓名	东湖			西岛			南山		
	4	2	3	4	2	3	4	2	3
李明								1	0
王刚								0	1
张博								1	0	0

有3种做法。

(1) 直接拿选项代入表格进行排除。A项代入正好满足。

(2) 每个景点有3种路线，分别为：2、3、4。3个人每天进行九日游。我们注意到，这九日游在这些数字情况下，只有两种可能的组合9＝3＋3＋3或者9＝2＋3＋4。由于每处景点他们3人都选择了不同的路线，所以每人都是2、3、4组合。由"李明赴东湖的计划天数与王刚赴西岛的计划天数相同"可知，这个数字只有是2了。所以，本题答案为A项。

195

(3) 3种路线为2、3、4，加一起正好是9。每人九日，且每处景点皆不同，所以他们每人都只能选一个三日游，每人都是2、3、4组合。李明赴南山的计划是三日游，且"李明赴东湖的计划天数与王刚赴西岛的计划天数相同"，所以王刚在西岛不会是选三日游，再由"王刚赴南山的计划是四日游"，所以王刚在西岛只能是二日游。

29. 答案：C

解析：充分必要条件理解并推理题型。

除非P，否则不Q=只有P，才Q。非P，否则非Q=只有非P，才Q=如果P，则非Q。不可能纯金，否则不可能举起来。如果纯金，则不可能举起来。这是一道必要条件语言理解题，语感好的考生直接能做。语感不好的考生，注意：否则不=才。上述可以理解为：只有非纯金，才能举起来。C为正确答案。此种语言理解几乎每年必考。

30. 答案：E

解析：概念理解、定义判断题型。

题干给"原始动机"定义，是"与生俱来、本能需要"；只有E为生物冲动，不需要学习，符合定义。

31. 答案：B

解析：看上去为组合关系题型，实质是充分条件命题推理题。

根据条件Ⅰ，得出：若一主机不相通于丙，则甲与其相通。根据条件Ⅱ和条件Ⅰ，可知：甲相通于丁；再根据"丙不相通于丙自身"和条件Ⅰ），可知：甲相通于丙。B正确。

32. 答案：C

解析：

根据条件Ⅲ"丙主机相通于任一相通于甲主机"可以得出：如果相通于甲主机，则丙主机与其相通。由于"丙主机不相通于任何主机"，推出：没有相通于甲主机。在此基础上可知，选项C的前"丁主机不相通于甲主机"为真，后"乙主机相通于甲主机"为假，由于选项C为一个充分条件命题，前真后假时，命题本身一定假（考点：如果P，那么Q。其矛盾命题为：P真且Q假）。

33. 答案：A

解析：削弱题型。

割裂证据与结论之间的关系。证据：该现象无法用已有的科学理论进行解释；结论：该现象是错觉。其矛盾命题是：无法用已有的科学理论进行解释，但不是错觉。

选项A的意思：如果不能用已有的科学理论进行解释，则不是错觉。和小王的话相反。

34. 答案：B

解析：支持题型。

研究人员的发现：鸟类其实是利用右眼"查看"地球磁场的。因果关系的判断，求异法。有右眼，可以导航；没有右眼，无法导航。选项B正确。

35. 答案：D

解析：关系推理。有多种方法解题，但最简单的是代入排除法。

根据条件Ⅳ，直接排除E。接下来带入假设：

若王某在1—4月当选，则郑某在2—5月当选，吴某在1—4月或3—6月当选，则7月无2人当选；无法满足已知条件。

若郑某在1—4月当选，则王某和吴某在2—5月当选，则7月无2人当选。

若吴某在1—4月当选，则郑某在2—5月当选，王某在在1—4月或3—6月当选，则7月无2人当选。

所以只能周某在1—4月当选，根据条件Ⅲ、条件Ⅳ，排除A、B、C，选D。

36. 答案：D

解析：根据上题可知周某在1月、2月、3月、4月连续当选月度之星，并且由上题可知3人同时当选的月份为4月、5月、6月，再结合条件Ⅲ可推出王某、郑某在5月、6月共同当选月度之星。所以王某应该是5月、6月、7月、8月连续当选。D项正确。

37. 答案：A

解析：解释题型。

关键在于题干信息。不一致的信息：本来男女数量相当，但是相亲活动中，报名的男女比例约为3∶7。要求进行解释，能够解释的排除。A项如果真，则男性被淘汰者多于女性，即男的剩下的会越来越多，怎么解释报名的男性会越来越少呢？所以，A项不能解释。其他选项都或多或少能解释报名的女性为什么会多于男性。做此种试题，不能对选项做过多钻牛角尖式的发挥与理解。

38. 答案：D

解析：位置关系。直接列表。

| 1 | 2 | | |
| 3 | 4李 | 5 | |

由于李丽4号，则：陈露不与李丽相邻，陈露应坐1号或2号，邓强坐3号或5号，则张霞坐1号或2号两种情况符合题干条件，张霞坐5号也符合题干；当陈露坐2号时，张霞坐3号，也符合题干。所以张霞可以坐1号、2号、3号及5号，即有4种可能的选择。D项正确。

39. 答案：A

解析：解释题型。

双方对录用率有不同的看法。女权：整体上低；大学：每个学院的录用率都是女性高。局部录用率高，不代表整体上录用率高，选项E更具体解释。A项不够具体。

40. 答案：A

解析：充分条件命题的矛盾命题。

如果P，那么Q。其矛盾命题：P且非Q。答案为A项。

41. 答案：C

解析：假设题型。

建立证据与结论之间的关系。C项让海水颜色与飓风移动方向发生关系。

42. 答案：D

解析：复合命题的推理。真假话题型。

4人断定没有直接构成矛盾的，可采用假设法。假设乙是窃贼，可得出丙和丁都为真,与题干只有一真不符,所以乙不是窃贼;同理假设丙为窃贼,推出乙和丁的话为真,与题干不符,所以丙不是窃贼。所以,乙或丙是窃贼为假,即丁说假话。所以答案选D。

43. 答案:B

解析:题干条件可化为:(1) 参加运动会→身体强壮→极少生病;(2) 有些身体不适的参加了运动会。根据假言推理规则,B明显不能推出(充分条件命题,后真不一定推前真)。

本题也可采用饶式欧拉图来解题,更简单。

44. 答案:A

解析:削弱题型。

证据:核心队员总能在关键场次带领全队赢得比赛。友南上赛季上场且胜率高;结论:友南是上赛季核心。削弱:割裂两者关系。A项说明:关键场次,友南上场但输球。本题关键是:核心队员的定义。

45. 答案:E

解析:结构类似题型。弄清论证结构。

题干论证结构为:如果P,那么Q。既然Q,所以P。为充分条件假言的肯定后件来肯定前件式推理。C项与题干相似。E项为必要条件推理。

46. 答案:E

解析:关系排列。

可列表。由条件Ⅱ和条件Ⅵ可知丁不是化学学院的,再根据条件Ⅴ可知丁不是管理学院、不是哲学学院,也不是数学学院。所以丁是经济学院的。

由条件Ⅲ和条件Ⅴ可知乙不是管理学院、哲学学院、数学学院的,再根据丁是经济学院的,推出乙只能是化学学院的。由条件Ⅰ和条件Ⅵ可知丁只与乙比赛过。乙同时还和管理学院、哲学学院、数学学院的其中两人比赛过。再结合条件Ⅲ推出乙没有和管理学院的比赛,由条件Ⅰ可知甲是管理学院的。再根据条件Ⅳ知丙不是哲学学院的,所以,丙只能是数学学院的。

47. 答案:B

解析:本题考核概念划分及关系推理。

由题干可知,男生=385−189=196人;理科男生=男生−文科男生=196−41=155人;应届男生=男生−非应届男生=196−28=168人。

应届理科男生=应届男生−应届文科男生,应届文科男生≤41人,所以应届理科男生≥168−41=127人;应届理科女生=应届理科生−应届理科男生,所以应届理科女生≤256−127=129人。所以B项正确。

48. 答案:C

解析:模态命题。

不可能所有的应聘者都能被录取=必然有的应聘者不被录取。C项正确。

49. 答案:A

解析:充分条件命题的推理。

已知:如果是物理学会且作学术报告的都来自高校。张嘉并非来自高校,根据充分命题的推理得出：张嘉或者不是物理学会的，或者不作学术报告；即：如果作了学术报告，则一定不是物理学会的。A 项正确。本题主要是干扰信息量多。

50. 答案：E

解析：性质命题与概念理解。

已知，至少有两个国家希望与每个国家建交，可以推出 E 项为真。

51. 答案：D

解析：推出结论题型，充分条件推理。

题干条件为：Ⅰ翠竹的大学同学→在某德资企业工作→会说德语。Ⅱ溪兰是翠竹的大学同学；由条件Ⅰ和条件Ⅱ可推出溪兰会说德语。或者用饶式欧拉图解题。

52. 答案：A

解析：削弱题型。

心跳快的心血管疾病发病几率高，结论：长期心跳快导致了心血管疾病。A 如果为真，则说明是心血管疾病的出现才导致了心跳快，说明心血管疾病才是原因。原论证犯了因果倒置的错误。

53. 答案：B

解析：推出结论题型。

题干论据为：粮食价格稳定→蔬菜价格稳定→食用油价格稳定，结论为粮食价格保持稳定，但是肉类食品价格将上涨。即结论为食用油价格稳定，但肉类食品价格将上涨。

其中选项 B 构成了矛盾。即 B 项真推翻了老李的观点。

54. 答案：B

解析：分析性综合推理。

步骤 1：条件分析：已知每个区域种植不同的树木，且只种植一种；把题干问题中补充的已知条件"北区种龙柏"代入Ⅰ，则是对其后件"北区不能种植龙柏或乌柏"的否定，否后则必定否前，可推出结论Ⅲ东区不能种植银杏且南区不种银杏；列表如下：

树种＼地区	东	南	西	北
水松	√3	×3	×2	×1
银杏	×1	×1	√2	×1
乌柏			×2	×1
龙柏	×1	×1	×1	√1

步骤 2：根据表格已知条件得出西区种植银杏。

步骤 3：由北区种龙柏代入条件Ⅱ可推出，条件Ⅳ东区种水松或银杏；根据步骤 2 的结论，那么，东区只能种植水松；（也可以由条件Ⅲ和条件Ⅳ结合推出东区种水松）。

步骤 4：根据表格，南区只能种乌柏。（也可以由条件Ⅲ南区不种银杏，可知南区种乌柏。所以答案选 B。

55. 答案：D

解析：分析性综合推理。

由水松必须种植于西区或南区，结合条件Ⅱ可推出北区或东区种银杏。假设东区种植银杏，则结合条件Ⅰ推出北区不能种龙柏或乌柏，水松种在西区或南区，推出北区4种均不能种，与题干条件不符，所以东区不能种植银杏，即北区种植银杏。

附录 B 2015 年全国硕士研究生入学统一考试 管理类专业学位联考综合能力试题

三、逻辑推理：第 26~55 小题，每小题 2 分，共 60 分。下列每题给出的 A、B、C、D、E 5 个选项中，只有一项是符合试题要求的。请在答题卡上将所选项的字母涂黑。

26. 晴朗的夜晚可以看到满天星斗，其中有些是自身发光的恒星，有些是自身不发光，但可以反射附近，恒星的光的行星，恒星尽管遥远但是有些可以被现有的光学望远镜"看到"。和恒星不同，由于行星本身不发光，而且体积还小于恒星，所以，太阳系外的行星大多无法用现有的光学望远镜"看到"。

以下哪项如果为真，最能解释上述现象？（　　）

A. 如果行星的体积够大，现有的光学望远镜就能"看到"
B. 太阳系外的行星因距离遥远，很少能将恒星光反射到地球上
C. 现有的光学望远镜只能"看到"自身发光或者反射光的天体
D. 有些恒星没有被现有光学望远镜"看到"
E. 太阳系内的行星大多可用现有光学望远镜"看到"

27. 长期以来，手机产生的电磁辐射是否威胁人体健康一直是极具争议的话题。一项长达 10 年的研究显示，每天使用移动电话通话 30 分钟以上的人患神经胶质癌的风险比从未使用者要高出 40%，由此某专家建议，在取得进一步证据之前，人们应该采取更加安全的措施，如尽量使用固定电话通话或使用短信进行沟通。

以下哪项如果是真，最能表明该专家的建议不切实际？（　　）

A. 大多数手机产生的电磁辐射强度符合国家规定标准
B. 现有在人类生活空间中的电磁辐射强度已经超过手机通话产生的电磁辐射强度
C. 经过较长一段时间，人们的身体能够逐渐适应强电磁辐射的环境
D. 在上述实验期间，有些人每天使用移动电话通话超过 40 分钟，但他们很健康
E. 即使以手机短信进行沟通，发送和接收信息的瞬间也会产生较强的电磁辐射

28. 甲、乙、丙、丁、戊和己等 6 人围坐在一张正六边形的小桌前，每边各坐一人。已知：

Ⅰ. 甲与乙正面相对。
Ⅱ. 丙与丁不相邻，也不正面相对。

如果乙与己不相邻，则以下哪一项为真？（　　）

A. 戊与乙相邻
B. 甲与丁相邻
C. 己与乙正面相对
D. 如果甲与戊相邻，则丁与己正面相对
E. 如果丙与戊不相邻，则丙与己相邻

29. 人类经历了上百万年的自然进化，产生了直觉、多层次抽象等独特的智能。尽管现代计算机已具备一定的学习能力，但这种能力还需要人类指导，完全的自我学习能力还有待进一步发展。因此，计算机要达到甚至超过人类的智能水平是不可能的。

以下哪项最可能是上述论证的预设？（　　）

A. 计算可以形成自然进化能力

B. 计算机很难真正懂得人类语言，更不可能理解人类的感情

C. 理解人类复杂的社会关系需要自我学习能力

D. 计算机如果具备完全的自我学习能力，就能形成直觉、多层次抽象等智能

E. 直觉、多层次抽象等这些人类的独特智能无法通过学习获得

30. 为进一步加强对不遵守交通信号等违法行为的执法管理，规范执法程序，确保执法公正，某市交警支队要求：凡属交通信号指示不一致、有证据证明救助危难等情形，一律不得录入道路交通违法信息系统，对已录入信息系统的交通违法记录，必须完善异议受理、核查、处理等工作规范，最大限度地减少执法争议。

根据上述交警支队要求，可以得出以下哪项？（   ）

A. 有些因救助危难而违法的情形，如果仅有当事人说辞但缺乏当时现场的录音录像证明，就应录入道路交通违法信息系统

B. 因信号灯相位设置和配时不合理等造成交通信号不一致而引发的交通违法情形，可以不录入道路交通违法信息系统

C. 如果汽车使用了行车记录仪，就可以提供现场实时证据，大大减少被录入道路交通违法信息的可能性

D. 只要对已录入系统的交通违法记录进行异议受理，核查和处理就能最大限度地减少执法争议

E. 对已录入系统的交通违法记录，只有倾听群众异议，加强群众监督才能最大限度地减少执法争议

31、32题基于以下题干：

某次讨论会共有18名参与者。已知：

Ⅰ. 至少有5名青年教师是女性。

Ⅱ. 至少有6名女教师已过中年。

Ⅲ. 至少有7名女青年是教师。

31. 根据上述信息，关于参与人员可以得出以下哪项？（   ）

A. 有些女青年不是教师　　　　B. 有些青年教师不是女性

C. 青年教师至少有11名　　　　D. 女教师至少有13名

E. 女青年至多有11名

32. 如果上述三句话两真一假，那么关于参与人员可以得出以下哪项？（   ）

A. 女青年都是教师　　　　　　B. 青年教师都是女性

C. 青年教师至少有5名　　　　D. 男教师至多有10名

E. 女青年至少有7名

33. 当企业处于蓬勃上升时期，往往紧张而忙碌，没有时间和精力去设计和修建"琼楼玉宇"，当企业所有重要的工作都已经完成，其时间和精力就开始集中在修建办公大楼上。所以一个企业的办公大楼设计得越完美，装饰越豪华，则该企业离解体时间就越近。当某个企业大楼设计和建造趋于完美之际，它的存在就逐渐失去意义，这就是所谓的"办公大楼法则"。

以下哪项为真，最质疑上述观点？（   ）

A. 一个企业如果将时间和精力都耗在修建办公大楼上，则对其他重要工作就投入不足了

B. 某企业办公大楼修建得美轮美奂，入住后该企业的事业蒸蒸日上

C. 建造豪华的办公大楼，往往会增加运营成本，损害其利益

D. 企业的办公大楼越破旧，该企业就越有活力和生机

E. 建造豪华办公大楼并不需要投入太多时间和精力

34. 张云、李华、王涛都收到了明年2月初赴北京开会的通知，他们可以选择乘坐飞机、高铁与大巴等交通工具到北京，他们对这次进京方式有如下考虑：

Ⅰ. 张云不喜欢坐飞机，如果有李华同行，他就选择乘坐大巴。

Ⅱ. 李华不计较方式，如果高铁要比飞机更便宜，他就选择高铁。

Ⅲ. 王涛不在乎价格，除非预报2月初北京有雨雪天气，否则选择乘坐飞机。

Ⅳ. 李华和王涛家相隔很近，如果航班时间合适，他们将同行乘坐飞机。

如果上述3人愿望得到满足，则可以得出以下哪项？（　　）

A. 如果李华没有选择乘坐高铁和飞机，则他肯定选择和张云一起乘坐大巴进京

B. 如果王涛和李华乘坐飞机进京，则2月初北京没有雨雪天气

C. 如果张云和王涛乘坐高铁，则2月初有雨雪天气

D. 如果3人都乘坐飞机，则飞机要比高铁便宜

E. 如果3人都乘坐大巴进京，则预报2月初北京有雨雪天气

35. 某市推出一项月度社会公益活动，市民报名踊跃。由于活动规模有限，主办方决定通过摇号抽签方式选择参与者，第一个月中签率为1：20，随后连创新低，到下半年的10月已达1：70，大多数市民屡摇不中，但从今年7月到10月，"李祥"这个名字连续4个月中签，不少市民据此认为有人作弊，并对主办方提出质疑。

以下哪项如果为真，最能消除市民质疑？（　　）

A. 已经中签的申请者中，叫"张磊"的有7人

B. 曾有一段时间，家长给孩子取名不回避重名

C. 在报名的市民中，名叫"李祥"的有近300人

D. 摇号抽签全过程是在有关部门监督下进行的

E. 在摇号系统中，每一位申请人都被随机赋予了一个不重复的编码

36. 美国扁桃仁于20世纪70年代出口到我国，当时被误译为"美国大杏仁"。这种误译导致大多数消费者根本不知道扁桃仁、杏仁是两种完全不同的产品。对此，我国林业专家一再努力澄清，但学界的声音很难传达到相关企业和民众中，因此，必须制定林果的统一标准，这样才能还相关产品以本来面目。

以下哪项是上述论证的假设？（　　）

A. 美国扁桃仁和中国大杏仁的外形很相似

B. 我国相关工业和民众并不认可我国林业专家的意见

C. 进口商品名称的误译会扰乱我国企业正常的对外贸易活动

D. 长期以来，我国没有林果的统一标准

E. "美国大杏仁"在中国市场上的销量超过中国杏仁

37. 10月6日晚上，张强要么去电影院看电影，要么去拜访朋友秦玲。如果那天晚上张强开车回家，他就没去电影院看电影。只有张强事先与秦玲约定，张强才能拜访她，事实上，张强不可能事先与秦玲约定。

根据上述陈述，可以得出结论（　　）。

A. 那天晚上张强没有开车回家　　　B. 张强那天晚上拜访了秦玲

C. 张强晚上没有去电影院看电影　　D. 那天晚上张强与秦玲一起看电影了

E. 那天晚上张强开车去电影院看电影了

38、39题基于以下题干：

天南大学准备选派2名研究生、3名本科生到山村小学支教。经过个人报名和民主决议，最终人选将在研究生赵婷、唐玲和殷倩等3人和本科生周艳、李环、文琴、徐昂、朱敏等5人中产生。按规定，同一学院或者同一社团最多选派一人。已知：

Ⅰ. 唐玲和朱敏均来自数学学院。

Ⅱ. 周艳和徐昂均来自文学院。

Ⅲ. 李环和朱敏均来自辩论协会。

38. 根据上述条件，以下必定入选的是（　　）。

A. 文琴　　　B. 唐玲　　　C. 殷倩　　　D. 周艳　　　E. 赵婷

39. 如果唐玲入选，下面必定入选的是（　　）。

A. 赵婷　　　B. 殷倩　　　C. 周艳　　　D. 李环　　　E. 徐昂

40. 有些阔叶树是常绿植物，因此阔叶树都不生长在寒带地区。

以下哪项如果为真，最能反驳上述结论？（　　）

A. 有些阔叶树不生长在寒带地区　　B. 常绿植物都生长在寒带地区

C. 寒带某些地区不生长常绿植物　　D. 常绿植物都不生长在寒带地区

E. 常绿植物不都是阔叶树

41、42题基于以下题干：

某大学运动会即将召开，经管学院拟组建一支12人的代表队参赛，参赛队员将从该院4个年级学生中选拔，每个年级须在长跑、短跑、跳高、跳远、铅球等5个项目中选1~2项参加比赛，其余项目可任意选择，一个年级如果选长跑，就不能选短跑或跳高；一个年级如果选跳远，就不能选长跑或铅球，每名队员只能参加一项比赛，已知该院：

Ⅰ. 每个年级均有队员被选拔进入代表队。

Ⅱ. 每个年级被选拔进入代表队的人数各不相同。

Ⅲ. 有两个年级的队员人数相乘等于另一个年级的队员人数。

41. 根据以上信息一个年级最多可选拔（　　）。

A. 8人　　　B. 7人　　　C. 6人　　　D. 5人　　　E. 4人

42. 如果某年级队员人数不是最少的，且选择长跑，那么对该年级来说，以下哪项不可能？（　　）

A. 选择铅球或跳远　　　　　　　B. 选择短跑或铅球

C. 选择短跑或跳远　　　　　　　D. 选择长跑或跳高

E. 选择铅球或跳高

43. 为防御电脑受病毒侵袭，研究人员开发了防御病毒、查杀病毒的程序，前者启动后能使程序运行免受病毒侵袭，后者启动后能迅速查杀电脑中可能存在的病毒。某台电脑上现装有甲、乙、丙3种程序。已知：

Ⅰ. 甲程序能查杀目前已知的所有病毒。

Ⅱ. 若乙程序不能防御已知的一号病毒，则丙程序也不能查杀该病毒。

Ⅲ. 只有丙程序能防御已知的一号病毒，电脑才能查杀目前已知的所有病毒。

Ⅳ. 只有启动甲程序，才能启动丙程序。

根据上述信息可以得出以下哪项？（   ）

A. 只有启动丙程序，才能防御并查杀一号病毒

B. 只有启动乙程序，才能防御并查杀一号病毒

C. 如果启动丙程序，就能防御并查杀一号病毒

D. 如果启动了乙程序，那么不必启动丙程序也能查杀一号病毒

E. 如果启动了甲程序，那么不必启动乙程序也能查杀所有病毒

44. 研究人员将角膜感觉神经断裂的兔子分为两组：实验组和对照组。他们给实验组兔子注射了一种从土壤霉菌中提取的化合物。3周后检查发现，实验组兔子的角膜感觉神经已经复合，而对照组兔子未注射这种化合物，其角膜感觉神经没有复合。研究人员由此得出结论：该化合物可以使兔子断裂的角膜感觉神经复合。

以下哪项与上述研究人员得出的结论的方式最为类似？（   ）

A. 一个整数或者是偶数，或者是奇数。0不是奇数，所以0是偶数

B. 绿色植物在光照充足的环境下能茁壮成长，而在光照不足的环境下只能缓慢生长，所以，光照有助于绿色植物生长

C. 年逾花甲的老王戴上老花镜可以读书看报，不戴则视力模糊，所以年龄大的人都要戴老花镜

D. 科学家在北极冰川地区的黄雪中发现了细菌，而该地区的寒冷气候与木卫的冰冷环境有着惊人的相似，所以木卫可能存在生命

E. 昆虫都有三对足，蜘蛛并非三对足，所以蜘蛛不是昆虫

45. 张教授指出，明清时期科举考试分为四级，即院试、乡试、会试、殿试。院试在县府举行，考中者称为"生员"；乡试每三年在各省省城举行一次，生员才有资格参加，考中者称为"举人"，举人第一名称"解元"；会试于乡试后第二年在京城元都举行，举人才有资格参加，考中者称为"贡士"，贡士第一名称"会元"；殿试在会试当年举行，由皇帝主持，贡士才有资格参加，录取分为三甲，一甲三名，二甲、三甲各若干名，统称为"进士"，一甲第一名称"状元"。

根据张教授的陈述，以下哪项是不可能的？（   ）

A. 中举人者不曾中进士

B. 中状元者曾为生员和举人

C. 中会元者不曾中举

D. 可有连中三元者（解元、会元、状元）

E. 未中解元者，不曾中会元

46. 有人认为，任何一个机构都包括不同的职位等级或层级，每个人都隶属于其中一个层次。如果某人在原来级别的岗位上干得出色，就会被提拔，而被提拔者得到重用后却碌碌无为，这会造成机构效率低下，人浮于事。

以下哪项为真，最能质疑上述观点？（　　）

　　A. 个人晋升常常会在一定程度上影响所在机构的发展

　　B. 不同岗位的工作方式不同，对新的岗位要有一个适应过程

　　C. 王副教授教学科研都很强，而晋升正教授后却表现平平

　　D. 李明的体育运动成绩并不理想，但他进入管理层后却干得得心应手

　　E. 部门经理王先生业绩出众，被提拔为公司总经理后工作依然出色

47. 如果把一杯酒倒入一桶污水中，你得到的是一桶污水；如果把一杯污水倒入一桶酒中，你得到的依然是一桶污水。在任何组织中，都可能存在几个难缠的人物。他们存在的目的似乎就是把事情搞糟。如果一个组织不加强内部管理，一个正直能干的人进入某低效的部门就会被吞没。而一个无德无才者就能将一个高效的部门变成一盘散沙。

根据上述信息，可以得出以下哪项？（　　）

　　A. 如果不将一杯污水倒进一桶酒中，你就不会得到一桶污水

　　B. 如果一个正直能干的人进入组织，就会使组织变得更为高效

　　C. 如果组织中存在几个难缠的人物，很快就会把组织变成一盘散沙

　　D. 如果一个正直能干的人在低效部门没有被吞没，则该部门加强了内部管理

　　E. 如果一个无德无才的人把组织变成了一盘散沙，则该组织没有加强内部管理

48. 自闭症会影响社会交往、语言交流和兴趣爱好等方面的行为。研究人员发现，实验鼠体内神经连接蛋白的蛋白质如果合成过多，会导致自闭症。由此他们认为，自闭症与神经连接蛋白质合成量具有重要关联。

以下哪项如果为真，最能支持上述观点？（　　）

　　A. 生活在群体之中的实验鼠较之独处的实验鼠患自闭症的比例要小

　　B. 雄性实验鼠患自闭症的比例是雌性实验鼠的 5 倍

　　C. 抑制神经连接蛋白的蛋白质合成可缓解实验鼠的自闭症状

　　D. 如果将实验鼠控制蛋白合成的关键基因去除，其体内的神经连接蛋白就会增加

　　E. 神经连接蛋白正常的老年实验鼠患自闭症的比例很低

49. 张教授指出，生物燃料是指利用生物资源生产的燃料乙醇或生物柴油，它们可以替代由石油制取的汽油和柴油，是可再生能源开发利用的重要方向。受世界石油资源短缺、环保和全球气候变化的影响，20 世纪 70 年代以来，许多国家日益重视生物燃料的发展，并取得显著成效。所以，应该大力开发和利用生物燃料。

以下哪项最可能是张教授论证的预设？（　　）

　　A. 发展生物燃料可有效降低人类对石油等化石燃料的消耗

　　B. 发展生物燃料会减少粮食供应，而当今世界有数以百万计的人食不果腹

　　C. 生物柴油和燃料乙醇是现代社会能源供给体系的适当补充

　　D. 生物燃料在生产与运输的过程中需要消耗大量的水、电和石油等

　　E. 目前我国生物燃料的开发和利用已经取得很大成绩

50. 有关数据显示，2011年全球新增870万结核病患者，同时有140万患者死亡。因为结核病对抗生素有耐药性，所以对结核病的治疗一直都进展缓慢。如果不能在近几年消除结核病，那么还会有数百万人死于结核病。如果要控制这种流行病，就要有安全、廉价的疫苗。目前有12种新疫苗正在测试之中。

根据以上信息，可以得出以下哪项？（　　）

A. 2011年结核病患者死亡率已达16.1%

B. 有了安全、廉价的疫苗，我们就能控制结核病

C. 如果解决了抗生素的耐药性问题，结核病治疗将会获得突破性进展

D. 只有在近几年消除结核病，才能避免数百万人死于这种疾病

E. 新疫苗一旦应用于临床，将有效控制结核病的传播

51. 一个人如果没有崇高的信仰，就不可能守住道德的底线；而一个人只有不断加强理论学习，才能始终保持崇高的信仰。

根据以上信息，可以得出以下哪项？（　　）

A. 一个人只有不断加强理论学习，才能守住道德的底线

B. 一个人如果不能守住道德的底线，就不可能保持崇高的信仰

C. 一个人只要有崇高的信仰，就能守住道德的底线

D. 一个人只要不断加强理论学习，就能守住道德底线

E. 一个人没能守住道德的底线，是因为他首先丧失了崇高的信仰

52. 研究人员安排了一次实验，将100名受试者分为两组：喝一小杯红酒的实验组和不喝酒的对照组。随后，让两组受试者计算某段视频中篮球队员相互传球的次数。结果发现，对照组的受试者都计算准确，而实验组中只有18%的人计算准确。经测试实验组受试者的血液中酒精浓度只有酒驾法定值的一半。由此专家指出，这项研究结果或许应该让立法者重新界定酒驾法定值。

以下哪项如果为真，最能支持上述专家的观点？（　　）

A. 酒驾法定值设置过低，可能会把许多未饮酒者界定为酒驾

B. 即使血液中酒精浓度只有酒驾法定值的一半，也会影响视力和反应速度

C. 只要血液中酒精浓度不超过酒驾法定值，就可以驾车上路

D. 即使酒驾法定值设置较高，也不会将少量饮酒的驾车者排除在酒驾范围之外

E. 饮酒过量不仅损害身体健康，而且影响驾车安全

53. 某研究人员在2004年对一些12～16岁的学生进行了智商测试，测试得分为77～135分，4年之后再次测试，这些学生的智商得分为87～143。仪器扫描显示，那些得分提高了的学生，其脑部比此前呈现更多的灰质（灰质是一种神经组织，是中枢神经的重要组成部分）。这一测试表明，个体的智商变化确实存在，那些早期在学校表现不突出的学生仍有可能成为佼佼者。

以下除哪项外，都能支持上述实验结论？（　　）

A. 有些天才少年长大后智力并不出众

B. 言语智商的提高伴随着大脑左半球运动皮层灰质的增多

C. 学生的非言语智力表现与他们的大脑结构的变化明显相关

D. 部分学生早期在学校表现不突出与其智商有关
E. 随着年龄的增长，青少年脑部区域的灰质通常也会增加

54、55题基于以下题干：

某高校数学、物理、化学、管理、文秘、法学等6个专业的毕业生需要就业，现有风云、怡和、宏宇三家公司前来学校招聘，已知，每家公司只招聘该校2～3个专业的若干毕业生，且需要满足以下条件：

Ⅰ.招聘化学专业的公司也招聘数学专业。
Ⅱ.怡和公司招聘的专业，风云公司也招聘。
Ⅲ.只有一家公司招聘文秘专业，且该公司没有招聘物理专业。
Ⅳ.如果怡和公司招聘管理专业，那么也招聘文秘专业。
Ⅴ.如果宏宇公司没有招聘文秘专业，那么怡和公司招聘文秘专业。

54. 如果只有一家公司招聘物理专业，那么可以得出以下哪项？（　　）
A. 风云公司招聘化学专业　　　　B. 怡和公司招聘管理专业
C. 宏宇公司招聘数学专业　　　　D. 风云公司招聘物理专业
E. 怡和公司招聘物理专业

55. 如果三家公司都招聘了3个专业的若干毕业生，那么可以得出以下哪项？（　　）
A. 风云公司招聘化学专业　　　　B. 怡和公司招聘法学专业
C. 宏宇公司招聘化学专业　　　　D. 风云公司招聘数学专业
E. 怡和公司招聘物理专业

2015年管理类联考逻辑考试真题试卷解析

26. 答案：B
解析：解释题型。
技巧：关键是找到解释的现象。解释题型的关键有两点：现象是什么？选项不能过度发挥与过度偏向解释。题干现象：恒星尽管遥远但是有些可以被现有的光学望远镜"看到"。和恒星不同，由于行星本身不发光，而且体积还小于恒星，所以，太阳系外的行星大多无法用现有的光学望远镜"看到"。注意其中的关键词：太阳系外的行星为什么用现有光学望远镜看不到？选项B项如果真，则行星自己不发光，现在又不能反射光到地球上，则可以解释看不到。D项、E项无关题干现象"太阳系外行星"，A项、C项不能解释看不到。

27. 答案：B
解析：论证评价削弱试题。
技巧：评价类试题的解题关键是快速找到题干论证的结构，然后寻找关键词。削弱即割裂两者关系或者直接反对其观点。题干论证：某专家建议，在取得进一步的证据之前，人们应该采取更加安全的措施，如尽量使用固定电话通话或使用短信进行沟通。如果B项为真，则说明专家的建议没有意义。E项没有说明固定电话不可行；D项为反例，但不能削弱普遍高概率现象，削弱力度较弱。

28. 答案：E

解析：学会画图法辅助解题。

把已知条件Ⅰ、条件Ⅱ代入，可画图如下：

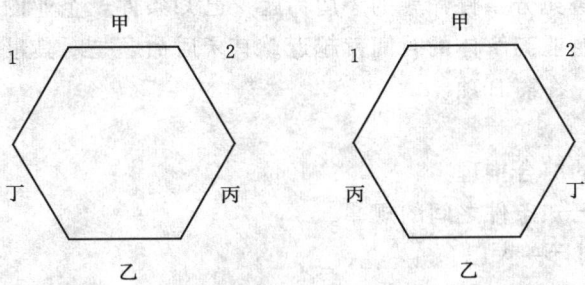

把提问所给条件"乙与己不相邻"，代入，则A项、B项、C项一定假；D项，若甲与戊相邻，则己与丁可能正面相对，也可能不正面相对，排除；E项，若丙与戊不相邻，则戊只能在丙的对面，则己与丙相邻，一定正确。

29. 答案：E

解析：论证评价加强试题。

技巧：评价类试题的解题关键是快速找到题干论证的结构，然后寻找关键词。假设与预设，是指寻找上述论证成立的必要前提。证据：直觉、多层次抽象等是人类独特的智能，尽管现代计算机已经具备了一定的学习能力，但这种独特的智能还需要人类的指导；结论：计算机不可能达到甚至超过人类的智能水平。论证假设：直觉、多层次抽象等人类独特的智能是计算机无法通过学习获得的，只能由人类指导。所以，E项必须假设；如果计算机通过学习可以学会"直觉、多层次抽象等独特的智能"，那么计算机就可能达到或者超过人类的智能。

30. 答案：B

解析：演绎推理充分条件命题推理。

首先梳理已知条件，寻找规律。

凡属交通信号指示不一致或者有证据证明救助危难等情形→不得录入；

已录入信息→完善异议受理、核查、处理等工作规范，最大限度地减少执法争议。B项一定真，因为：肯前必定肯后。

31. 答案：D

解析：概念关系与数量关系题型。

据条件Ⅱ至少有6位中年女教师，据条件Ⅲ至少有7名青年女教师，中年与青年不相交，推出：女教师至少有13名。D项真。

32. 答案：C

解析：真假话题型。

找矛盾关系或包含关系进行假设。条件Ⅰ、条件Ⅲ有包含关系，设条件Ⅱ假，则条件Ⅲ一定假，违反"两真一假"条件，所以条件Ⅰ一定真；至少有5名女青年教师。所以，青年教师至少有5人。C项一定真。E项不一定真，因为条件Ⅰ真不能推出条件Ⅲ一定真。

33. 答案：B

解析：削弱题型。

但本题实际上考查充分条件命题的矛盾命题。已知条件：企业的办公大楼设计得越完美，装饰得越豪华→企业离解体的时间就越近。其矛盾命题是对其最有力的削弱。P→Q，其矛盾是：P且非Q。答案B项。

34. 答案：E

解析：演绎推理的综合推理。

关键技巧是找到已知条件之间的规律。

Ⅰ．张云：李华同行→大巴。

Ⅱ．李华：高铁比飞机便宜→高铁。

Ⅲ．王涛：没有预报雨雪→飞机。

Ⅳ．李华和王涛：航班合适→飞机。

由条件Ⅲ知，王涛：没有乘坐飞机→预报雨雪。

然后拿选项进行代入推理：

A项，李华没有坐高铁或飞机，则一定会坐大巴；但推不出与张同行，可真可假；B项，如果王涛坐飞机，据条件Ⅲ，推不出预报二月初北京有雨雪天的必然真假；C项，如果张云和王涛乘坐高铁，则据条件Ⅲ推出"预报"北京二月初有雨雪天气，但不代表就"有"；D项真则说明李华没有乘坐高铁，由条件Ⅱ知：并非高铁比飞机便宜，但可以飞机比高铁便宜或者一样价钱，不一定真假。所以，E项一定真。因为：由E项知，王涛没坐飞机，据条件Ⅲ，则"预报"二月初北京有雨雪天气，为真。

35. 答案：E

解析：论证评价削弱试题。

技巧：评价类试题的解题关键是快速找到题干论证的结构，然后寻找关键词。削弱即割裂两者关系或者直接反对其观点。题干证据："李祥"这个名字连续4个月中签；结论：不少市民据此认为有人作弊。现象解释类题型，削弱一般可以考虑有其他更好的解释。C项如果真，则意味着现象"'李祥'这个名字连续4个月中签"是可能的。E项不能消除怀疑，如果E项真，每个人号码不重复，怎么解释现象"'李祥'这个名字连续4个月中签"。其他选项与题干证据结论话题无关。

36. 答案：E

解析：论证评价加强试题。

技巧：评价类试题的解题关键是快速找到题干论证的结构，然后寻找关键词。假设，是指寻找上述论证成立的必要前提。题干：扁桃仁和大杏仁被误认，专家澄清不能传递到企业与民众，所以，制定林果的统一行业标准，才能还相关产品以本来面目。至少需要假设原先没有统一标准。E项有必要。如果我国已经有了林果的统一行业标准，那么就不需要制定这一标准了。

37. 答案：C

解析：上真推下真题型，考查充分条件、选言命题的推理。

注意寻找语言关键词，注意综合推理的技巧。

Ⅰ. 张强要么去电影院看了电影，要么拜访了他的朋友秦玲。

Ⅱ. 如果那天晚上张强开车回家，他就没去电影院看电影。

Ⅲ. 只有张强事先与秦玲约定，张强才能去拜访她。

Ⅳ. 事实上，张强不可能事先与秦玲约定。

原理提示：

要么……要么…… 不相容选言命题；如果……就…… 充分命题；只有……才…… 必要条件命题理解

技巧提示：

先找事实性命题，以此出发。

条件Ⅳ并非约定。

代入条件Ⅲ只有约定，才能拜访秦玲。

必要条件，否前则必否后，得出：不能拜访秦玲。

代入条件Ⅰ要么看电影，要么拜访秦玲，得出：看电影。

代入条件Ⅱ开车回家→并非看电影，充分命题否后必否前，得出：没开车回家。

答案为 C 项。

38. 答案：A

解析：按规定，同一学院或者同一社团至多选派一人。由条件Ⅱ知，周艳和徐昂至多入选一个；由条件Ⅲ知李环和朱敏最多选派一人。据已知 5 个本科生中有 3 人入选，推出：文琴必入选。A 项为真。

39. 答案：D

解析：已知同一学院或者同一社团最多选派一人，如果唐玲入选，据条件Ⅰ，则朱敏不能入选；由于根据条件Ⅱ只周艳和徐昂最多派一人；加上本科生必须选派 3 人，李环必定入选。正确答案为 D 项。

40. 答案：B

解析：三段论反驳结论。

题干结论：所有阔叶树都不生长在寒带地区。削弱则只需要证明：有的阔叶树生长在寒带。如果 B 项为真，则常绿→寒带，据已知条件"有的阔叶→常绿"推出：有的阔叶树生长在寒带。与题干结论矛盾。B 项正确。

41. 答案：C

解析：数据分析类题型。

问一个年级最多的选拔人数，可通过假设代入进行排除：

如果 A 项真，1 个年级有 8 人，则另外 3 个年级共有 4 人，只能分别为 1 人、1 人、2 人，与条件Ⅱ矛盾，不成立。

如果 B 项真，1 个年级有 7 人，则另外 3 个年级共有 5 人，只能分别为 1 人、1 人、3 人或者 1 人、2 人、2 人；与条件Ⅱ矛盾，不成立。

如果 C 项真，1 个年级有 6 人，则另外 3 个年级共有 6 人，可以分别为 1 人、2 人、3 人，满足条件Ⅰ、Ⅱ、Ⅲ，可以成立。所以答案为 C 项。

本题也可以直接进行演算：4 个年级，共 12 人，且需要满足条件Ⅰ、Ⅱ、Ⅲ的，只有 1、2、3、6；1、2、4、5 等几个有限排列组合。

42. 答案：C

解析：已知条件分析如下：

每个年级须在长跑、短跑、跳高、跳远、铅球等 5 个项目中选 1~2 项参加比赛

长跑→¬（短跑∨跳高）＝长跑→¬短跑∧¬跳高

跳远→¬（长跑∨铅球）

该年级队员如果选择长跑，则没有选择短跑、跳高和跳远，故 C 项，选择短跑或跳远，必然为假。

43. 答案：C

解析：演绎推理的综合推理题型。

选项如果为"假设条件命题"，一般可以把选项进行代入。根据条件Ⅳ：如果启动丙→启动甲；根据条件Ⅰ，则→能查杀已知的所有病毒，故可以查杀已知的一号病毒；根据条件Ⅲ，丙能防御已知的一号病毒；所以，C 项一定真。E 项需要注意"所有已知病毒"与"所有病毒"这两个概念之间的区别。A 项不一定真，因为由 C 项可知，启动丙程序为"防御丙查杀一号病毒"的充分条件，而非必要条件。

44. 答案：E

解析：结构类似题型。

技巧：先弄清题干论证方法，重点关注逻辑形式与语言形式。题干论证方法为求异法。B 项求异法。A 项为选言命题否定肯定式；C 项为简单归纳法，以偏概全；D 项为类比推理；E 项为三段论推理。

45. 答案：C

解析：演绎推理的充分、必要条件命题推理。

先梳理条件：中生员，才能中举人，中举人（解元），才能中贡士（会元）；中贡士，才能中进士（状元）＝进士（状元）→贡士（会元）→举人（解元）→生员。那么：C 项不可能真。如果 P，那么 Q，其矛盾命题：P 且非 Q。

46. 答案：E

解析：削弱题型。

实际考核充分条件命题的性质。题干分析：如果出色→提拔→碌碌无为。矛盾命题为最有力的削弱。P 且非 Q。

47. 答案：D

解析：演绎推理的充分必要条件推理。

题干条件：如果一个组织不加强内部管理→则一个正直能干的人进入某低效的部门就会被吞没。无德无才者就会将高效部门变成散沙。D 项一定真，因为根据充分命题性质"否后则必定否前"。

48. 答案：C

解析：论证评价加强试题。

技巧：评价类试题的解题关键是快速找到题干论证的结构，然后寻找关键词。请注意：解题关键是找到的证据与结论的关键概念。证据：实验鼠体内神经连接蛋白的蛋白质

如果合成过多,会导致自闭症;结论:自闭症与神经连接蛋白质合成量具有重要关联。建立证据与结论之间的关系选项即为支持。C项正确。本题支持套路:求异法支持(没有这个原因,就没有这个结果)。

49. 答案:A

解析:论证评价加强试题。

预设是假设的一种。论技巧:评价类试题的解题关键是快速找到题干论证的结构,然后寻找关键词。假设与预设,是指寻找上述论证成立的必要前提。张教授结论:大力开发和利用生物燃料,理由:可以替代由石油制取的汽油和柴油。假设必须建立"生物燃料"与"能够替代石油"两者之间的关系。必须假设A项是正确的。

50. 答案:D

解析:演绎推理充分条件命题的推出结论题型。

已知:如果不能在近几年消除结核病,那么还会有数百万人死于结核病。根据充分命题性质:如果否后,则必定否前。所以,如果要避免数百万人死于结核病,则必须在近几年消除结核病。D项正确。注意:只有P,才Q=如果Q,则P。一个充分条件命题与必要条件命题可以进行等价转换,但要记住前后件需要颠倒。

51. 答案:A

解析:演绎推理中充分必要命题的转换与推理。

题干条件分析得出:守住道德底线→有崇高信仰→不断加强理论学习。答案为A。注意:只有P,才Q=如果Q,则P。一个充分条件命题与必要条件命题可以进行等价转换,但要记住前后件需要颠倒。

52. 答案:B

解析:论证评价加强试题。

技巧:评价类试题的解题关键是快速找到题干论证的结构,然后寻找关键词。请注意:解题关键是找到的证据与结论的关键概念。题干证据:经测试实验组受试者的血液中酒精浓度只有现有酒驾法定值的一半,但出现较高的传球失误率。结论:应该让立法者重新界定酒驾法定值(即现有法定值比较高,不能预防酒驾危害。)如果B项真,则意思与题干一样。即血液中酒精浓度只有酒驾法定值的一半,也会影响视力和反应速度。建立了证据(实验数据)与结论(酒驾危害)之间的关系。

53. 答案:E

解析:论证评价加强试题。

技巧:评价类试题的解题关键是快速找到题干论证的结构,然后寻找关键词。请注意:解题关键是找到的证据与结论的关键概念。题干证据:时隔四年的两次测试发现那些得分提高了的学生,其脑部比此前呈现更多的灰质;结论:个体的智商变化确实存在,那些早期在学校表现不突出的学生仍有可能成为佼佼者。A项能支持智商变化存在。B项能支持智商的提高变化与脑部灰质增多关系,与题干证据一致;C项也在讲智力与大脑结构之间有关系;D项说明表现可能与智商有关,如果智商提高,则也有可能表现会变化,直接支持结论。E项说明灰质的增加与年龄增长有关系,属于有它因解释,有可能削弱,也没有说明智商是否存在变化以及与表现之间的关系。我认为E项不能支持题干证据与结论。注意：本题有争议。但关键问题仍然是证据与结论的关键词。

54. 答案：D

解析：分析性综合推理题型。

首先梳理题干已知条件：

(1) 化学→数学。

(2) 怡和→风云。

(3) 只有一家公司招聘文秘专业，且该公司没有招聘物理专业。

(4) 怡和管理→怡和文秘。

(5) ¬宏宇文秘→怡和文秘。

解题技巧：如果没有确定条件，那么从假设条件出发，一般选择出现频率最高的信息。以上信息中出现频率最高的为文秘和怡和。

假设"怡和公司招聘文秘"，由（2）知，怡和招聘的专业，风云也招聘，两家公司招文秘，与条件（3）"只有一家公司招聘文秘且不招物理"矛盾，说明假设不成立，得（6）怡和没有招文秘；据（5）否后必定否前得：宏宇招文秘；再据（3）知，宏宇没招物理。列表。

根据表格，只有风云和怡和招聘物理专业。假设"怡和招物理"，据条件（2）则得出"风云招物理"，则由两家招聘物理专业，与提问所假设"如果只有一家公司招聘物理"矛盾，得（7）怡和没招物理。

那么，如果只有一家招物理，则招物理的只能是风云。D项正确。

公司＼专业	数学	物理	化学	管理	文秘	法学
风云					×（3）	
怡和		×（7）			×（6）	
宏宇		×（3）			√（5、6）	

55. 答案：D

解析：分析性综合推理题型。

首先进行题干已知条件分析：

(1) 化学→数学。

(2) 怡和→风云。

(3) 只有一家公司招聘文秘专业，且该公司没有招聘物理专业。

(4) 怡和管理→怡和文秘。

(5) ¬宏宇文秘→怡和文秘。

解题技巧：如果没有确定条件，那么从假设条件出发，一般选择出现频率最高的信息。以上信息中出现频率最高的为文秘和怡和。

假设"怡和公司招聘文秘"，由（2）知，怡和招聘的专业，风云也招聘，两家公司招文秘，与条件（3）"只有一家公司招聘文秘且不招物理"矛盾，说明假设不成立，得（6）怡和没有招文秘；据（5）否后必定否前得：宏宇招文秘；再据（3）知，宏宇没招物理。

列表。

根据表格，只有风云和怡和招聘物理专业。

据（6）"怡和没有招文秘"和（4）得出，怡和没招管理；根据表格和提问所给条件"三家公司都招聘了3个专业若干毕业生"可知，怡和在剩下的4个专业中一定要招3个专业。据（1）知：化学→数学→¬数学→¬化学，得出假设怡和没招数学，则怡和也没招化学，这样的话，怡和有4个专业没招，与55题每家公司都招3个专业矛盾，所以，假设"怡和没招数学"不成立，得出（7）"怡和招了数学"。据（2）得，怡和招了数学，则风云也招了数学。

正确答案为D项。

公司＼专业	数学	物理	化学	管理	文秘	法学
风云	√（7、2）				×（3）	
怡和	√（7）			×（6、4）	×（6）	
宏宇		×（3）			√（5、6）	

附录 C 2017 年全国硕士研究生入学统一考试
管理类专业学位联考综合能力试题

三、逻辑推理：第 26～55 小题，每小题 2 分，共 60 分。下列每题给出的 A、B、C、D、E 5 个选项中，只有一项是符合试题要求的。请在答题卡上将所选项的字母涂黑。

26. 倪教授认为，我国工程技术领域可以考虑与国外先进技术合作，但任何涉及核心技术的项目决不受制于人，我国许多网络安全建设项目涉及信息核心技术。如果全盘引进国外先进技术而不努力自主创新，我国的网络安全将会受到严重威胁。

根据倪教授的描述，可以得出以下哪项？（　　）

A. 我国有些网络安全建设项目不能受制于人
B. 我国工程技术领域的所有项目都不能受制于人
C. 如果能做到自主创新，我国的网络安全就不会受到严重威胁
D. 我国许多网络安全建设项目不能与国外先进技术合作
E. 只要不是全盘引进国外先进技术，我国的网络安全就不会受到严重威胁

27. 任何结果都不可能凭空出现，它们的背后都是有原因的；任何背后有原因的事物可以被人认识，而可以被人认识的事物都必然不是毫无规律的。

根据以上陈述，以下哪项为假？（　　）

A. 任何结果都可以被人认识　　　　B. 任何结果出现的背后都是有原因的
C. 有些结果的出现可能毫无规律　　D. 那些可以被人认识的事物必然有规律
E. 人有可能认识所有事物

28. 近年来，我国海外代购业务量快速增长，代购者们通常从海外买产品，通过各种渠道避开关税，再卖给内地顾客从中牟利，却让政府损失了税收收入，某专家由此指出，政府应该严厉打击海外代购的行为。

以下哪项如果为真，最能支持上述观点？（　　）

A. 近期，有位空乘服务员因在网上开设海外代购店而被我国地方法院判定有走私罪
B. 国内一些企业生产的同类产品与海外代购产品相比，无论质量还是价格都缺乏竞争优势
C. 海外代购提升了人民的生活水平，满足了国内部分民众对于品质生活的追求
D. 去年，我国奢侈品海外代购规模几乎是全球奢侈品国内门店销售额的一半，这些交易大多避开关税
E. 国内民众的消费需求提升是伴随着我国经济发展而产生的经济现象，应以此为契机促进国内同类消费品产业的升级

29. 为了配合剧情，招 4 类角色，外国游客 1～2 名，购物者 2～3 名，商贩 2 名，路人若干，甲、乙、丙、丁、戊、己 6 人，且每人在同一个场景中，只能出演一个角色。已知：

Ⅰ. 只有甲、乙才能出演外国游客。
Ⅱ. 每个场景中至少有 3 类角色同时出现。
Ⅲ. 每个场景中，如果乙或丁出演商贩，则甲和丙出演购物者。

Ⅳ. 每个场景购物者和路人人数之和不超过 2。

根据以上信息，可以得出以下哪一项？（　　）

A. 在同一场景中，如果戊和己出演路人，则甲只可能出演外国游客

B. 在同一场景中，如果乙出演外国游客，则甲只可能出演商贩

C. 至少有 2 人在不同场出演不同角色

D. 甲、乙、丙、丁不会出现在同一场景中

E. 在同一场景中，若丁和戊出演购物者，则乙只可能出演外国游客

30. 离家 300 米的学校不能上，却被安排到 2 公里外的学校就读。某市一位适龄儿童在上小学时就遭遇了所在区教育局这样的安排，而这一安排是区教育局根据儿童户籍所在施教区作出的。根据该市教育局规定的"就近入学"原则，儿童家长将区教育局告上法院，要求撤销原来安排，让其孩子就近入学。法院对此作出一审判决，驳回原告请求。

下列哪项最可能是法院的合理依据？（　　）

A. "就近入学"不是"最近入学"不能将入学儿童户籍地和学校直线距离作为划分施教区的唯一依据

B. 按照特定的地理要素划分，施教区中的每所小学不一定处于该施教区的中心位置

C. 儿童就近入学究竟应上哪一所学校不是让适龄儿童或其家长自主选择，而是要听从政府主管部门的行政安排

D. "就近入学"仅仅是一个需要遵循的总体原则，儿童具体入学安排还要根据特定的情况加以变通

E. 该区教育局划分施教区的行政行为符合法律规定，而原告孩子户籍所在施教区的确需要去离家 2 公里外的学校就读

31. 张立是一位单身白领，工作 5 年积累了一笔存款，由于该笔存款金额尚不足以购房，他考虑将其暂时分散投资到股票、黄金、基金、国债和外汇等 5 个方面。该笔存款的投资需要满足如下条件：

Ⅰ. 如果黄金投资比例高于 1/2，则剩余部分投入国债和股票。

Ⅱ. 如果股票投资比例低于 1/3，则剩余部分不能投入外汇或国债。

Ⅲ. 如果外汇投资比例低于 1/4，则剩余部分投入基金或黄金。

Ⅳ. 国债投资比例不能低于 1/6。

根据上述信息，可以得出以下哪项？（　　）

A. 国债投资比例高于 1/2　　　　B. 外汇投资比例不低于 1/3

C. 股票投资比例不低于 1/4　　　D. 黄金投资比例不低于 1/5

E. 基金投资比例不低于 1/6

32. 通识教育重在帮助学生掌握尽可能全面的基础知识，即帮助学生了解各个学科领域的基本常识；而人文教育则重在培育学生了解生活世界的意义，并对自己及他人行为的价值和意义做出合理的判断，形成"智识"。因此有专家指出，相比较而言，人文教育对个人未来生活的影响会更大一些。

以下哪项如果为真，最能支持上述专家的断言？（　　）

A. 当今我国有些大学开设的通识教育课程要远远多于人文教育课程

B. "知识"是事实判断,"智识"是价值判断,两者不能相互替代
C. 没有知识就会失去应对未来生活挑战的勇气,而错误的价值可能会误导人的生活
D. 关于价值和意义的判断事关个人的幸福和尊严,值得探究和思考
E. 没有知识,人依然可以活下去;但如果没有价值和意义的追求,人只能成为没有灵魂的躯壳

33、34 基于以下题干:

丰收公司邢经理需要在下个月赴湖北、湖南、安徽、江西、浙江、福建、江苏 7 省进行市场需求调研,各省均调研一次,他的行程需满足如下条件:

Ⅰ. 第一个或最后一个调研江西省。
Ⅱ. 调研安徽省的时间早于浙江省,在这两省的调研之间调研除了福建省的另外两省。
Ⅲ. 调研福建省的时间安排在调研浙江省之前或刚好调研完浙江省之后。
Ⅳ. 第三个调研江苏省。

33. 如果邢经理首先赴安徽省调研,则关于他的行程,可以确定以下哪项?(   )
    A. 第二个调研湖北省   B. 第二个调研湖南省
    C. 第五个调研福建省   D. 第五个调研湖北省
    E. 第五个调研浙江省

34. 如果安徽省是邢经理第二个调研的省份,则关于他的行程,可以确定以下哪项?(   )
    A. 第一个调研江西省   B. 第四个调研湖北省
    C. 第五个调研浙江省   D. 第五个调研湖南省
    E. 第六个调研福建省

35. 王研究员:我国政府提出的"大众创业、万众创新"激励着每一个创业者。对于创业者来说,最重要的是需要一种坚持精神。不管在创业中遇到什么困难,都要坚持下去。

李教授:对于创业者来说,最重要的是要敢于尝试新技术。因为有些新技术一些大公司不敢轻易尝试的新技术。这就为创业者带来了成功的契机。

根据以上信息,以下哪项最准确地指出了王研究员与李教授的分歧所在?(   )
A. 最重要的是敢于迎接各种创业难题的挑战,还是敢于尝试那些大公司不敢轻易尝试的新技术
B. 最重要的是坚持创业,有毅力有恒心把事业一直做下去,还是坚持创新,做出更多的科学发现和技术发明
C. 最重要的是坚持把创业这件事做好,成为创业大众的一员,还是努力发明新技术,成为创新万众的一员
D. 最重要的是需要一种坚持精神,不畏艰难,还是要敢于尝试新技术,把握事业成功的契机
E. 最重要的是坚持创业,敢于成立小公司,还是尝试新技术,敢于挑战大公司

36. 进入冬季以来,内含大量有毒颗粒物的雾霾频繁袭击我国部分地区,有关调查显

示，持续接触高浓度污染物会直接导致10%～15%的人患有眼睛慢性炎症或干眼症。有专家由此认为，如果不采取紧急措施改善空气质量，这些疾病的发病率和相关的并发症将会增加。

以下选项如果为真，最能支持上述专家的观点？（　　）

A. 有毒颗粒物会刺激并损害人的眼睛，长期接触会影响泪腺细胞

B. 空气质量的改善不是短时间内能做到的，许多人不得不在污染的环境中工作

C. 眼睛慢性炎症或眼干症等病例通常集中出现于花粉季

D. 上述被调查的眼疾患者中有65%是年龄在20～40岁之间的男性

E. 在重污染环境中采取戴护目镜、定期洗眼等措施有助于防御干眼症等眼疾

37. 很多成年人对于儿时熟悉的《唐诗三百首》中的许多名诗，常常仅记得几句名句，而不知诗作者或诗名。甲校中文系硕士生只有3个年级，每个年级人数相等。统计发现，一年级学生都能把该书中的名句与诗句及其作者对应起来；二年级2/3的学生能把该书中的名句与作者对应起来；三年级1/3的学生不能把该书中的名句与诗名对应起来。

根据上述信息，关于该校中文系硕士生，可以得出以下哪项？（　　）

A. 1/3以上的一、二年级学生不能把该书中的名句与作者对应起来

B. 1/3以上的硕士生不能将该书中的名句与诗名或作者对应起来

C. 大部分硕士生能把将书中的名句与诗名及其作者对应起来

D. 2/3以上的一、三年级学生能把该书中的名句与诗名对应起来

E. 2/3以上的一、二年级学生不能把该书中的名句与诗名对应起来

38. 婴儿通过触碰物体、四处玩耍和观察成人的行为等方式来学习，但机器人通常只能按照编好的程序进行学习。于是，有些科学家试图研制学习方式更接近于婴儿的机器人。他们认为，既然婴儿是地球上最有效率的学习者，为什么不设计出能像婴儿那样不费力气就能学习的机器人呢？

以下哪项最可能是上述科学家观点的假设？（　　）

A. 婴儿的学习能力是天生的，他们的大脑与其他动物幼仔不同

B. 通过碰触、玩耍和观察等方式来学习是地球上最有效率的学习方式

C. 即使是最好的机器人，他们的学习能力也无法超过最差的婴儿学习者

D. 如果机器人能像婴儿那样学习，他们的智能就有可能超过人类

E. 成年人和现有的机器人都不能像婴儿那样毫不费力地学习

39. 针对癌症患者，医生常采用化疗手段将药物直接注入人体杀伤癌细胞，但这也可能将正常细胞和免疫细胞一同杀灭，产生较强的副作用。近来，有科学家发现，黄金纳米粒子很容易被人体的癌细胞吸收，如果将其包上一层化疗药物，就可作为"运输工具"，将化疗药物准确地投放到癌细胞中。他们由此断言，微小的黄金纳米粒子能提升癌症化疗的效果，并能降低化疗的副作用。

以下哪项如果为真，能支持上述科学家所做出的论断？（　　）

A. 黄金纳米粒子用于癌症化疗有待大量临床检验

B. 在体外用红外线加热已进入癌细胞的黄金纳米粒子，可以从内部杀灭癌细胞

C. 因为黄金所具有的特殊化学物质，黄金纳米粒子不会与人体细胞发生反应

D. 现代医学手段已经能实现黄金纳米粒子的精准投送,让其所携带的化疗药物只作用于癌细胞,并不伤及其他细胞

E. 利用常规计算机断层扫描,医生容易判定黄金纳米粒子是否已经投放到癌细胞中

40. 甲：己所不欲,勿施于人。乙：己所欲,则施于人。

以下哪项与上述对话方式最为相似：

A. 甲：人非草木,孰能无情?
    乙：我反对,草木无情,但人有情
B. 甲：人无远虑,必有近忧。
    乙：我反对,人有远虑,亦有近忧
C. 甲：不入虎穴,焉得虎子：
    乙：我反对,如得虎子,必入虎穴
D. 甲：人不犯我,我不犯人。
    乙：我反对。人若犯我,我就犯人
E. 甲：不在其位,不谋其政。
    乙：我反对,在其位,则行其政

41. 颜子、曾寅、孟申、荀辰申请一个中国传统文化建设项目。根据规定,该项目的主持人只能有 1 名,且在上述 4 位申请者中产生：包括主持人在内,项目组成员不能超过 2 位。另外,各位申请者在申请答辩时做出如下陈述：

Ⅰ. 颜子：如果我成为主持人,将邀请曾寅或荀辰作为项目组成员。
Ⅱ. 曾寅：如果我成为主持人,将邀请颜子或孟申作为项目组成员。
Ⅲ. 荀辰：只有颜子成为项目组成员,我才能成为主持人。
Ⅳ. 孟申：只有荀辰或颜子成为项目组成员,我才能成为主持人。

假定 4 人陈述都为真,关于项目组成员的组合,以下哪项是不可能的?（   ）

A. 孟申、曾寅   B. 荀辰、孟申
C. 曾寅、荀辰   D. 颜子、孟申
E. 颜子、荀辰

42. 研究者调查了一组大学毕业即从事有规律的工作正好满 8 年的白领,发现他们的体重比刚毕业时平均增加了 8 公斤。研究者由此得出结论,有规律的工作会增加人们的体重。

关于上述结论的正确性,需要询问的关键问题是以下哪项?（   ）

A. 和该组调查对象其他情况相仿且经常进行体育锻炼的人,在同样的 8 年终体重有怎样的变化
B. 该组调查对象的体重在 8 年是否会继续增加
C. 为什么调查关注的时间段是对象在毕业工作 8 年,而不是 7 年或者 9 年
D. 该组调查对象中的男性和女性的体重增加是否有较大差异
E. 和该组调查对象其他情况相仿但没有从事有规律工作的人,在同样的 8 年终体重有怎样的变化

43. 赵默是一位优秀的企业家,因为一个人既拥有国内外知名学府和研究机构的工作

经历，又有担任项目负责人的管理经验，那么他就能成为一位优秀的企业家。

以下哪项与上述论证最为相似？（　　）

A. 李然是信息技术领域的杰出人才。因为一个人不具有前瞻性目光、国际化视野和创新思维，就不能成为信息技术领域的杰出人才

B. 袁青是一位好作家。因为好作家都具有较强的观察能力、想象能力及表达能力

C. 青年是企业发展的未来，因此，企业只有激发青年的青春力量，才能促其早日成才

D. 人力资源是企业的核心资源，因为如果不开展各类文化活动，就不能提升员工的岗位技能，也不能增强团队的凝聚力和战斗力

E. 风云企业具有凝聚力，因为一个企业能引导和帮助员工树立目标，提升能力，就能使企业具有凝聚力

44. 爱书成痴注定会藏书。大多数藏书家也会读一些自己收藏的书；但有些藏书家却因喜爱书的价值和精致装帧而购书收藏，至于阅读则放到了自己以后闲暇的时间，而一旦他们这样想，这些新购的书就很可能不被阅读了。但是，这些受到"冷遇"的书只要被友人借去一本，藏书家就会失魂落魄，整日心神不安。

根据上述信息，可以得出以下哪项？（　　）

A. 有些藏书家将自己的藏书当作友人

B. 有些藏书家喜欢闲暇时读自己的藏书

C. 有些藏书家会读遍自己收藏的书

D. 有些藏书家不会立即读自己新购的书

E. 有些藏书家从不会读自己收藏的书

45. 人们通常认为，幸福能够增进健康、有利于长寿，而不幸福则是健康状况不佳的直接原因，但最近研究人员对3000多人的生活状态调查后发现，幸福或不幸福并不意味着死亡的风险会相应地变得更低或更高，他们由此指出，疾病可能会导致不幸福，但不幸福本身并不会对健康状况造成损害。

以下哪项如果为真，最能质疑上述研究人员的论证？（　　）

A. 幸福是个体的一种心理体验，要求被调查对象准确断定其幸福程度有一定的难度

B. 有些高寿老人的人生经历较为坎坷，他们有时过得并不幸福

C. 有些患有重大疾病的人乐观向上，积极与疾病抗争，他们的幸福感比较高

D. 人的死亡风险低并不意味着健康状况好，死亡风险高也不意味着健康状况差

E. 少数个体死亡风险的高低难以进行准确评估

46. 甲：只有加强知识产权保护，才能推动科技创新。

乙：我不同意。过分强化知识产权保护，肯定不能推动科技创新。

以下哪项与上述反驳方式最为类似？（　　）

A. 妻子：孩子只有刻苦学习，才能取得好成绩。

丈夫：也不尽然。学习光知道刻苦而不能思考，也不一定会取得好成绩

B. 母亲：只有从小事做起，将来才有可能做成大事。

孩子：老妈你错了。如果我们每天只是做小事，将来肯定做不成大事

C. 老板：只有给公司带来回报，公司才能给他带来回报。
   员工：不对呀。我上月帮公司谈成一笔大业务，可是只得到1‰的奖励

D. 老师：只有读书，才能改变命运。
   学生：我觉得不是这样。不读书，命运会有更大的改变

E. 顾客：这件商品只有价格再便宜一些，才会有人来买。
   商人：不可能。这件商品如果价格再便宜一些，我就要去喝西北风了

47. 某著名风景区有"妙笔生花""猴子观海""仙人晒靴""美人梳妆""阳关三叠""禅心向天"等6个景点。为方便游人，景区提示如下：
Ⅰ．只有先游"猴子观海"，才能游"妙笔生花"。
Ⅱ．只有先游"阳关三叠"，才能游"仙人晒靴"。
Ⅲ．如果游"美人梳妆"就要先游"妙笔生花"。
Ⅳ．"禅心向天"应第4个游览，之后才可游览"仙人晒靴"。
张先生按照上述提示，顺利游览了上述6个景点。
根据上述信息，关于张先生的游览顺序，以下哪项不可能为真？（　　）

A. 第1个游览"猴子观海"　　　　B. 第2个游览"阳关三叠"
C. 第3个游览"美人梳妆"　　　　D. 第5个游览"妙笔生花"
E. 第6个游览"仙人晒靴"

48. "自我陶醉人格"是以过分重视自己为主要特点的人格障碍。它有多种具体特征：过高评价自己的重要性，夸大自己的成就；对批评反应强烈，希望他人注意自己和羡慕自己；经常沉湎于幻想中，把自己看成是特殊的人；人际关系不稳定；嫉妒他人，损人利己。

以下各项自我陈述中，除了哪项均能体现上述"自我陶醉人格"的特征？（　　）

A. 我是这个团队的灵魂，一旦我离开了这个团队，那么团队将一事无成
B. 他有什么资格批评我？大家看看，他的能力连我一半都不到
C. 我的家庭条件不好，但不愿意被别人看不起，所以我借钱买了一部智能手机
D. 这么重要的活动竟然没有邀请我参加，组织者的人品肯定有问题，不值得跟这样的人交往
E. 我刚接手别人很多年没有做成的事情，我跟他们完全不在一个层次，相信很快就会将事情搞定

49. 通常情况下，长期在寒冷环境中生活的居民可以有更强的抗寒能力。相比于我国的南方地区，我国北方地区冬天的平均气温要低很多。然而有趣的是，现在许多北方地区的居民并不具有我们所认为的抗寒能力，相当多的北方人到南方来过冬，竟然难以忍受南方的寒冷天气，怕冷程度甚至远超过当地人。

以下哪项如果为真，最能解释上述现象？（　　）

A. 一些北方人认为南方温暖，他们去南方过冬时往往对保暖工作做得不够充分
B. 南方地区冬天虽然平均气温比北方高，但也存在极端低温的天气
C. 北方地区在冬天通常启用供暖设备，其室内温度往往比南方高出许多
D. 有些北方人是从南方迁过去的，他们没有完全适应北方的气候

E. 南方地区湿度较大，冬天感受到的寒冷程度超出气象意义上的温度指标

50. 译制片配音，作为一种特有的艺术形式，曾在我国广受欢迎。然而时过境迁，现在许多人已不喜欢看配过音的外国影视剧。他们觉得还是原汁原味的声音感觉才到位。有专家由此断言，配音已失去观众，必将退出历史舞台。

以下各项如果为真，则除哪项外都能支持上述专家的观点？（   ）

A. 很多上了年纪的国人仍习惯看配过音的外国影视剧，而在国内放映的外国大片有的仍然是配过音的

B. 配音是一种艺术再创作，倾注了配音艺术家的心血，但有的人对此并不领情，反而觉得配音妨碍了他们对原创的欣赏

C. 许多中国人通晓外文，观赏外国原版影视剧并不存在语言的困难，即使不懂外文，边看中文字幕边听原声也不影响理解剧情

D. 随着对外交流的加强，现在外国影视剧大量涌入国内，有的国人已经等不及慢条斯理、精工细作的配音了

E. 现在有外国影视剧配音难以模仿剧中演员的出色嗓音，有时也与剧情不符，对此观众并不接受

51、52题基于以下题干：

"六一"儿童节快到了。幼儿园老师为班上的小明、小雷、小刚、小芳、小花5位小朋友准备了红、橙、黄、绿、青、蓝、紫7份礼物。已知所有礼物都送了出去，每份礼物只能由一人获得，每人最多获得两份礼物。另外，礼物派送还需要满足如下要求：

Ⅰ. 如果小明收到橙色礼物，则小芳会收到蓝色礼物。
Ⅱ. 如果小雷没有收到红色礼物，则小芳不会收到蓝色礼物。
Ⅲ. 如果小刚没有收到黄色礼物，则小花不会收到紫色礼物。
Ⅳ. 没有人既能收到黄色礼物，又能收到绿色礼物。
Ⅴ. 小明只收到橙色礼物，而小花只收到紫色礼物。

51. 根据上述信息，以下哪项为真？（   ）

A. 小明和小芳都收到两份礼物　　B. 小雷和小刚都收到两份礼物
C. 小刚和小花都收到两份礼物　　D. 小芳和小花都收到两份礼物
E. 小明和小雷都收到两份礼物

52. 根据上述信息，如果小刚收到两份礼物，则可以得出以下哪项？（   ）

A. 小雷收到红色和绿色两份礼物　　B. 小刚收到黄色和蓝色两份礼物
C. 小芳收到绿色和蓝色两份礼物　　D. 小刚收到黄色和青色两份礼物
E. 小芳收到青色和蓝色两份礼物

53. 某民乐小组拟购买几种乐器，购买乐器如下：

Ⅰ. 二胡、箫至多购买1种。
Ⅱ. 笛子、二胡和古筝至少购买1种。
Ⅲ. 箫、古筝、唢呐至少购买2种。
Ⅳ. 如果购买箫，则不购买笛子。

根据以上要求，可以得出以下哪项？（   ）

A. 至少购买了 3 种乐器　　　　　　B. 箫、笛子至少购买了 1 种
C. 至少要购买 3 种乐器　　　　　　D. 古筝、二胡至少购买 1 种
E. 一定要购买唢呐

54、55 题基于以下题干：

某影城将在"十一"黄金周 7 天（周一至周日）放映 14 部电影，其中有 5 部科幻片，3 部警匪片，3 部武侠片，2 部战争片，1 部爱情片。限于条件，影城每天放映 2 部电影，已知：

Ⅰ. 除科幻片安排在周四外，其余 6 天每天放映的 2 部电影属于不同的类型。
Ⅱ. 爱情片安排在周日。
Ⅲ. 科幻片和武侠片没有安排在同一天。
Ⅳ. 警匪片和战争片没有安排在同一天。

54. 根据以上信息，以下哪项所述的 2 部电影不可能安排在同一天放映？（　　）
A. 爱情片和警匪片　　　　　　　　B. 科幻片和警匪片
C. 武侠片和战争片　　　　　　　　D. 武侠片和警匪片
E. 科幻片和战争片

55. 根据以上信息，如果同类型影片放映日期连续，则周六可以放映的电影是哪项？（　　）
A. 科幻片和警匪片　　　　　　　　B. 武侠片和警匪片
C. 科幻片和战争片　　　　　　　　D. 科幻片和武侠片
E. 警匪片和战争片

2017 年管理类联考逻辑考试真题试卷解析

26. 答案：A
解析：演绎推理性质命题推理。
据"任何涉及核心技术的项目决不受制于人，我国许多网络安全建设项目涉及信息核心技术"，推出：A 项真。

27. 答案：C
解析：演绎推理推出结论。
任何结果→背后有原因→可以被人认识→必然不是毫无规律。即：所有结果的出现都必然不是毫无规律。其矛盾命题为：结果出现，但毫无规律。C 项与上面的推理矛盾。

28. 答案：D
解析：论证评价加强试题。
技巧：评价类试题的解题关键是快速找到题干论证的结构，然后寻找关键词。建立证据与结论的关系。证据：代购通过各种渠道避开关税，让政府损失了税收收入；结论：政府应该严厉打击海外代购的行为。D 项支持了专家的观点，说明代购避税，损失税收。

29. 答案：E
解析：综合推理题型。注意技巧，注意选项中的假言命题。拿选项代入。假设丁和戊出演购物者，据条件Ⅳ，则其他人不能出演购物者或路人；则甲和丙不出演购物者，代入

条件Ⅲ，否后必否前，得乙和丁不出演商贩。据乙不能出演商贩、购物者、路人，只能出演外国游客。

30. 答案：E

解析：论证评价加强试题。

技巧：评价类试题的解题关键是快速找到题干论证的结构，然后寻找关键词。请注意：解题关键是找到的证据与结论的关键概念。证据：区教育局根据儿童户籍所在施教区作出的判决。所以，如果E项真，能够支持法院的判决。其他选项与证据不相关。

31. 答案：C

解析：假言命题综合推理。

一般从事实条件出发。据条件Ⅳ可知有国债投资，据条件Ⅱ，否后必否前，得出：即股票投资比例不低于1/3，答案为C项。

32. 答案：E

解析：论证评价加强试题。

技巧：评价类试题的解题关键是快速找到题干论证的结构，然后寻找关键词。建立证据与结论的关系。证据：通识教育（常识），人文教育（智识）；结论：人文教育对个人未来生活的影响会更大一些。B项不能支持结论；C项没有比较两者谁更重要；D项没有比较；E项说明专家的观点正确。

33. 答案：C

解析：排列组合题型，列表画图法较快。

首赴安徽，据条件Ⅰ可知，最后一个调研江西省。据条件Ⅳ，江苏第三；据条件Ⅱ，安徽浙江中间有两个省；据条件Ⅲ可的福建省排第五。列表如下：

1	2	3	4	5	6	7
安徽		江苏	浙江	福建		江西

答案为C项。

34. 答案：C

解析：列表解题。把已知条件代入表格。浙江省一定在第五个。

1	2	3	4	5	6	7
江西	安徽	江苏		浙江	福建	
福建	安徽	江苏		浙江		江西

所以，答案为C项。

35. 答案：D

解析：论证评价概括焦点题型。

技巧：抓住两人论证结构。所谓焦点，应该是双方都在谈论的而且观点相反的地方。论证结构：

王：创业者最重要的是坚持精神，无论有什么困难都坚持下去。

李：创业者最重要的是要敢于尝试新技术，因为大公司不敢轻易尝试新技术，则为创业者带来了契机。

显然，双方分歧是坚持精神还是尝试新技术。注意选项的关键词语。D项最合适，有关键词"坚持""尝试新技术""成功契机"等；A项"挑战难题"不符合，关键是坚持；B项"更多科学发现和技术发明"不符合原意"尝试新技术"；C项"做好"不符合原意；E项"敢于挑战大公司"不符合原意。

36. 答案：A

解析：论证评价加强试题。

技巧：评价类试题的解题关键是快速找到题干论证的结构，然后寻找关键词。建立证据与结论的关系。证据：持续接触高浓度污染物会直接导致10%～15%的人患有眼睛慢性炎症或干眼症；结论：如果不采取紧急措施改善空气质量，这些疾病的发病率和相关的并发症将会增加。论证假设了空气中的有毒颗粒物与相关疾病的关联。A项如果真，建立了有毒颗粒物与眼睛相关疾病之间的关系，加强了专家的观点。B项没有讲到眼睛相关疾病；C项、D项没有涉及空气质量问题；E项没有直接建立证据结论之间关系，关键词偏离。

37. 答案：D

解析：推出结论题型。

条件先分析清楚，找到规律与考点，利用归纳法进行求同归纳。

①每个年级人数相等；②所有一年级学生可以把诗的名字，名句，作者对应；③2/3的二年级学生可以把名句和作者对应；④三年级1/3的学生不能把名句和诗名对应起来＝三年级2/3的学生能把名句和诗名对应起来。

据②④求同归纳得出：一、三年级中至少2/3以上的学生可以把名句和诗名对应起来。D项正确。

38. 答案：B

解析：论证评价加强试题。假设，一般寻找证据与结论之间的关系，是论证成立的必要前提，即：缺少这个条件，证据就不能推出结论。技巧：评价类试题的解题关键是快速找到题干论证的结构，然后寻找关键词。

本题命题其实有漏洞。因为科学家的观点到底是哪个呢？

第一种理解，证据：婴儿学习方式高效率，机器人只能按程序学习；结论：应该研制像婴儿一样不费力学习的机器人。那么，论证至少应该保证机器人目前还不能够像婴儿一样学习。如果现有的机器人已经能够像婴儿一样学习，还要试图研制吗？这样考虑，选项E正确。

第二种理解，证据："婴儿通过触碰物体、四处玩耍和观察成人的行为等方式来学习"，结论："既然婴儿是地球上最有效率的学习者"，那么，正确答案是B项，因为B项建立了"碰触等方式"与"最有效率的学习"之间的联系。

在犹豫徘徊时，注意关键词原则，即尽可能保持与题干证据结论关键信息的高度一致。E项多了一个成年人，如果按照假设题型对答案进行取非验证的话，E项的取非等于"或者成年人能，或者现有机器人能像……"，取非之后不一定能推翻原论证，所以，E项不如B项。

正确答案为 B。

39. 答案：D

解析：论证评价加强试题。

支持，一般寻找证据与结论之间的关系，可以直接建立证据与结论的关系，可以直接支持结论，也可以通过排除其他可能来间接支持论证。技巧：评价类试题的解题关键是快速找到题干论证的结构，然后寻找关键词。证据：常规化疗手段可能将正常细胞和免疫细胞一同杀灭，有副作用，而黄金纳米粒子很容易被人体的癌细胞吸收，可以精准投放到癌细胞中；结论：微小的黄金纳米粒子能提升癌症化疗的效果，并能降低化疗的副作用。D项如果为真，说明这个方法可以实行，也没有杀伤其他细胞，最能加强两者的关系；A项不能支持，因为还有待临床检验；B项能够支持，但未讲有无副作用；C项、E项没有涉及疗效。

40. 答案：D

解析：结构类似题型。

技巧：先弄清题干论证方法，重点关注逻辑形式与语言形式。题干论证逻辑方式：不x，则不y；所以，x，就y。必要条件与充分条件的语言表达与理解问题。D项推理形式，"不x，则不y，所以，x，则y"，逻辑形式与语言形式比较类似；E项逻辑形式也是类似的，但语言上把"谋其政"偷换成"行其政"，语言上不类似。

41. 答案：C

解析：推出结论题型。

问题为"以下哪项是不可能"的，这样的综合推理一般可以把选项进行代入。把每个选项代入题干条件，只有C项不符合。

具体分析：C项代入，曾寅与荀辰组合，有两种可能性。第一种可能性，如果曾寅为主持，则荀辰为成员，已经有两人，据条件Ⅱ，还要邀请颜子或孟申中的至少一个，加起来就至少3人了，违背已知条件，不能成立；第二种可能性，如果假设荀辰为主持，则根据已知条件Ⅲ，颜子一定是成员，再加上曾寅，一共3人，违背已知条件；所以，C项的组合不可能成立，答案为C项。

D项是可能的。如果颜子为主持，则要邀请曾寅或荀辰为组员，加上D项的孟申，超过了2人，不符合条件；但是，如果孟申为主持，则可以组合，因为据条件Ⅳ，他可以邀请颜子为组员，符合已知条件。所以，D项的组合是可能存在的。

其余选项依此类推。

42. 答案：E

解析：评价结论可靠性题型。

"关于上述结论的正确性，需要询问的关键问题是以下哪项？"这样的问题，一般属于评价论证相关题型。技巧：评价类试题的解题关键是快速找到题干论证的结构，然后寻找关键词。证据：从事有规律的工作正好满8年的白领的体重比刚毕业时平均增加了8公斤，结论：有规律的工作与体重增加有正相关。评估这个论证证据与结论，必须要考虑关键词"规律的工作"、"体重的增加"的关系，只有E项符合。求异法进行论证。

43. 答案：E

解析：结构类似题型。

技巧：先弄清题干论证方法，重点关注逻辑形式与语言形式。题干论证逻辑形式：如果有P且有Q，那么R；（某个人有P且Q），所以，他R。E项逻辑形式与题干完全一样。A项结构是"如果不P，就不Q"；B项没有推理；C项必要条件；D项逻辑形式与语言形式不一致。

44.答案：D

解析：推出结论题型。

需要对已知信息进行整理，明确考点与条件的关系。条件"有些藏书家却因喜爱书的价值和精致装帧而购书收藏，至于阅读则放到了自己以后闲暇的时间，而一旦他们这样想，这些新购的书就很可能不被阅读了"，可以推出D项真；A项从题干中推不出，E项"从不会"过于绝对化。

45.答案：D

解析：论证评价削弱试题。

技巧：评价类试题的解题关键是快速找到题干论证的结构，然后寻找关键词，尽可能保持选项与题干关键信息的高度一致性。削弱即割裂两者关系或者直接反对其观点。证据：调查后发现，幸福或不幸福并不意味着死亡的风险会相应地变得更低或更高；结论：疾病可能会导致不幸福，但不幸福本身并不会对健康状况造成损害。证据中的"死亡的风险"概念与结论中的"疾病""健康状况"并不一致。D项则明确指出了这一错误，割裂了证据与结论的关系。

46.答案：B

解析：结构类似题型。

题干中乙的反驳把甲的"只有加强知识产权保护"给偷换成了"过分强化知识产权保护"，并以此否定甲的结论。A项的"不尽然"是不一定的意思，与题干"不同意"不一致，而且A项添加"不能思考"；B项一致，把"只有从小事做起"偷换成了"只是做小事"，并以此否定结论；其他选项并不是偷换概念的错误。B项最类似。

47.答案：D

解析：排序题。

题目考查不可能真，即拿选项代入排除。先列出已知条件，并进行逻辑序列整理。据条件Ⅰ、Ⅲ可知：美人梳妆→妙笔生花→猴子观海；"禅心向天"第4，之后才能"仙人指路"，根据条件Ⅱ知先"阳关三叠"才能"仙人指路"；如果D项真，则"妙笔生花"5，那么后面只有一个6的位置，无法同时放"美人梳妆"和"仙人指路"，D项不可能真。

48.答案：C

解析：定义归类题型。

需要看清楚题干的定义与特征，然后拿选项进行归类。题干描述的特征是过分重视自己为主要特点，C项是相反的别人看不起的特征。答案为C项。

49.答案：E

解析：解释题型，关键是现象的关键信息。

题干中的矛盾现象为：通常情况下，长期在寒冷环境中生活的居民可以有更强的抗寒能力。但我国的北方人来到南方，其耐寒能力不如南方人。E项如果为真，通过指出南方感受到的寒冷程度超出北方，解释了来到南方的北方人不适应这种潮湿的寒冷。C项不能解释"来到南方"。

50. 答案：A

解析：不能支持题型。

只要是支持题干证据或者结论的、建立证据结论关系的选项都是支持，排除。无关选项或削弱选项为答案。题干证据：现在许多人不喜欢译制片的配音；结论：配音必将退出历史舞台。A项说明配音还有市场，与题干观点"已失去观众"相反，削弱，所以答案选A；B项支持，因为配音妨碍欣赏，与题干一样。其余选项均明显支持题干观点。

51. 答案：B

解析：综合推理题型。

技巧是一般从条件明确的事实条件出发。条件Ⅴ非常确定，据条件Ⅴ，说明小明和小花不能收到两个礼物，所以排除小明和小花，只有B项正确。

52. 答案：D

解析：综合推理题型。

据条件Ⅴ、Ⅲ得：小刚收到黄色礼物，据条件Ⅳ得小刚不会收到绿色礼物；据条件Ⅴ、Ⅰ得小芳收到蓝色礼物；据条件Ⅱ得小雷收到红色礼物；再由条件Ⅳ得小刚收到的另一份礼物只能是青色的。答案为D项。

53. 答案：D

解析：综合推理题型，可以用假设法，也可以用选项取非带入验证法。

二难假设法。假设购买箫，则不购买笛子（条件Ⅳ），不购买二胡（条件Ⅰ），购买古筝（条件Ⅲ），对于唢呐无法判断；再假设不购买箫，则古筝唢呐都要购买（条件Ⅲ）；根据二难推理性质，古筝一定要购买。D项一定真。为什么我们从买箫开始假设呢？这种技巧可以通过训练得到，一般是假设充分条件的前件真开始推理，也可以通过否定充分条件的后件开始，也可以寻找几个条件里共同包含的某个概念出发。

选项取非带入验证法。若古筝、二胡都不买，就要买笛子（条件Ⅱ），这样由条件Ⅳ就不能买箫，但是据条件Ⅲ却要买箫，产生矛盾，所以，假设不成立。D项必须正确。

54. 答案：A

解析：排列组合题型。

问题为"不可能"时，一般可以拿选项直接带入题干。A项带入不可能。

先把确定条件填入表格，条件Ⅰ确定周四全天为科幻片，条件Ⅱ确定爱情片在周日，代入表格；根据已知条件"其是有5科幻片，3部警匪片，3部武侠片，2部战争片，一部爱情片"，可以发现科幻片有5部，周四安排了2部，则还剩3部科幻片，根据条件Ⅰ"周四之外的其余6天每天放映的两部电影属于不同的类型"和第4个条件"警匪片和战争片没有安排在同一天"，发现警匪片占3天，战争片占3天，合计6天。根据表格，可以得出星期日只能是排"战争片或者警匪片"，所以，和爱情片搭档播出的只能是"战争片和警匪片"，A项不可能。

星期一	星期二	星期三	星期四	星期五	星期六	星期日
			科幻片			爱情片
			科幻片			

55. 答案：C

解析：据上题已知：周四必须上演两场科幻片。由于同类型影片放映日期连续，据条件Ⅰ所以3部警匪片只能填入一、二、三；战争片填入五、六；注意武侠片和科幻片不能排同一天，但位置可以对调；所以周六可以是战争片和科幻片，或者是战争片和武侠片。故答案为C项。

也可以直接将选项带入，根据已知条件进行逐项排除。

附录 D 2018 年全国硕士研究生入学统一考试
管理类专业学位联考综合能力试题

三、逻辑推理：第 26～55 小题，每小题 2 分，共 60 分。下列每题给出 A、B、C、D、E 5 个选项中，只有一项是符合试题要求的。请在答题卡上将所选项的字母涂黑。

26. 人民既是历史的创造者，也是历史的见证者；既是历史的"剧中人"，也是历史的"剧作者"。离开人民，文艺就会变成无根的浮萍、无病的呻吟、无魂的躯壳。观察人民的生活、命运、情感，表达人民的心愿、心情、心声，我们的作品才会在人民中传之久远。

根据以上陈述，可以得出以下哪项？（　　）

A. 只有不离开人民，文艺才不会变成无根的浮萍、无病的呻吟、无魂的躯壳
B. 历史的创造者都不是历史的"剧中人"
C. 历史的创造者都是历史的见证者
D. 历史的"剧中人"都是历史的"剧作者"
E. 我们的作品只要表达人民的心愿、心情、心声，就会在人民中传之久远

27. 盛夏时节的某一天，某市早报刊载了由该市专业气象台提供的全国部分城市当天天气预报，择其内容列表如下：

城市	天气	城市	天气	城市	天气
天津	阴	上海	雷阵雨	昆明	小雨
呼和浩特	阵雨	哈尔滨	少云	乌鲁木齐	晴
西安	中雨	南昌	大雨	香港	多云
南京	雷阵雨	拉萨	阵雨	福州	阴

根据上述信息，以下哪项作出的论断最为准确？（　　）

A. 由于所列城市盛夏天气变化频繁，所以上面所列的 9 类天气一定就是所有的天气类型
B. 由于所列城市并非我国的所有城市，所以上面所列的 9 类天气一定不是所有的天气类型
C. 由于所列城市在同一天不一定展示所有的天气类型，所以上面所列的 9 类天气可能不是所有的天气类型
D. 由于所列城市在同一天可能展示所有的天气类型，所以上面所列的 9 类天气一定是所有的天气类型
E. 由于所列城市分处我国的东南西北中，所以上面所列的 9 类天气一定就是所有的天气类型

28. 现在许多人很少在深夜 11 点以前安然入睡，他们未必都在熬夜用功，大多是在玩手机或看电视，其结果就是晚睡，第二天就会头昏脑涨、哈欠连天。不少人常常对此感到后悔，但一到晚上他们多半还会这么做。有专家就此指出，人们似乎从晚睡中得到了快乐，但这种快乐其实隐藏着某种烦恼。

以下哪项如果为真，最能支持上述专家的结论？（   ）

A. 晨昏交替，生活周而复始，安然入睡是对当天生活的满足和对第二天生活的期待。而晚睡者只想活在当下，活出精彩

B. 晚睡者具有积极的人生态度。他们认为，当天的事须当天完成，哪怕晚睡也在所不惜

C. 大多数习惯晚睡的人白天无精打采，但一到深夜就感觉自己精力充沛，不做点有意义的事情就觉得十分可惜

D. 晚睡其实是一种表面难以察觉的、对"正常生活"的抵抗，它提醒人们现在的"正常生活"存在着某种令人不满的问题

E. 晚睡者内心并不愿意睡得晚，也不觉得手机或电视有趣，甚至都不记得玩过或看过什么，但他们总是要在睡觉前花较长时间磨蹭

29. 分心驾驶是指驾驶人为满足自己的身体舒适、心情愉悦等需求而没有将注意力全部集中于驾驶过程的驾驶行为。常见的分心行为有抽烟、饮水、进食、聊天、刮胡子、使用手机、照顾小孩等。某专家指出，分心驾驶已成为我国道路交通事故的罪魁祸首。

以下哪项如果为真，最能支持上述专家的观点？（   ）

A. 一项统计研究表明，相对于酒驾、药驾、超速驾驶、疲劳驾驶等情形，我国由分心驾驶导致的交通事故占比最高

B. 驾驶人正常驾驶时反应时间为0.3～1.0秒，使用手机时反应时间则延迟3倍左右

C. 开车使用手机会导致驾驶人注意力下降20%，如果驾驶人边开车边发短信，则发生车祸的概率是其正常驾驶时的23倍

D. 近来使用手机已成为我国驾驶人分心驾驶的主要表现形式，59%的人在开车过程中看微信，31%的人玩自拍，36%的人刷微博、微信朋友圈

E. 一项研究显示，在美国超过1/4?的车祸是由驾驶人使用手机引起的。

30～31题基于以下题干：

某工厂有一员工宿舍住了甲、乙、丙、丁、戊、己、庚7人，每人每周需轮流值日1天，且每天仅安排1人值日。他们值日的安排还需满足以下条件：

Ⅰ. 乙周二或周六值日。

Ⅱ. 如果甲周一值日，那么丙周三值日且戊周五值日。

Ⅲ. 如果甲周一不值日，那么己周四值日且庚周五值日。

Ⅳ. 如果乙周二值日，那么己周六值日。

30. 根据以上条件，如果丙周日值班，则可以得出以下哪项？（   ）

A. 甲周日值日　　B. 乙周六值日　　C. 丁周二值日　　D. 戊周二值日

E. 己周五值班

31. 如果庚周四值日，那么以下哪项一定为假？（   ）

A. 甲周一值日　　B. 乙周六值日　　C. 丙周三值日　　D. 戊周日值日

E. 己周二值日

32. 唐代韩愈在《师说》中指出："孔子曰：三人行，则必有我师。是故弟子不必不如师，师不必贤于弟子，闻道有先后，术业有专攻，如是而已。"

根据上述韩愈的观点，可以得出以下哪项？（   ）

A. 有的弟子必然不如师
B. 有的弟子可能不如师
C. 有的师不可能贤于弟子
D. 有的弟子可能不贤于师
E. 有的师可能不贤于弟子

33. "二十四节气"是我国在农耕社会生产生活的时间活动指南，反映了从春到冬一年四季的气温、降水、物候的周期性变化规律。已知各节气的名称具有如下特点：

Ⅰ. 凡含"春""夏""秋""冬"字的节气各属春、夏、秋、冬季。

Ⅱ. 凡含"雨""露""雪"字的节气各属春、秋、冬季。

Ⅲ. 如果"清明"不在春季，则"霜降"不在秋季。

Ⅳ. 如果"雨水"在春季，则"霜降"在秋季。

根据以上信息，如果从春至冬每季仅列两个节气，则以下哪项是不可能的？（   ）

A. 雨水、惊蛰、夏至、小暑、白露、霜降、大雪、冬至
B. 惊蛰、春分、立夏、小满、白露、寒露、立冬、小雪
C. 清明、谷雨、芒种、夏至、立秋、寒露、小雪、大寒
D. 立春、清明、立夏、夏至、立秋、寒露、小雪、大寒
E. 立春、谷雨、清明、夏至、处暑、白露、立冬、小雪

34. 刀不磨要生锈，人不学要落后。所以，如果你不想落后，就应该多磨刀。

以下哪项与上述论证方式最为相似？（   ）

A. 妆未梳成不见客，不到火候不揭锅。所以，如果揭了锅，就应该是到了火候
B. 兵在精而不在多，将在谋而不在勇。所以，如果想获胜，就应该兵精将勇
C. 马无夜草不肥，人无横财不富。所以，如果你想富，就应该让马多吃夜草
D. 金无足赤，人无完人。所以，如果你想做完人，就应该有真金
E. 有志不在年高，无志空活百岁。所以，如果你不想空活百岁，就应该立志

35. 某市已开通运营一号、二号、三号、四号地铁线路，各条地铁线每一站运行加停靠所需时间均彼此相同。小张、小王、小李三人是同一单位的职工，单位附近有北口地铁站。某天早晨，三人同时都在常青站乘一号线上班，但三人关于乘车路线的想法不尽相同。已知：

Ⅰ. 如果一号线拥挤，小张就坐2站后转三号线，再坐3站到北口站；如果一号线不拥挤，小张就坐3站后转二号线，再坐4站到北口站。

Ⅱ. 只有一号线拥挤，小王才坐2站后转三号线，再坐3站到北口站。

Ⅲ. 如果一号线不拥挤，小李就坐4站后转四号线，坐3站之后再转三号线，坐1站到达北口站。

Ⅳ. 该天早晨地铁一号线不拥挤。

假定三人换乘及步行总时间相同，则以下哪项最可能与上述信息不一致？（   ）

A. 小王和小李同时到达单位
B. 小张和小王同时到达单位
C. 小王比小李先到达单位
D. 小李比小张先到达单位

E. 小张比小王先到达单位

36. 最近一项调研发现，某国 30 岁至 45 岁人群中，去医院治疗冠心病、骨质疏松等病症的人越来越多，而原来患有这些病症的大多是老年人。调研者由此认为，该国年轻人中"老年病"发病率有不断增加的趋势。

以下哪项如果为真，最能质疑上述调研结论？（　　）

A. 由于国家医疗保障水平的提高，相比以往，该国民众更有条件关注自己的身体健康

B. "老年人"的最低年龄比以前提高了，"老年病"的患者范围也有所变化

C. 近年来，由于大量移民涌入，该国 45 岁以下年轻人的数量急剧增加

D. 尽管冠心病、骨质疏松等病症是常见的"老年病"，但老年人患的病未必都是"老年病"

E. 近几十年来，该国人口老龄化严重，但健康老龄人口的比重在不断增大

37. 张教授：利益并非只是物质利益，应该把信用、声誉、情感甚至某种喜好等都归到利益的范畴。根据这种"利益"的广义理解，如果每一个个体在不损害他人利益的前提下，尽可能满足其自身的利益需求，那么由这些个体组成的社会就是一个良善的社会。

根据张教授的观点，可以得出以下哪项？（　　）

A. 如果一个社会不是良善的，那么其中肯定存在个体损害他人利益或自身利益没有尽可能得到满足的情况

B. 尽可能满足每一个个体的利益需求，就会损害社会的整体利益

C. 只有尽可能满足每一个个体的利益需求，社会才可能是良善的

D. 如果有些个体通过损害他人利益来满足自身的利益需求，那么社会就不是良善的

E. 如果某些个体的利益需求没有尽可能得到满足，那么社会就不是良善的

38. 某学期学校新开设 4 门课程："《诗经》鉴赏""老子研究""唐诗鉴赏""宋词选读"，李晓明、陈文静、赵珊珊和庄志达 4 人各选修了其中一门课程。已知：

Ⅰ. 他们 4 人选修的课程各不相同。

Ⅱ. 喜爱诗词的赵珊珊选修的是诗词类课程。

Ⅲ. 李晓明选修的不是"《诗经》鉴赏"就是"唐诗鉴赏"。

以下哪项如果为真，就能确定赵珊珊选修的是"宋词选读"？（　　）

A. 庄志达选修的不是"宋词选读"　　B. 庄志达选修的是"老子研究"

C. 庄志达选修的不是"老子研究"　　D. 庄志达选修的是"《诗经》鉴赏"

E. 庄志达选修的不是"《诗经》鉴赏"

39. 我国中原地区如果降水量比往年偏低，该地区河流水位会下降，流速会减缓。这有利于河流中的水草生长，河流中的水草总量通常也会随之增加。不过，去年该地区在经历了一次极端干旱之后，尽管该地区某河流的流速十分缓慢，但其中的水草总量并未随之增加，只是处于一个很低的水平。

以下哪项如果为真，最能解释上述看似矛盾的现象？（　　）

A. 经过极端干旱之后，该河流中以水草为食物的水生动物数量大量减少

B. 我国中原地区多平原，海拔差异小，其地表河水流速比较缓慢

C. 该河流在经历了去年极端干旱之后干涸了一段时间，导致大量水生物死亡

D. 河水流速越慢，其水温变化就越小，这有利于水草的生长和繁殖

E. 如果河中水草数量达到一定的程度，就会对周边其他物种的生存产生危害

40～41题基于以下题干：

某海军部队有甲、乙、丙、丁、戊、己、庚7艘舰艇，拟组成两个编队出航，第一编队编列3艘舰艇，第二编队编列4艘舰艇，编列需满足以下条件：

Ⅰ. 舰艇己必须编列在第二编队。

Ⅱ. 戊和丙至多有一艘编列在第一编队。

Ⅲ. 甲和丙不在同一编队。

Ⅳ. 如果乙编列在第一编队，则丁也必须编列在第一编队。

40. 如果甲在第二编队，则下列哪项中的舰艇一定也在第二编队？（　　）

A. 乙　　　　B. 丙　　　　C. 丁　　　　D. 戊　　　　E. 庚

41. 如果丁和庚在同一编队，则可以得出以下哪项？（　　）

A. 甲在第一编队　　B. 乙在第一编队　　C. 丙在第一编队

D. 戊在第二编队　　E. 庚在第二编队

42. 甲：读书最重要的目的是增长见识、开阔视野。

乙：你只见其一，不见其二。读书最重要的是陶冶性情、提升境界，没有陶冶性情、提升境界，就不能达到读书的真正目的。

以下哪项与上述反驳方式最为相似？（　　）

A. 甲：文学创作最重要的是阅读优秀文学作品。

乙：你只见现象，不见本质。文学创作最重要的是要观察生活、体验生活，任何优秀的文学作品都来源于火热的社会生活。

B. 甲：做人最重要的是要讲信用。

乙：你说的不全面。做人最重要的是遵纪守法，如果不遵纪守法，就没办法讲信用。

C. 甲：作为一部优秀的电视剧，最重要的是得到广大观众的喜爱。

乙：你只见其表，不见其里。作为一部优秀的电视剧最重要的是具有深刻寓意与艺术能力，没有深刻寓意与艺术能力，就不能成为优秀的电视剧。

D. 甲：科学研究最重要的是研究内容的创新。

乙：你只见内容，不见方法。科学研究最重要的是研究方法的创新，只有实现研究方法的创新，才能真正实现研究内容的创新。

E. 甲：一年中最重要的季节是收获的秋天。

乙：你只看结果，不问原因。一年中最重要的季节是播种的春天，没有春天的播种，哪来秋天的收获？

43. 若要人不知，除非己莫为；若要人不闻，除非己莫言。为之而欲人不知，言之而欲人不闻，此犹捕雀而掩目，盗钟而掩耳者。

根据以上信息，以下哪项一定真？（　　）

A. 若己不言，则人不闻

B. 若己为，则人会知；若己言，则人会闻

C. 若能做到盗钟而掩耳，则可言之而人不闻

D. 若己不闻，则人不知

E. 若能做到捕雀而掩目，则可为之而人不知

44. 中国是全球最大的卷烟生产国和消费国，但近年来政府通过出台禁烟令、提高卷烟消费税等一系列公共政策努力改变这一形象。一项权威调查数据显示，中国卷烟消费量在2014年同比上升2.4%之后，在2015年同比下降了2.4%，这是1995年来首次下降。尽管如此，2015年中国卷烟消费量仍占全球的45%，但这一下降对全球卷烟总消费量产生巨大影响，使其同比下降了2.1%。

根据以上信息，可以得出以下哪项？（ ）

A. 2015年发达国家卷烟消费量同比下降比率高于发展中国家

B. 2015年世界其他国家卷烟消费量同比下降比率低于中国

C. 2015年世界其他国家卷烟消费量同比下降比率高于中国

D. 2015年中国卷烟消费量大于2013年

E. 2015年中国卷烟消费量恰好等于2013年

45. 某校图书馆新购一批文科图书。为方便读者查阅，管理人员对这批图书在文科新书阅览室中的摆放位置作出如下提示：

Ⅰ. 前3排收柜均放有哲学类新书。

Ⅱ. 法学类新书都放在第5排收柜，这牌输出的左侧也放有经济类新书。

Ⅲ. 管理类新书放在最后一排收柜。

事实上，所有的图书都按照上述提示放置。根据提示，徐莉顺利找到了她想查阅的新书。

根据上述信息，以下哪项是不可能的？（ ）

A. 徐莉在第2排收柜中找到哲学类新书

B. 徐莉在第3排收柜中找到经济类新书

C. 徐莉在第4排收柜中找到哲学类新书

D. 徐莉在第6排收柜中找到法学类新书

E. 徐莉在第7排收柜中找到管理类新书

46. 某次学术会议的主办方发出会议通知：只有论文通过审核才能收到会议主办方发出的邀请函，本次学术会议只欢迎持有主办方邀请函的科研院所的学者参加。

根据以上通知，可以得出以下哪项？（ ）

A. 本次学术会议不欢迎论文没有通过审核的学者参加

B. 论文通过审核的学者都可以参加本次学术会议

C. 论文通过审核并持有主办方邀请函的学者，本次学术会议都欢迎其参加

D. 有些论文通过审核但未持有主办方邀请函的学者，本次学术会议欢迎其参加

E. 论文通过审核的学者有些不能参加本次学术会议

47、48题基于以下题干：

一江南园林拟建松、竹、梅、兰、菊5个园子。该园林拟设东、南、北3个门，分别位于其中3个园子。这5个园子的布局满足如下条件：

Ⅰ. 如果东门位于松园或菊园，那么南门不位于竹园。
Ⅱ. 如果南门不位于竹园，那么北门不位于兰园。
Ⅲ. 如果菊园在园林的中心，那么它与兰园不相邻。
Ⅳ. 兰园与菊园相邻，中间连着一座美丽的廊桥。

47. 根据以上信息，可以得出以下哪项？（   ）
   A. 兰园不在园林的中心　　　　　　B. 菊园不在园林的中心
   C. 兰园在园林的中心　　　　　　　D. 菊园在园林的中心
   E. 梅园不在园林的中心

48. 如果北门位于兰园，则可以得出以下哪项？
   A. 南门位于菊园　　B. 东门位于竹园　　C. 东门位于梅园
   D. 东门位于松园　　E. 南门位于梅园

49. 有研究发现，冬季在公路上撒盐除冰，会让本来要成为雌性的青蛙变成雄性，这是因为这些盐中的钠元素会影响青蛙的受体细胞并改变原可能成为雌性青蛙的性别。有专家据此认为，这会导致相关区域青蛙数量的下降。

以下哪项如果为真，最能支持上述专家的观点？（   ）
   A. 大量的盐流入池塘可能会给其他水生物造成危害，破坏青蛙的食物链
   B. 如果一个物种以雄性为主，该物种的个体数量就可能受到影响
   C. 在多个盐含量不同的水池中饲养青蛙，随着水池中盐含量的增加，雌性青蛙的数量不断减少
   D. 如果每年冬季在公路上撒很多盐，盐水流入池塘，就会影响青蛙的生长发育过程
   E. 雌雄比例会影响一个动物种群的规模，雌性数量的充足对物种的繁衍生息至关重要

50. 最终审定的项目或者意义重大或者关注度高，凡意义重大的项目均涉及民生问题，但是有些最终审定的项目并不涉及民生问题。

根据以上陈述，可以得出以下哪项？（   ）
   A. 意义重大的项目可以引起关注
   B. 有些项目意义重大但是关注度不高
   C. 涉及民生问题的项目有些没有引起关注
   D. 有些项目尽管关注度高但并非意义重大
   E. 有些不涉及民生问题的项目意义也非常重大

51. 甲：知难行易，知然后行。
    乙：不对。知易行难，行然后知。
以下哪项与上述对话方式最为相似？（   ）
   A. 甲：知人者愚，自知者明。
      乙：不对。知人不易，知己更难。
   B. 甲：不破不立，先破后立。
      乙：不对。不立不破，先立后破。
   C. 甲：想想容易做起来难，做比想更重要。

乙：不对。想到就能做到，想比做更重要。
D. 甲：批评他人易，批评自己难；先批评他人后批评自己。
乙：不对。批评自己易，批评他人难；先批评自己后批评他人。
E. 甲：做人难做事易，先做人再做事。
乙：不对。做人易做事难，先做事再做人。

52. 所有值得拥有专利的产品或设计方案都是创新，但并不是每一项创新都值得拥有专利；所有的模仿都不是创新，但并非每一个模仿者都应该受到惩罚。
根据以上陈述，以下哪项是不可能的？（   ）
A. 有些创新者可能受到惩罚
B. 有些值得拥有专利的创新产品并没有申请专利
C. 有些值得拥有专利的产品是模仿
D. 没有模仿值得拥有专利
E. 所有的模仿者都受到了惩罚

53. 某国拟在甲、乙、丙、丁、戊、己 6 种农作物中进口几种，用于该国庞大的动物饲料产业，考虑到一些农作物可能会有违禁成分，以及它们之间存在的互补或可替代因素，该国对进口这些农作物有如下要求：
Ⅰ. 它们当中不含违禁成分的都进口。
Ⅱ. 如果甲或乙含有违禁成分，就进口戊和己。
Ⅲ. 如果丙含有违禁成分，那么就不进口丁；如果进口戊，就进口乙和丁。
Ⅳ. 如果不进口丁，就进口丙；如果进口丙，就不进口丁。
根据上述要求，以下哪项所列的农作物是该国可以进口的？（   ）
A. 甲、乙、丙   B. 乙、丙、丁   C. 甲、戊、己
D. 甲、丁、己   E. 丙、戊、己

54、55 题基于以下题干：
某校 4 位女生陈琳、张芳、王玉、杨虹与 4 位男生范勇、吕伟、赵虎、李龙进行中国象棋比赛。他们被安排在 4 张桌上，每桌一男一女对弈，四张桌从左到右分别记为 1、2、3、4 号，每对选手需要进行四局比赛，比赛规定：选手每胜一局得 2 分，和一局得 1 分，负一局得 0 分。前三局结束时，按分差大小排列，四对选手的总积分分别是 6∶0、5∶1、4∶2、3∶3。已知：
Ⅰ. 张芳跟吕伟对弈，杨虹在 4 号桌比赛，王玉的比赛桌在李龙比赛桌的右边。
Ⅱ. 1 号桌的比赛至少有一局是和局，4 号桌双方的总积分不是 4∶2。
Ⅲ. 赵虎前三局总积分并不领先他的对手，他们也没有下成过和局。
Ⅳ. 李龙已连输三局，范勇在前三局总积分上领先他的对手。

54. 根据上述信息，前三局比赛结束时谁的总积分最高？（   ）
A. 杨虹   B. 陈琳   C. 范勇   D. 王玉   E. 张芳

55. 如果下列有位选手前三局均与对手下成和局。那么他（她）是谁？（   ）
A. 陈琳   B. 杨虹   C. 张芳   D. 范勇   E. 王玉

2018年管理类联考逻辑考试真题试卷解析

26. 答案：A

解析：推出结论题型，必考演绎推理，注意逻辑敏感词。

"离开人民，文艺就会变成无根的浮萍、无病的呻吟、无魂的躯壳"，如果否后，则必否前，即如果不想文艺变成无根的浮萍、无病的呻吟、无魂的躯壳，则不能离开人民。公式：如果P，那么Q＝只有不P，才不Q，正确答案为A项。

27. 答案：C

解析：推出最可能结论题型，除了演绎推理题型外，一般不能使用过于绝对化的词语。

要注意语气词与题干关键词，其他选项的语气词"一定"等都过于绝对了。C项中用的"不一定""可能"等词语比较合理，C项正确。

28. 答案：D

解析：最能加强题型，建立证据与结论之间关系。

题干的证据是现象是晚睡的人……，结论是专家就此现象得出了一个解释"人们似乎从晚睡中得到了快乐，但这种快乐其实隐藏着某种烦恼"。D项直接说了晚睡与烦恼（令人不满）之间的关系，因此D项最能加强。

E项不一定能加强，因为E项虽然说了晚睡的人内心不愿意晚睡，但没有直接说明"其实隐藏着某种烦恼"，E项只是重复了晚睡的现象，不如D项的"存在着某种令人不满的问题"这样直接支持。

29. 答案：A

解析：最能加强题型，建立证据与结论之间关系。

题干证据结论关系是"分心驾驶已成为我国道路交通事故的罪魁祸首"，论述了分心与交通事故罪魁祸首之间关系。A项直接说明"分心驾驶导致的交通事故占比最高"，直接支持了题干的论证。

30. 答案：B

解析：分析性综合推理题型。

一般从"确定已知条件或者假设条件"开始进行推理。根据已知条件Ⅳ"如果乙周二值日，那么己周六值日"，假设"乙周二"，则肯前必然肯后，得出"己周六"；再根据条件Ⅲ，否后必定否前，推出"甲周一"；

根据条件Ⅱ，肯前必定肯后，得出"丙周三"，这个结论与提问所给条件"丙周日值班"产生了矛盾，说明假设"乙周二"不成立，所以，"乙周二"不可能，根据条件Ⅰ，得出"乙周六"，所以B项真。

31. 答案：D

解析：分析性综合推理题型。

一般从"确定已知条件或者假设条件"开始进行推理。根据提问所给已知条件"庚周四"，则根据条件Ⅲ，否后必定否前，得出甲周一；再根据条件Ⅱ，肯前必定肯后，得出戊周五。所以D项一定为假，正确答案为D项。

239

32. 答案：E

解析：模态命题。

师不必贤于弟子＝老师不一定贤于弟子＝有的老师可能不贤于弟子，因此，正确答案为E项。考查知识点：不一定P＝可能非P。

33. 答案：E

解析：分析性综合推理题型。

一般从"确定已知条件或者假设条件"开始进行推理，分析条件，从确定条件开始和出现频率最高条件出发。已知4个条件中，条件Ⅰ和条件Ⅱ为确定条件。条件Ⅱ和条件Ⅳ都含有"雨水"。根据条件Ⅱ，可知雨水在春季；再根据条件Ⅳ，肯前必定肯后，得出霜降在秋季；再根据条件Ⅲ，得出清明在春季。E项清明在夏季，为不可能选项。

34. 答案：C

解析：结构类似题型。

比较逻辑形式与语言形式的一致性。题干为类比推理，充分条件命题否后必定否前推理，C项逻辑形式与语言形式与题干完全一致。D项的逻辑形式与题干有些类似，但推理的前提并不是一个充分条件的假设命题，而且结论偷换了概念。

35. 答案：D

解析：分析性综合推理题型。

一般从"确定已知条件或者假设条件"开始进行推理，分析条件，从确定条件开始和出现频率最高条件出发。

从事实条件开始。已知条件Ⅳ为确定条件，从条件Ⅳ"一号线不拥挤"出发，根据已知条件Ⅲ，肯前必定肯后，可知小李坐8站；根据已知条件Ⅳ和已知条件Ⅰ，得出小张坐7站。

根据已知条件所述"各条地铁线每一站运行加停靠所需时间均彼此相同"，可以得出小李比小张多坐一站，要比小张晚到。所以，小李不可能比小张先到，正确答案为D项。

36. 答案：C

解析：削弱题型。

直接割裂断开证据与结论关系，题干证据为一个现象，即"某国30岁至45岁人群中，去医院治疗冠心病、骨质疏松等病症的人越来越多"，结论为对此现象的解释，即"该国年轻人中'老年病'发病率有不断增加的趋势"。A项通过它因来解释了去医院看老年病的人数多，但并没有具体解释为什么是这个年龄段的人增加了；C项通过它因解释了去医院看病的45岁以下的人增多，是因为这个年龄段的人基数大大增加了。两个选项都削弱，则找话题最接近的，语气词坚决的。C项最能削弱。

37. 答案：A

解析：推出结论。

注意逻辑敏感词"如果……那么"，已知"如果每一个个体在不损害他人利益的前提下，尽可能满足其自身的利益需求，那么由这些个体组成的社会就是一个良善的社会"，根据充分条件命题性质，如果否后则必定否前，可知正确答案为A项。

38. 答案：D

解析：分析性综合推理题型。

一般从"确定已知条件或者假设条件"开始进行推理，分析条件，对应关系题型。通过列表画图，把确定条件代入，即可推出答案。

课程 姓名	《诗经》鉴赏	老子研究	唐诗鉴赏	宋词选读
李晓明	?	×	?	×
陈文静				
赵珊珊		×		
庄志达				

具体步骤：分析条件，4人各选一门课程，四门课中，"《诗经》鉴赏""唐诗鉴赏""宋词选读"是诗词类，据条件Ⅱ，赵珊珊不选课程"老子研究"；根据条件Ⅲ，李晓明不选"老子研究"和"宋词选读"，又据条件Ⅰ"四人选修的课程都不同"，可以推知，李晓明和庄志达选了"唐诗鉴赏"和"《诗经》鉴赏"，那么，假设什么条件能够推出赵珊珊选"宋词选读"课程呢？

假设庄志达选"《诗经》鉴赏"，由于李晓明已知二选一，所以，只需让李晓明不选"《诗经》鉴赏"，就能得出李晓明选"唐诗鉴赏"，那么，根据表格，再由条件Ⅱ可以推知，赵珊珊只能选"宋词选读"，故正确答案为D项。

39. 答案：C

解析：解释矛盾现象题型。

矛盾现象为"一般情况下，干旱则水量少，则水草总量增加"，但"去年极端干旱后，水草没有增加"。定位关键信息，"去年"，只有C项涉及去年，能解释这个矛盾。A项增加矛盾，其余无"干旱""去年"。

40. 答案：D

解析：分析性综合推理题型。

一般从"确定已知条件或者假设条件"开始进行推理，分析条件，对应关系题型。通过列表画图，把确定条件代入，即可推出。

总共两个编队，根据提问所给条件，已知"甲2"，根据已知条件Ⅲ，得出"丙1"；再根据已知条件Ⅱ，得出"戊2"；正确答案为D项。

41. 答案：D

解析：分析性综合推理题型。

一般从"确定已知条件或者假设条件"开始进行推理，分析条件，对应关系题型。通过列表画图，把确定条件代入，即可推出。

总共两个编队，根据提问所给条件"丁和庚在同一编队"与已知条件Ⅲ，可知"丁、庚"两艘舰艇一定要和"甲、丙"中的一艘编为一队。

根据两难假设思路，假设"丁、庚在第一编组"，则剩余的乙、戊、己一定在第二编组；假设"丁、庚在第二编组"，加上甲、丙中的一艘，再根据已知条件Ⅰ，得出第二编组已经有4个，满员；但根据条件Ⅳ，丁不在第一编队，否后必定否前，则乙必须在第二编队，那么第二编队就有5艘了，产生矛盾。所以，第二个假设并不能成立，丁和庚只能是第一编组，则答案D项一定正确。

42．答案：C

解析：结构类似题型。

注意逻辑结构与语言形式的一致。题干使用的是补充它因，然后否后否前。C项与题干完全一样，因此为正确答案。

43．答案：B

解析：推出结论题型。

注意演绎逻辑的敏感提示词。如果人不知，则己莫为，所以如果己为，则人知。如果人不闻，则己不言，所以，如果己言，则人闻。B项一定真。考点为充分条件命题性质"如果否后，则必定否前"。

44．答案：B

解析：推出结论题型。数学计算考点。

2015年中国卷烟的消费量下降2.4%，全球消费量下降2.1%。说明B项真。

45．答案：D

解析：推出不可能结论题型。

D项与条件Ⅱ法学类新书都放在第5排矛盾。所以D项不可能真。

46．答案：A

解析：推出结论题型。

必要条件推理：没有通过论文审核不会被邀请；不会被邀请，则不欢迎参加。正确答案为A项。

47．答案：B

解析：分析性综合推理题型。

一般从"确定已知条件或者假设条件"开始进行推理，分析条件。把确定条件代入，即可推出。

根据已知条件Ⅳ"兰园与菊园相邻"，再根据已知条件Ⅲ，否后必定否前，可知菊园不在中心。正确答案为B项。

48．答案：C

解析：分析性综合推理题型。

一般从"确定已知条件或者假设条件"开始进行推理，分析条件。把确定条件代入，即可推出。

已知北门位于兰园，根据已知条件Ⅱ可得南门位于竹园；则根据已知条件Ⅰ可得东门不位于松园和菊园。根据47题结果，菊园只能在西部位置。则中心的只能是松园，可知：C项正确。

49．答案：E

解析：支持题型。

必须建立证据与结论的直接关系。题干论证结构：证据"雌性青蛙减少"与结论"此区域青蛙数量下降"之间的关系。只有E项正确。C项没有建立与结论之间的关系。支持类题型必须准确定位证据与结论之间的关系信息。

50. 答案：D

解析：推出结论题型。

关键是信息的阅读与已知条件的理解。已知根据条件"有些最终审定项目不涉及民生问题"和"凡意义重大项目均涉及民生问题"，可以推出结论：有些最终审定项目不是意义重大的。再根据条件"最终审定的项目或者意义重大或者关注度高"，可知有些最终审定项目关注度高，但不是意义重大的。D项一定真。

51. 答案：E

解析：结构类似题型。

注意逻辑结构与语言形式。只有E项完全一致。

52. 答案：C

解析：推出结论题型。

学会阅读信息和逻辑推理公式，已知条件"所有值得拥有专利的产品或设计方案都是创新"和"所有的模仿都不是创新"，可以推出结论："所有值得拥有专利的产品都不是模仿"，与C项矛盾，所以C项一定假的。注意E选项的"受到"与题干的"应该"这两个词语的差别。

53. 答案：A

解析：推出结论题型。

一般从"确定已知条件或者假设条件"开始进行推理，分析条件。把确定条件代入，即可推出。

分析题干后发现，丁出现频率最高。题干需要进行两难假设，假设进口丁，则根据条件Ⅳ，得不进口丙；根据条件Ⅲ，则丙不含违禁成分；但根据条件Ⅰ，得丙要进口，导致矛盾，所以丁不能进口。再根据Ⅲ推知不进口戊，根据条件Ⅱ，推知甲和乙可进口。正确答案为A项。

54. 答案：B

解析：分析性综合推理。

方法1：根据题干信息条件杨虹是女生，在4号桌。王玉的比赛桌在李龙比赛桌的右边，可知王玉和李龙不在4号桌，由于王玉是女生，且不在4号桌，所以她只能在2号桌或3号桌，而李龙在1号桌或2号桌。由于李龙已连输三局，所以李龙得分为0分，只能0∶6；根据条件Ⅱ1号桌的比赛至少有一局是和局，推出李龙在2号桌。根据条件Ⅰ，在4位女生中，张芳跟吕伟对弈，杨虹在4号桌，王玉的比赛桌在李龙比赛桌的右边，可知剩下陈琳与李龙一桌，得分为最高的6分。正确答案为B项。

方法2：排除法。根据题干信息与已知条件Ⅳ，李龙前三局得分为0分，那么可知与李龙对弈的人得6分，是最高分。由于男生对局女生，所以，最高分只能来自女生行列。排除C项。

再根据条件Ⅰ，与李龙对局的不会是张芳，也不会是王玉，这样排除了选项D、E，剩下选项A和B。

假设选A项，杨虹和李龙在4号桌比赛，这是最后一张桌，无法满足条件Ⅰ中"王

243

玉的比赛桌在李龙比赛桌的右边"的条件，假设不成立。所以，正确答案为B项。

55. 答案：C

根据上题结论和已知条件，可以得知李龙和陈琳在2号桌，王玉在3号桌，杨虹在4号桌，张芳和吕伟在1号桌。根据条件Ⅱ1号桌的比赛至少有一局是和局，可以得出1号桌积分是5：1或3：3。

进行两难假设：设1号桌5：1，根据条件Ⅱ"4号桌总积分不是4：2"，所以3号桌是4：2，4号桌是3：3。根据条件Ⅳ"范勇在前三局总积分上领先他的对手"，则范勇只能在3号桌，则4号桌是杨虹和赵虎，比分3：3，与已知条件Ⅲ"赵虎前三局没有下成过和局"矛盾，假设不成立。所以1号桌是3：3，选手为张芳和吕伟。正确答案为C项。